06;ks Foto: hf

REISE KNOW-HOW im Internet

Aktuelle Reisetipps und Neuigkeiten
Ergänzungen nach Redaktionsschluss
Büchershop und Sonderangebote
Weiterführende Links zu über 100 Ländern

www.reise-know-how.de
info@reise-know-how.de

Wir freuen uns über Anregung und Kritik.

Außerdem in dieser Reihe:

KulturSchock Ägypten
KulturSchock Brasilien
KulturSchock VR China/Taiwan
KulturSchock Golfemirate und Oman
KulturSchock Indien
KulturSchock Iran
KulturSchock Islam
KulturSchock Japan
KulturSchock Marokko
KulturSchock Mexiko
KulturSchock Pakistan
KulturSchock Russland
KulturSchock Spanien
KulturSchock Thailand
KulturSchock Türkei
KulturSchock Vietnam

Hanne Chen, Henrik Jäger (Hrsg.)

KulturSchock:

Mit anderen Augen sehen

Leben in fremden Kulturen

Inhalt

Vorwort

Die meisten Touristen sind dank ihres Geldes in der privilegierten Rolle, die Fremde besichtigen zu dürfen, ohne ihr ausgeliefert zu sein. Sie können sich jederzeit zurückziehen in das internationale Hotel, den touristischen Badestrand oder das Feriencamp. Sie nehmen ganz selbstverständlich ihre kulturellen Angewohnheiten in das andere Land mit und da die Tourismus-Industrie darauf Rücksicht nimmt, wird ihnen das kaum bewusst. Sie sehen Fremde, ohne ihr eigenes Fremdsein zu erleben.

Ganz anders verhält es sich mit Individual-Touristen oder Menschen, die für längere Zeit in ein fremdes Land gehen und dort zu einheimischen Bedingungen reisen und leben. Sie werden plötzlich mit dem Fremdsein konfroniert, können ihm nicht ausweichen, und sie sind meist nicht darauf vorbereitet, dass das keine Kleinigkeit ist. Aus ihrer Heimat haben sie weder Erfahrung noch Wissen übers Fremdsein mitgebracht. Sie rechnen wohl damit, dass die fremde Kultur exotisch ist, aber nicht damit, dass sie so gar nicht mit der anderen Mentalität zurechtkommen, dass sie hilflos in ihrem neuen Umfeld herumstehen und dass das in kurzer Zeit ihre Selbstsicherheit beträchtlich untergräbt. Der Auslandsaufenthalt als Persönlichkeitskrise ist im Selbstbewusstsein der meisten Menschen nicht vorgesehen.

Erschwerend kommt hinzu, dass die nach Hause zurückgekehrten Reisenden dieses Erlebnis des schieren Fremdseins mit nahezu niemandem teilen können. Es weiß kaum jemand, wovon sie überhaupt reden. Alle sind schließlich schon mal in fremden Ländern gewesen, und keiner war deswegen erschöpft oder geschockt oder verstört. Der übliche Tourismus und der individuelle Auslandsaufenthalt gehören verschiedenen Sphären an. In der einen ist Fremde eine bekömmliche Dosis Exotik, in der anderen eine überwältigende Erfahrung, die mit Aufregungen von großer Freude bis zu tiefer Verzweiflung verbunden ist. Der auf eigene Faust Reisende lernt nicht nur eine andere Welt, sondern auch seine eigenen Grenzen kennen. Er ist nicht mehr derselbe, wenn er zurückkehrt, und er ist nach seiner Rückkehr in aller Regel allein: allein mit seinen Erlebnissen, allein mit seiner durch diese Erfahrung inzwischen veränderten Sicht auf die alte Heimat und allein mit seinem Alleinsein, dass niemand zu bemerken scheint.

In diesem Buch werden verschiedene und ganz persönliche Geschichten über das Fremdsein, über die Möglichkeiten des Sich-Einlebens und über die Schwierigkeiten des Zurückkehrens erzählt. Die Reise führt einmal um die ganze Welt herum. Sie beginnt in Afrika, der Wiege der Menschheit, führt über Europa bis nach Ostasien und endet dort, wo alle Kulturen mit einer weltweit einmaligen Friedlichkeit und Indifferenz aufeinandertreffen: in Kalifornien.

Ziel des Buches ist es, diejenigen, die sich für längere Zeit in eine andere Kultur begeben, darauf vorzubereiten, was Fremdsein im Ausland und Heimkehren in die eigene Kultur bedeutet, und denjenigen, die es bereits hinter sich, aber noch nicht verwunden haben, eine Verständnishilfe zu sein.

Hanne Chen
Exeter, Oktober 2002

Danksagung

Die Herausgeber bedanken sich herzlich bei Klaus Werner, Bielefeld, der das Projekt von der ersten Stunde an mit Engagement, Ideen und viel Zeit gefördert hat. Ebenso danken wir den Autoren für ihre zügige und zuverlässige Mitarbeit in einem knappen Zeitrahmen.

Hanne Chen

EINLEITUNG

Kultur – was ist das? So manchen werden zu diesem Wort spontan Theaterbesuche und Opernabende einfallen. Und doch sind solche kulturgetränkten Ereignisse nur relativ bedeutungslose Randerscheinungen. Eine Kultur an sich ist keine Veranstaltung, die man besuchen und wieder verlassen kann, sondern gelebter Alltag – der Alltag der Einheimischen, dem kein Individualtourist oder Ausländer entrinnen kann. Kultur ist, schwer fassbar, wie Menschen miteinander umgehen, was sie denken, wie sie es mitteilen oder nicht, wie sie leben, ihre Kinder erziehen, essen, schlafen, lachen oder weinen. Kultur beginnt für den Fremden mit dem Kopfkissen, das viel zu weich ist, dem ungewohnten Essen, der undeutbaren Mimik der anderen, den Fettnäpfchen, die anscheinend überall herumstehen ...

Im Zeitalter des Massentourismus ist im Westen das Verständnis für andere Kulturen nur scheinbar gewachsen. Unter anderem liegt das daran, dass es zu den Spielregeln des Tourismus gehört, auf die Mehrheit der (westlichen) Kunden Rücksicht zu nehmen und ihnen ihr Urlaubsland in verdaulichen Portionen nahe zu bringen. Die bloße Tatsache, dass sich weltweit in der **Hotelerie** westliche Standards durchgesetzt haben, kann einen westlichen Touristen – zuweilen wohltuend – vor der Fremde abschirmen, ohne dass ihm das unbedingt zu Bewusstsein kommen müsste. Denn es ist selbstverständlich – nicht wahr? –, in einem Hotel Stühle zu sehen, Messer und Gabel zu bekommen und ein wie auch immer geartetes westliches Frühstück auf der Karte zu finden, wobei es keine Rolle spielt, ob das internationale Hotel in Sansibar, Mexiko oder Japan steht. Umgekehrt wird der japanische Tourist in Heidelberg nicht wie daheim auf dem Boden sitzend speisen dürfen. Der arabische Geschäftsmann wird in seinem Hotel kein Mulukhia auf der Karte finden. Und der Chinese, der sich selbstverständlich außerhalb der Badewanne duscht, um sich dann sauber in dieselbe zu legen, wird mit Verblüffung feststellen, dass er das Zimmer unter Wasser gesetzt hat, weil der Boden tatsächlich keinen Abfluss hat. Ein reisender Westler wundert sich wenig über den Weihnachtsbaum in der Jugendherberge in Singapur. Chinesisch Neujahr, ein vergleichbar großes Fest eines Sechstels der Menschheit, geht dagegen spurlos an den internationalsten Hotels des Westens vorüber. Mit solchen „Kleinigkeiten" beginnt die **Dominanz der westlichen Lebensart** in der Tourismusindustrie. Sie erleichtert Westlern das Reisen und kann verhindern, dass die Begegnung mit dem gänzlich Anderen frontal, ungefiltert, pausenlos und damit anstrengend verläuft.

Ein zweiter nicht zu unterschätzender Faktor, der die Wahrnehmung des Nicht-Westens durch den Westen behindert, sind ironischerweise die Massenmedien. **Berichte über fremde Länder** gaukeln uns ein Wissen vor, das wir selten in seiner Subjektivität und Tendenziösität beurteilen können. Es sind lediglich nicht-westliche Ausländer, denen es unangenehm aufstößt, wie nahezu alle Berichte, die im Fernsehen oder Radio über andere Kulturen gesendet werden, einen Mitleid heischenden oder negativen Beigeschmack haben. Da ist die Rede von Hunger und Aids in Afrika, Armut und heiligen Kühen in Indien, Frauenunterdrückung in Saudi-Arabien, Straßenkindern in Brasilien, Kinderarbeit in Nepal, Umweltzerstörung in China, Kriminalität in Russland …, und dies sind nur die gängigsten Klischees. „Warum kommen diese Kamerateams in unser Land", fragte ein Pakistaner, „und richten ihre Linse auf das Allerschlechteste und Dreckigste, was sie finden können? Warum filmen sie nicht die vielen normalen, guten, sauberen Seiten? Sie filmen Armut und Schmutz und sagen dann: Seht, das ist Pakistan."

Gewiss, offener Rassismus ist in den Medien passé, aber es gibt eine andere Art von **Kulturchauvinismus,** der die Welt mit einer atemberaubenden Selbstverständlichkeit in eine moderne westliche und eine hinterhinkende nicht-westliche Welt (Ausnahme Japan) teilt. Vielleicht ist Kulturchauvinismus allen Kulturen zu eigen und macht sich nur besonders laut und penetrant in jenen Kulturkreisen bemerkbar, die sich ohne nennenswerten Gegendruck als überlegen erleben dürfen – wie etwa China noch im 17. Jahrhundert. Derzeit hat diese Rolle zweifellos bis auf weiteres der Westen inne. Sogar Kinder haben sich in unseren Ländern an die Klischees von der ersten und der dritten Welt gewöhnt. Ein Projekt, das vor wenigen Jahren an einer Göttinger Grundschule stattfand, sei hier als Beispiel genannt. Das Thema waren Kinder und Kindheiten in anderen Ländern. Der Grundtenor war durchweg, dass die Kinder in anderen Ländern zu bemitleiden wären, weil sie ärmer, kranker und hungriger seien etc. Etwas Positives schien über kein Land (von Brasilien bis China) zu berichten sein. Einerseits sind solche Negativ-Klischees manchmal nützlich, denn sie erhöhen die Spendenbereitschaft der reicheren Länder. Andererseits schaden sie dem Anliegen jener nicht-westlichen Fremden in einem westlichen Land. Sie wollen als stolze Partner wahrgenommen werden, die Fachwissen, Engagement und Arbeitseifer mitbringen, doch sie werden allzu oft von einer schwerfälligen Bürokratie zum Nichtstun und Bittstellen verdammt.

Der einseitige Blick auf die **vermeintlichen Schattenseiten einer fremden Kultur** mag etwas Menschliches sein, aber das rechtfertigt ihn noch lange nicht, schon gar nicht aus der Sicht der Betroffenen. Welche westliche Frau wäre nicht empört, wenn sie merkt, dass sie in ihrem Gastland quasi als Prostituierte angesehen wird? Welche Muslimin, die ihr Kopftuch als Teil einer religiös motivierten Kleiderordnung versteht, ist nicht schockiert, wenn ihr für das Tragen dieses Kleidungsstücks Unfreiheit, Knechtschaft und Unterdrückung bescheinigt wird? Umgekehrt ist für eine Muslimin vielleicht die nackte Blondine, die zu Reklamezwecken auf dem Auto posiert, ein bemitleidenswertes Wesen. So manche westliche Frauengruppe, die sich für die Rechte unterdrückter Frauen in anderen Ländern einsetzt, wäre erstaunt, wenn sie damit konfrontiert würde, mit wieviel Mitleid nicht-westliche Männer und Frauen mitunter die emanzipierten Westlerinnen betrachten: Seid ihr nicht bedauernswerte Geschöpfe, die sich selber einen Mann suchen müssen? Und dann müsst ihr auch noch den Rest eures Leben damit zubringen, demselben zu gefallen, nur damit er sich nicht scheiden lässt! Es ist schade, dass den Westen solche völlig anderen Wahrnehmungen seiner selbst kaum je erreichen. Die **Vorurteile der anderen** könnten helfen, die eigenen im Spiegelbild zu sehen. Das setzt allerdings die gleiche Augenhöhe voraus und genau diese ist dem Westen seit langem abhanden gekommen. Der mediale westliche Blick auf fremde Kulturen ist nach dem Eindruck vieler sich im Westen aufhaltender Ausländer ein Blick von oben nach unten.

Touristen, die sich mit und unter ihresgleichen in einem fremden Land bewegen, können diese Blickrichtung ohne Selbstzweifel einhalten. Ein fremdes Land wie einen Zoo zu besuchen, ist leicht, wenn man weder auf die gewohnte Sprache noch auf die gewohnten Gespräche verzichten muss. Ganz schnell verliert sich der Hochmut jedoch bei jenen Reisenden, die sich allein **auf eigene Faust in ein fremdes Land** begeben. Selbst bei umfassender Vorbereitung sind hier Westler genauso anfällig für einen Kulturschock wie umgekehrt nicht-westliche Migranten, die vielleicht nur der Zufall in ein bestimmtes Land gespült hat. Erstere sind in aller Regel die selteneren und damit auffälligeren Erscheinungen, zumal in Gegenden, in denen einzeln reisende Touristen durchaus noch eine Attraktion sind. Hier stoßen Westler besonders schnell an ihre Grenzen: Die weltoffenste Souveränität kann von brüllenden Kinderhorden mühelos vernichtet werden, und die besten Vorsätze können von dem zweiten ruppigen Taxifahrer ernsthaft erschüttert werden. Unversehens findet sich der Reisende selber mitten im Geschehen wieder, beobachtet verwundert Reaktionen an sich, die er nicht kannte, ringt um Fassung und ist im Herzen eines mentalen Erdbebens angekommen. Unauffälliger, aber nicht weniger dramatisch wird ein **Kulturschock** im Westen erlebt. Die Entdeckung, „sich im falschen Film zu befinden", die Umgebung nicht mehr zu verstehen und von ihr nicht verstanden zu werden, ist für niemanden eine Trivialität. Ein Kulturschock kann durchaus tödlich verlaufen – und es sind nicht unbedingt labile Menschen, die ihm zum Opfer fallen.

Die westlichen und nicht-westlichen **Autoren,** die in diesem Buch von ihren Kulturschockerfahrungen berichten, zeichnen sich allesamt durch ein profundes Wissen über „ihr" Land aus. Sie haben teilweise jahrelang dort gelebt und gearbeitet, Partnerschaften und Freundschaften geschlossen. Sie alle brachten etwas Besonderes mit: die gar nicht so selbstverständliche Bereitschaft, sich mit der anderen Kultur auseinanderzusetzen und sei es auch nur versuchsweise. Jede/r einzelne hat für sich eine individuelle Lösung für die Spannung zwischen dem Fremden und dem Eigenen gefunden. Die Erfahrungen reichen von bewusster Distanzwahrung bei wohlwollendem Verständnis bis hin zur Vollintegration, vom gelebten Dauerfremdsein bis zur inneren Zerrissenheit zwischen zwei Kulturen, von tief empfundener Heimatlosigkeit bis zu der Gewissheit, überall auf der Welt zu Hause zu sein.

Es war nicht das Ziel dieses Buchprojektes, auf komplizierte Fragen einfache Antworten zu finden oder zu einem widerspruchsfreien Gesamtkonzept zu finden. Bei allen Autoren-Erfahrungen, auch bei jenen, die in Form von Verallgemeinerungen ihren Niederschlag gefunden haben, handelt es sich um individuelle Erlebnisse. Keiner der Beiträge kann den Anspruch erheben, die einzige Wahrheit zu repräsentieren. Insgesamt sind sie so kontrovers wie das Leben und **werfen mehr Fragen auf, als sie beantworten können:** Wie versteht man eine fremde Art des Denkens mit der eigenen Denkweise? Wie ertastet eine Mentalität etwas, dass sich außerhalb ihrer selbst befindet? Wie viel kulturelle Integration ist menschenmöglich? Wie ist Integration möglich? Ist sie unter allen Umständen wünschenswert? Wie integrationsfähig sind Kulturen und Individuen überhaupt? Er habe nie den Vorsatz gehabt, in einer fremden Kultur „anzukommen", bekannte ohne jeglichen Dünkel einer der am weitesten gereisten Autoren dieses Buches. Er halte dies für einen Westler auch für fast unmöglich, wobei Ausnahmen nur die allgemeine Regel bestätigten.

Wenn dies zutrifft, dürften vor allem Nicht-Westler, die versuchen, sich im Westen anzupassen, eine Reihe von Fragen haben: Wie können Westler, die in ihren Heimatländern die **kulturelle Anpassung der Fremden** einfordern, für sich selber in fremden Kulturen eine Sonderbehandlung in Anspruch nehmen? Umgekehrt: Wenn Westler und andere Kulturen in der Regel nicht vollständig kompatibel sind, wie sollen sich dann Erwachsene aus einer fremden Kultur im Westen akklimatisieren? Ist es vielleicht Zeit, nach einer anderen Form der Integration zu suchen, als derjenigen, die auf kulturelle Anpassung zielt? Ist eine soziale Integration über kulturelle Unterschiede hinweg auch möglich? Ist so etwas wie ein Dialog zwischen zwei Kulturen im Alltag und auf nachbarschaftlicher Ebene zu bewerkstelligen? Oder: Was spräche dagegen?

Auch eine ganz persönliche, jedoch entscheidende Frage stellt sich unterschwellig manchen Autoren: **Wieviel Kultur(en) verträgt ein einziges Leben** überhaupt? Kultur stiftet Identität, Heimatgefühl, Werte und Grenzen. Wie oft kann man es sich leisten, an seiner Identität zu zweifeln, eine Heimat aufgeben, sich mit neuen Werten anzufreunden? Schon ein einziges Mal kann viel zuviel sein.

Es sind wohl immer nur einige wenige, die sich **ganz auf eine fremde Kultur einlassen** und die eigene weit hinter sich lassen – ein langwieriger Prozess, der fast immer zur Folge hat, dass die Betreffenden nicht mehr richtig in ihre alte Heimat zurückfinden. In dieser Hinsicht sind sich Menschen, aus welcher Kultur sie auch stammen mögen, durchaus ähnlich. Der Deutsche, der sich in Thailand eingelebt hat, die Palästinenserin, die sich mit ihren Landsleuten anlegt, der Chinese, der sich in Kalifornien mehr zu Hause fühlt als daheim – sie alle verbindet die Erfahrung der Überschreitung der Grenzen der eigenen Kultur, ein prägendes Erlebnis, das den wenigen Menschen, die es gehabt haben, auf Anhieb anzumerken ist.

Das Gegenteil hiervon ist die Wahrung der **Distanz zum fremden kulturellen Umfeld,** was sich leichter anhört, als es ist. Tatsächlich ist auch dies ein kunstreicher Balanceakt zwischen Verstehen des Fremden und Hinterfragung des Eigenen. „Bleib erschütterbar – doch widersteh ..." könnte man mit *Peter Rühmkorf* diese Haltung umschreiben.

Die Mehrzahl der Berichte handelt typischerweise von den zahllosen Mittelwegen dazwischen. Sie beschreiben einen mehr oder weniger deutlichen Rest der Verhaftung in der Heimatkultur bei gleichzeitiger größtmöglicher Annäherung an die andere. Was dabei entsteht, ist eine spannende und spannungsreiche **Mischung von verschiedenen kulturellen Elementen** und die grundsätzliche Frage, wieviel davon in der Heimat ausgelebt werden kann. Denn eines ist vielen Heimkehrern aus der Fremde in allen Kulturen gemeinsam: die Einsamkeit, die sich einstellt, wenn weder alte Freunde noch die eigene Familie die neu-erlernten Dimensionen des Denkens und des Lebens verstehen, geschweige denn sich ihnen öffnen. Daran zu wachsen, ist eine fast noch größere Herausforderung als das unbeschwerte Ausschwirren in die Fremde.

Deutlich wird an vielen Berichten eine gewisse Dankbarkeit für das Erlebte werden, wobei auffällt, dass diese Dankbarkeit bei Autoren, die die **Begegnung mit einem westlichen Land** schildern, deutlich kühler ausfällt. Das ist sicherlich kein Zufallsbefund. Zum einen haben Westler, die sich für Reisen und Leben in einem nicht-westlichen Land entscheiden, sehr oft Luxusmotive: Neugier, Reiselust, Sehnsucht nach Exotik, Fernweh oder Sonnenschein. Zum anderen macht sich bemerkbar, dass es in den besuchten nicht-westlichen Ländern oft eine Gastfreundschaft gibt, die im Westen nahezu ausgestorben ist. Die Fremden im Westen sind mehrheitlich entweder wohlhabende, abgeschirmte Touristengruppen, die besichtigen und besichtigt werden, oder aber Migranten auf der Suche nach Arbeit und einer Zukunft. Letztere sind somit Menschen, die selten eine Wahl haben und die sich einen Kulturschock allenfalls im Stillen leisten können, weil sie von Anfang an in der neuen Umgebung funktionieren müssen. Wie schwer das für sie sein muss, können wir an unseren eigenen Schwierigkeiten in ihren Herkunftsländern ablesen. Dass ihnen Probleme in Gestalt kultureller Überheblichkeit, schlichter Ignoranz oder Mangel an Feingefühl zu schaffen machen, wird in manchen Autorenberichten schmerzhaft deutlich. Es heißt, eine Gesellschaft offenbare ihre Stärken darin, wie sie mit ihren schwächsten Mitgliedern umgehe. Sie offenbart ihre Menschlichkeit auch darin, **wie sie mit den Fremden umgeht.** „In all dem Chaos", so schrieb ein Freund auf dem Höhepunkt seiner Verzweiflung aus Russland, „gibt es wunderbare Seelen, die mir weiterhelfen und dafür sorgen, dass die Welt nicht untergeht."

Dafür zu sorgen, dass einem fremden Menschen die Welt nicht untergeht ... An dieser Aufgabe nicht zu scheitern, ist eine der großen Herausforderungen Europas und jeder einzelne kann etwas dazu beitragen. Wenn dieses Buch das Bewusstsein des einen oder anderen Lesers für die vielschichtige Problematik des Fremdseins zu schärfen vermag, wenn es auch aufmerksam macht auf den Lebensreichtum, den die Fremden mitbringen, dann ist eines seiner wesentlichen Anliegen erfüllt.

Karin Werner

ÄGYPTEN:
VON DER SEHNSUCHT NACH
FREMDHEIT UND IHREN FOLGEN

Es war ein guter Tag, so befanden meine Freundin und ich, um ins Kino zu gehen. Wir verbrachten einige Monate zu Forschungszwecken in Kairo und wollten es nicht versäumen, auch einmal einen **ägyptischen Kinofilm** zu sehen. Die ausgewählte Komödie, ein lokaler „Block Buster", war uns von ägyptischen Freunden wärmstens empfohlen worden, da er sehr schöne Aufnahmen der historischen Altstadt der Nilmetropole zeigte. Außerdem würde er die Lebensweise der Bewohner der Altstadt „authentisch" in Szene setzen. Diese Altstadtbewohner gelten in Kairo gemeinhin als die „wahren, unverfälschten Ägypter", nicht nur was ihre moralischen Maßstäbe und die wichtige Rolle der Familie betrifft, sondern auch ihren köstlichen und unverwüstlichen Sinn für Humor. Dieses Ägypten, in dem die Welt noch in Ordnung ist und das noch nicht angekränkelt von den Lastern der Moderne ist, wollten wir uns nun voyeuristisch einverleiben und machten uns also auf zu einem der großen alten Lichtspielhäuser im Stadtzentrum. Schon von weitem stachen die farbenfrohen handgemalten Filmplakate ins Auge, die Filmakteure und -geschehen grell-karikierend darstellten. Das zweite, was wir sahen, war eine lange Schlange vor der Kasse, in die wir uns einreihten. Bei näherer Beobachtung stellten wir fest, dass die Reihe der Wartenden beinahe ausschließlich aus jungen Männern bestand, die in kleinen Grüppchen oder Cliquen zusammenstanden. Unsere Ankunft löste ein allgemeines Raunen aus, die Grüppchen machten sich gegenseitig mehr oder weniger dezent auf die überraschende Anwesenheit von zwei Europäerinnen aufmerksam, und es dauerte nicht lange, bis uns das vor uns stehende Grüppchen ansprach und in gebrochenem Englisch fragte: *„Do you speak Arabic, kalam arabi?"* Wir antworteten mit einem diplomatischen *„Nuss wa nuss"* („Halb und halb"), was den Tatsachen damals wohl auch entsprach, und signalisierten durch ostentatives Wegschauen, dass wir auf eine Konversation keinen Wert legten. Nach längerem Warten kamen auch wir schließlich an die Kasse, kauften unsere Eintrittskarten und nahmen unsere Plätze ziemlich weit hinten im Saal ein. Die Stimmung in dem bis auf den letzten Platz gefüllten großen Lichtspielhaus war an- bis aufgeregt, bis der Vorfilm, ein Propagandafilm der Regierung, abgespielt wurde, der das Publikum in (vermutlich gelangweiltes) Schweigen versetzte. Nachdem Präsident *Mubarak,* der hier bedeutend größer wirkte, als er tatsächlich ist, das zehnte Mal mit jeweils unterschiedlichen Staatsoberhäuptern den roten Teppich am Cairo Airport abgeschritten hatte, war es endlich Zeit für den Hauptfilm. Der Vorspann war fesselnd und dynamisch und mit peppiger Musik unterlegt. Das Publikum blickte fasziniert auf die Leinwand, und auch wir entspannten uns und stellten uns auf einen angenehmen Kinonachmittag ein. Doch bereits nach wenigen Minuten, als die weibliche Protagonistin zum ersten Mal auf der Leinwand erschien, war es mit der Ruhe vorbei: Wie auf Knopfdruck verrenkten sich die jungen Männer reihenweise die Köpfe nach uns, um uns unverhohlen anzugrinsen, wobei einige auch anzügliche Bemerkungen machten. Beim Szenenwechsel wandten sie sich wieder nach vorne, um dem Filmgeschehen zu folgen. Doch bei der nächsten Szene mit der jungen Hauptdarstellerin warfen sie erneut die Köpfe zu uns herum, um uns statt ihrer anzuglotzen. Anfangs fanden wir diese eigentümliche, zwischen Leinwand und Westlerinnen wechselnde Choreografie des Blicks sogar ein wenig amüsant, auch hofften wir auf „Abnutzungserscheinungen", doch weit gefehlt: Im Laufe des turbulenten Filmgeschehens wurde die Stimmung im Saal ausgelassener und das Verhalten der Glotzer immer unverschämter, so dass uns zunehmed mulmig wurde. Was tun? An Rausgehen war nicht zu denken, da wir uns dann hautnah an unseren männlichen Mitzuschauern hätten vorbeiquetschen müssen und wir uns nicht sicher waren, ob den Übergriffen durch Blicke bei dieser Gelegenheit noch Grabschereien folgen würden. Darauf wollten wir es nicht ankommen lassen. Also beschlossen wir, die Situation auszuhalten oder besser: auszusitzen. Doch irgendwie mussten wir uns ja auch verhalten!

Ich entschied mich dafür, ein verärgertes „Schutzgesicht" aufzusetzen und tonlos vor mich hinzuschimpfen, meine Freundin schaute eher verschüchtert und irritiert drein. Doch hatte dies nicht die mindeste Wirkung auf unser Publikum, das sich von unserer Mimik gänzlich unbeeindruckt zeigte und uns bis zum Schluss weiter nach Lust und Laune anstarrte. Als der Film endlich zu Ende war, verließen wir den Saal möglichst unauffällig und machten uns schnell davon. Als wir unseren ägyptischen Freunden später von dem Kinoerlebnis erzählten, reagierten diese mit einer Mischung aus Unverständnis und Amüsiertheit über unsere Naivität und schärften uns ein, als Frau und insbesondere als Europäerin, nie wieder alleine, sprich: ohne männlichen Beschützer, ins Kino zu gehen, da man sonst unweigerlich Freiwild der „wilden Männermeute" würde.

Warum stelle ich dieses Erlebnis an den Anfang eines Beitrags zum Thema Kulturschock? Weil es als Situation verschiedene Dimensionen des Phänomens zu erhellen vermag. In ihr ist der Voyeurismus der westlichen Reisenden enthalten, die eigentlich „zum Schauen" gekommen waren, um dann selbst angestarrt zu werden. Enthalten ist auch der als kränkend bis traumatisch wahrgenommene **Kontrollverlust** über die Situation in Kombination mit dem deutlich empfundenen Gefühl, dass es hier eigentlich nicht „um einen selbst" geht, sondern um **Stereotypen,** die situativ „bedient" werden und um ein fast mechanisch sich vollziehendes Geschehen. Das Paradox, dass es nicht um uns als Individuen geht und wir doch so tief gekränkt werden, ist ein Signum des Kulturschocks, dessen Hintergründe oftmals in einer häufig (post-)kolonialen Geschichte interkultureller Begegnungen und Konkurrenzen zu suchen sind. In diesen Begegnungen spielen Formen kulturellen Ausdrucks und der körperlichen Präsenz nicht etwa eine Neben-, sondern eine Hauptrolle, da durch sie die Weltordnung und die mit ihr einhergehenden Machtbeziehungen, d. h. **kulturelle Über- und Unterlegenheit** im globalen Maßstab, symbolisch vermittelt werden.

Im Folgenden sollen einige soziale Räume und Situationen in Szene gesetzt werden, die einige Hintergründe der Probleme einer Europäerin in Ägypten veranschaulichen; am Schluss geht es dann noch kurz um die – sehr erhellende – Kehrseite der Medaille, nämlich um die Probleme bei der Rückkehr in die Heimat. Stilistisch wird bei der folgenden Darstellung bisweilen eine leise Ironie spürbar. Sie gehört häufig zur Erfahrung des Wechsels zwischen den Kulturen und mag hier als eine typische Mimik oder Signatur des Phänomens gelten.

Gefangen in kulturellen Stereotypen

Alle Öffentlichkeiten, auch die der westlichen Gesellschaften, sind von Verhaltensregeln durchdrungene Räume, und Menschen brauchen in der Regel ziemlich lange, bis sie die Spielregeln in diesen Räumen einigermaßen verstanden haben und beherrschen. In Ägypten sind die Zugänge zum öffentlichen Raum anders geregelt als in Deutschland, in Ägypten haben gerade **Frauen nur bedingt legitimen Zugang zum öffentlichen Raum.** Diese Zugänge werden sowohl zeitlich als auch räumlich als auch habituell reglementiert, das heißt, Frauen dürfen nur zu bestimmten Zeiten an bestimmten Orten sein und nur, wenn sie in einer bestimmten Weise gekleidet sind und sich auf eine bestimmte Weise benehmen. Wie diese Regeln konkret ausgestaltet werden, ist zwischen Stadt und Land und auch innerhalb der Stadt in verschiedenen Vierteln durchaus unterschiedlich. Auch hat jede Familie diese Frage betreffend ihre eigene Auslegung. In jedem Falle gelten für jüngere, durch ihre Jungfräulichkeit als besonders verletzlich geltende Frauen deutlich strengere Regeln als für ältere verheiratete Frauen und Mütter. Es ist also die junge Frau, die am stärksten unter Beobachtung steht und die die Ehre ihrer Familie repräsentiert und dieses „symbolische Kapital" durch ihr (zumindest scheinbar) züchtiges Benehmen mehren oder durch unzüchtiges Benehmen aufs Spiel setzen kann. Diese **symbolische Bewertung von Weiblichkeit** ist Teil der kulturellen Ordnung bzw. „Ökonomie", der wir als Westlerinnen in Ägypten unterliegen.

Der zweite zu benennende Komplex betrifft eine Konkurrenz zwischen den Kulturen, in der die westliche Kultur sich als hegemoniale Kultur positioniert. Für die Ägypter warf der **westliche Hegemonieanspruch** in der Vergangenheit zahlreiche Fragen in Bezug auf ihr eigenes kulturelles Selbstverständnis auf, das durch ihre Unterwerfung zuerst durch französische und später englische Kolonialherren schwer verletzt wurde. Heute kämpft man offensiver denn je darum, dieses Selbstwertgefühl wieder zu erlangen.

Wenn wir als Westlerinnen nach Ägypten kommen, geraten wir in eine komplexe Situation, die sich sehr reduziert auf folgende, leicht überspitzte Formel bringen lässt: Der Westen hat viel Macht und viel Geld, aber keine Ehre, insbesondere die westliche Frau hat keine Ehre, sie läuft fast nackt auf der Straße herum und hat wahllos Sex mit jedem, der sie will: **westliche Frau = Hure.**

Dieses ebenso abstruse wie hartnäckige Vorurteil ist im Kontext der oben angesprochenen kulturellen Konkurrenz zwischen Orient und Okzident zu sehen. Es gehört nicht viel Fantasie dazu sich vorzustellen, dass es die spezifischen Probleme von Frauen sozusagen „vorprogrammiert", wobei Art und Verlauf recht unterschiedlich ausfallen können. Das soziale Spiel, das vor dem Hintergrund dieses handfesten Vorurteils abläuft, kennt praktisch nur zwei Optionen, zwischen denen frau nach einer gewissen Zeit hin- und herzuwechseln lernt. Die eine (sie gehört zum öffentlichen Raum) ist: Sie wird **wie sexuelles Freiwild behandelt** und respektlos „angemacht", die andere (sie gehört zum privaten Raum) ist: Sie bekommt den Status einer „Ausnahme" (von der nach wie vor bestehenden Regel) zugewiesen und wird als ein Individuum wahrgenommen und entsprechend respektvoll behandelt. Die oben beschriebene Kinoszene, die im Vergleich mit Erfahrungen, die Frauen (übrigens nicht nur Westlerinnen) in Bussen und anderen überfüllten Orten tagtäglich machen, wo sie zu Opfern körperlicher Übergriffe werden, vielleicht noch „harmlos" ist, illustriert ganz klar Option 1 (Frau = Hure, sexuelles Freiwild). Frau flaniert praktisch (häufig, ohne sich dessen bewusst zu sein) als animiertes „pinup girl" durch Kairos Straßen und reagiert auf die mehr oder weniger charmant vorgetragenen Avancen der männlichen Zuschauer meist mit einer Mischung aus Geschmeichelt- und Angewidertsein.

Dass dieses Spiel manchmal auch den Bedürfnissen der Frauen entgegenkommt, zeigt die nicht ganz unbeträchtliche Zahl an **Sextouristinnen** in Kairo, also Frauen, die regelmäßig hierher kommen, um ein erotisches Abenteuer zu erleben. Für dieses mittlerweile fest etablierte Segment von Touristinnen stehen Scharen von zum Teil (semi-)professionellen Gigolos im Kairoer Stadtzentrum bereit, die übrigens ein gutes Gespür für ihre Zielgruppe haben und umgekehrt. Die meist jüngeren Männer fungieren als Sexpartner, Reiseführer und Rundum-Unterhalter und werden am Ende des Trips angemessen für ihre Dienste belohnt. Einen sehr ähnlichen Sextourismus gibt es auch unter Homosexuellen, ähnlich wie der von Frauen ist er Gegenstand von zahlreichen Gerüchten.

Beschützer oder Sexualpartner?

Früher oder später wird frau in der Öffentlichkeit von einem meist jüngeren Mann angesprochen, der sich ihr in der Regel mit der Frage *„Can I help you?"* nähert, auch wenn frau sich situativ vielleicht gar nicht bedürftig fühlt. Die Frage jedoch zielt eine Ebene tiefer und kann dann anschließend zu sehr unterschiedlichen Formen der Beziehung zwischen dem jungen Mann und der Frau bzw. den Frauen führen. In jedem Fall richtet sie sich auf die Verletzbarkeit der „mannlosen" Frau in der Öffent-

lichkeit und stellt den Frauen die Lösung dieses (Status-)Problems in Aussicht. Auch wenn frau manchmal ein wenig darüber ins Schmunzeln gerät, welche schmächtigen, „grünen" Kerlchen sich Gruppen von „gestandenen" Frauen als Beschützer anbieten, es funktioniert jedenfalls – zumindest ist es der (männlichen) Logik zufolge allemal besser, einen schmächtigen Teenager bei sich zu haben als überhaupt kein männliches Wesen. Denn **sobald frau einen Mann an ihrer Seite hat,** wird so etwas wie ein (für kulturelle Outsider unsichtbares) Besetztzeichen geschaltet, das die Gruppe vor weiterer „Anmache" (ein wenig) schützt. Zwar gesellt sich noch der eine oder andere Mann der Gruppe hinzu (was als legitim gilt, solange die Gruppe noch freie „Valenzen" hat, sprich noch nicht jede Frau einen symbolischen Partner erhalten hat), doch kann in der Regel der Erstbeschützer entscheiden, ob er den Mann „reinlässt" oder nicht. Häufig wird dieser „Deal" und die Aufgabenteilung zwischen den Männern jedoch im Vorhinein genau abgesprochen, um die Situation möglichst gut „managen" zu können.

Nach dem obligatorischen Shakehands flanieren diese Gruppen- bzw. Paar-Konstellationen meist durch die einschlägigen Touristenmeilen, wobei manchen „Platzhirschen" ihr Stolz über ihren „Fang" stärker anzusehen ist als anderen. Es gilt in der Männergesellschaft der Straße als Wert an sich, eine **Westlerin aufzugabeln** und mit ihr (gerne auch vertraulich eingehakt) herumzuflanieren und die anderen glauben zu machen, man habe etwas mit ihr oder sei gerade auf dem besten Wege dazu. Frau läuft meistens ahnungslos daneben her und bedankt sich meist beim Abschied noch für die netten Tipps ihres Begleiters.

Doch muss fairerweise eingeräumt werden, dass die Motive solcher Ansprachen sehr unterschiedlich sind und dass frau gelegentlich über das obligatorische *„Can I help you?"* auch wirklich **nette Bekanntschaften** machen kann. Die „Can I help you"-Population besteht nämlich auch aus Studenten, die ihr Englisch aufpolieren wollen und die einfach ein wenig Abwechslung haben wollen. Eine weniger angenehme Variante sind dagegen die **Ansprache-Profis,** die einen, nachdem sie sich zunächst als harmlose Begleiter angedient haben, nach kurzer Zeit zum „Parfume Shop" ihres Onkels locken. Das ist jedoch im Zweifelsfall noch die bessere unter den schlechteren Varianten, denn es geschieht leider auch immer wieder, dass nichts ahnende weibliche Reisende sich mir nichts, dir nichts in zwielichtigen Absteigen wiederfinden und ziemlich viel Bestimmtheit an den Tag legen müssen, um dieser Situation einigermaßen unbeschadet zu entkommen.

All diese Schilderungen sollen illustrieren, dass das oben skizzierte Vorurteil den Aufenthalt von allein oder in weiblicher Begleitung reisenden Frauen in Ägypten in der Regel ziemlich kompliziert gestaltet, da die weibliche Präsenz in der Öffentlichkeit unter den genannten Vorzeichen steht und praktisch jede Frau durch ihr individuelles Handeln das Vorurteil widerlegen muss, dass sie „billig zu haben" sei.

Normen werden eingeklagt

Ein damit zusammenhängendes Kapitel sind die ebenfalls inflationär und ungefragt „angebotenen" Reaktionen auf abweichendes Verhalten. Wenn frau nämlich kurze Haare trägt, wird sie es häufig erleben, dass Männer wie Frauen sich an ihren eigenen Schopf fassen, dabei verständnislos den Kopf schütteln und fragen: *„Leh?"* („Warum hat du so kurze Haare?"). Dies geschah mir vermehrt, und ich muss sagen, dass ich das offenkundige Interesse an meiner **Haarlänge** nach anfänglichem Genervtsein irgendwie amüsant fand. Ich hatte mir allerdings die entsprechende Antwort zugelegt. Ich entgegnete nämlich keck: *„Leh la?"* (Warum nicht?), was meist durch ein herzhaftes Lachen meines Gegenübers goutiert wurde. Überhaupt sollten auch eingedenk der Macht von Strukturen die vielen kleinen Möglichkeiten, mit **Humor** eine Situation zu seinen Gunsten zu wenden, nicht vergessen werden. Für mich gibt es überhaupt nichts, was dem Vergleich mit einem entspannten Schnack mit einem gut gelaunten Kairoer Taxifahrer standhalten könnte. Der Witz, der hier an den Tag gelegt wird, ist ein echer Ausdruck von Lebenskunst und zeitigt mitunter sogar therapeutische Wirkung.

Was den öffentlichen Blick betrifft, dem Frauen, und ganz besonders westliche Frauen, unterliegen, so sollte nicht unterschlagen werden, dass dieser Blick in unterschiedlichen Situationen mitunter sehr unterschiedliche Beweggründe hat und nicht nur auf sexuelle Annäherungsversuche oder Geschäftemacherei reduziert werden kann. So kann sich dieser Blick wie ein Spießrutenlaufen anfühlen, vor allem wenn man Grenzen überschritten hat (wie wir, als wir ohne männliche Begleitung ins Kino gingen) oder wenn man **nicht-öffentliche Räume betritt** (etwa eine private Wohngasse). In diesen Situationen wird man, ohne dass schnell jemand einschreiten würde, von einer Kindermeute solange angeplärrt und verfolgt, bis die Eindringlinge das geschützte Territorium schnell wieder verlassen (wobei die Kindermeuten dann gerne noch ein Foto von sich aufgenommen haben wollen, um sich für immer ins Gedächtnis bzw. Fotoalbum der Verfolgten einzuschreiben).

Travel Egypt – Be somebody special

Wenn man einmal die wenigen Straßenzüge in Kairo oder anderen Touristenzentren außen vor lässt, wo die professionellen Aufreißer, Souvenirshop-Betreiber, Busfahrer und Fremdenführer ihren Geschäften nachgehen, kann man davon ausgehen, dass den reisenden Männern und Frauen in Ägypten neben manchem Ungemach auch sehr viel **Fürsorge und Schutz** zuteil wird. Das ist ein Teil des besonderes Status, den sie hier genießen.

Es mag sonderbar anmuten, doch die meisten Reisenden aus westlichen Ländern gewöhnen sich schnell an das hohe Maß von Aufmerksamkeit, das ihnen in Ägypten zuteil wird, auch wenn es manchmal nervt. Und sie genießen es, einmal so richtig **im Mittelpunkt zu stehen.** So können Besucher aus westlichen Ländern in Ägypten ziemlich sicher sein, dass sie, wenn sie gemeinsam mit Ägyptern auf eine Dienstleistung warten, bevorzugt behandelt werden. Sie werden praktisch „auf Händen" getragen. Man will sie chauffieren, bewirten, beraten, zu den Sehenswürdigkeiten führen oder sie einfach nur kennen lernen, um mit ihnen über das Leben (ja, das Leben ...) zu philosophieren, was in der Regel mit einem Seufzer und dem bedeutsamen Ausspruch *„Al-haya keda, ad-dunya keda"* („So ist das Leben, so ist die Welt ...") endet. Man gibt ihnen das Gefühl, hier wirklich willkommen zu sein und liest ihnen ihre Wünsche von den Augen ab.

Auch bekommen Personen, die in ihrer Heimat nicht unbedingt als die attraktivsten gelten, in Ägypten oft eine sehr **positive Rückmeldung auf ihre Körperlichkeit.** Nein, Ägypten hat der Schlankheits- und Fitnesswahn, dem die westlichen Gesellschaften zunehmend anheimfallen, noch nicht erreicht, und man darf diesbezüglich auch zukünftig mit einigen Resistenzen rechnen. Obschon in unterschiedlichen Schichten und Milieus verschieden, gilt eine korpulente Statur bei Männern und Frauen – besonders bei ein wenig reiferen – als überaus angemessen: Dicke Männer gelten als „stark" und dicke Frauen als sexy. Besonders die Frauen bekommen meist ein sehr direktes Feedback, indem ihnen auf der Straße fortwährend das Kompliment zugeraunt wird: *„You are very beautiful".* Dieser allgegenwärtige Spruch wird manchmal sogar schamvoll, fast ohne erkennbare Bewegung der Lippen gezischelt, so als sei das Abspulen dieses Spruchs eine Verpflichtung, der man unbedingt nachkommen muss. Und die angeraunten Frauen fühlen sich, nachdem sie das gelegentlich phonetisch arg entstellte Etwas als Kompliment entziffert haben, oft sehr geschmeichelt und verbuchen es – wenn sie sich darüber nicht kaputtlachen oder schwarz ärgern – auf der Habenseite. Das durch all diese Formen von (durchaus auch zweifelhaften) Ansprachen, Komplimenten und Zuvorkommenheit erzeugte Gefühl, etwas ganz Besonderes zu sein, fördert bei den Reisenden neben ihrer Bereitschaft, ein großzügiges Trinkgeld zu zahlen, auch ihr Selbstwertgefühl. Travel Egypt – Be someone special.

Westliche Frauen in Männerdomänen

Eine weitere Besonderheit für Frauen, die Ägypten bereisen, betrifft den Umstand, dass sie Zutritt zu Räumen bekommen, die ägyptische Frauen gar nicht oder nur unter hohen Auflagen betreten dürfen. Ein prominentes Beispiel sind die **Kaffeehäuser,** ansonsten reine Männerdomänen. Kaum kommen ein paar Europäerinnen oder Amerikanerinnen des Weges, wird der Wirt es sich nicht nehmen lassen, mit einer einladenden Geste auf einen der freien Tische hinzuweisen – jedenfalls in Stadtteilen, die touristisch orientiert sind. Dann wird den Frauen das Getränk ihrer Wahl – und manchmal sogar eine Wasserpfeife – serviert, mit der sie dann für gewöhnlich geraume Zeit beschäftigt sind. Aber diese Privilegien sollten nicht als Kompensation des negativen Vorurteils gegenüber den „unmoralischen Westlerinnen" verstanden werden, sondern als ein Aspekt dieses Vorurteils, denn welche ehrbare Frau würde ihre (klimatisch bedingt manchmal auch eher spärlich bekleidete) Leiblichkeit vor den Augen aller Männer der Umgebung zur Schau stellen? Doch sind die Modalitäten des Aufenthaltes von westlichen Frauen in diesen Männerdomänen nicht auf eine einfache Formel zu bringen: Manchmal ist ein – von frau entsprechend wütend zur Kenntnis genommenes – **Auftrumpfen der männlichen Gastgeber** vor den männlichen Beobachtern der Umgebung deutlich spürbar. Dann steht ungesagt im Raum: „Seht her, was ich euch aufgegabelt habe und euch auf den Präsentierteller lege!" Manchmal, insbesondere bei einfachen Cafés, ist auch ein – rührender – **Stolz auf die „hohen Gäste"** spürbar. Manchmal wird nur korrekt bedient und auf jedes kokette Geschlechterspiel verzichtet. Dies gilt besonders bei Cafés, die auch **Alkohol** ausschenken. Hier werden Frauen, die sich ein Bier bestellen, auch schon mal gebeten, sich nicht ans Fenster zu setzen, sondern sich unauffällig in die Ecke oder hinter einen Pfeiler zurückzuziehen. Egal, in welcher der genannten Spielarten, ich fühlte mich in diesen Räumen, die uns Frauen aus dem Westen, nicht aber den ägyptischen Frauen offenstehen, mitunter fehl am Platze. Und ich sehnte mich insbesondere, wenn ich weit und breit die einzige Europäerin war, nach Orten, in denen „wir" als Masse vorhanden sind, in die man eintauchen kann und sich damit dem allgegenwärtigen Fokus und dem Wahrgenommenwerden als Fremde entziehen kann.

Zwischen Kopftuch und Minirock –
Die Extreme weiten sich

Der Kulturschock wird nicht immer durch ein kompaktes und klar zu benennendes Ereignis ausgelöst, sondern kann genauso durch eine Reihe aufeinander folgender seltsamer Empfindungen des Fehlverhaltens, der Deplatziertheit, der Verunsicherung und der situativen Irritation und – besonders – der Scham gekennzeichnet sein. Kulturschockverstärkend wirken in Ägypten nicht nur die Reaktionen der Männer auf die Westlerin, sondern auch der Umstand, dass sich die **Ägypterinnen** stark mit dem Bild der Westlerin beschäftigen. Wie? Indem sie zunehmend zu diesem Bild (das oben angesprochene Stereotyp) auf Distanz gehen und sich auf die Suche nach angemessenen Formen der Weiblichkeit in ihrer

„eigenen Kultur" begeben. Seit den 1980er Jahren ist das **Kopftuch** in verschiedenen laxeren und strengeren Formen in der ägyptischen Öffentlichkeit auf dem Vormarsch, ganze (Mädchen-)Schulklassen legen in der 6. Klasse das Kopftuch an, wodurch nicht nur die Kluft zu den christlichen Mitschülerinnen (den Kopten), sondern eben auch zu den „unmoralischen" Westlerinnen vertieft wird. Dieser Umstand führt bei vielen aus dem Westen stammenden Frauen (interessanterweise mehr als bei Männern) zu Unverständnis, einige belächeln die „Verschleierung" mitleidig, andere fühlen sich hierdurch angegriffen. Dies ist nur zu gut zu verstehen, zumal die Frauen, die sich für das Kopftuch entschieden haben (die meisten entscheiden diese Frage selbst) auf Nachfrage auch erklären, dass sie das Kopftuch für eine unbedingt notwendiges Zeichen einer moralisch einwandfreien weiblichen Lebensführung halten. Da begegnet es uns schon wieder, das Vorurteil, dass Westlerinnen ein mora-

Verschleierte Mädchen in den Straßen Kairos

lisch anstößiges Leben führen, nur diesmal aus dem Mund von Frauen. Die Männer stehen dem Kopftuch gespalten gegenüber, was viele Ägypterinnen weise kommentieren: Zum Flirten bevorzugen sie Mädchen ohne Kopftuch, zum Heiraten welche mit Kopftuch. Was ist wohl wichtiger? Die Antwort liegt für sie auf der Hand, denn eine **Heirat und Familiengründung** ist für Männer und Frauen in Ägypten gleichermaßen die absolute Voraussetzung für eine erfolgreiche Lebensbilanz. Entsprechend gehen viele junge Frauen „auf Nummer sicher", indem sie auf die moralische Karte setzen und neben dem Kopftuch auch durch andere Verhaltensweisen demonstrieren, dass sie moralisch integere, vertrauenswürdige, eben heiratsfähige Frauen sind.

Doch ist auch diese Orientierung nicht ohne den oben erwähnten Hintergrund der kulturellen Konkurrenz des islamischen Kulturraums mit dem Westen zu verstehen. Wir erinnern uns: Wenn der Westen auch die Macht und das Geld hat, so ist der islamische Raum ihm eben doch im Feld der Ehre und der Moral überlegen. Dieses Diktum betrifft konkret jede Familie und bestimmt den Lebensplan und den täglichen Tagesablauf vieler Frauen, die ihre Bestimmung als **„moralische Weltpolitikerinnen"** entschlossen annehmen und die Sinngebung ihres Lebens daran ausrichten. Die Reisende aus den westlichen Ländern wird diesen stillen, aber revolutionären Wandel in der kulturellen Selbstdefinition einer ganzen Generation unter Umständen nur oberflächlich erleben, je nachdem, ob es ihr gelingt, tiefere Bekanntschaften auch außerhalb des engeren Radius der Tourismusbranche zu machen.

Die Akteure im **Tourismusbereich** stehen dem Kopftuch skeptisch bis ablehnend gegenüber. Zu gerne präsentiert man hier attraktive junge Ägypterinnen im Minirock, die als Hostessen, Reisebegleiterinnen und Stewardessen Modernität und Aufgeschlossenheit gegenüber dem Westen verkörpern. Sobald eine Frau das Kopftuch anlegt, gilt sie hier oftmals nicht mehr als „vorzeigbar", woran sich vielfältige Diskriminierungen anschließen. So werden die Kopftücher in diesem Umfeld gerne als „Putzlappen" und „Fellachentücher" verspottet und die moralischen Motive der Trägerinnen in Zweifel gezogen, indem den Frauen pauschal unterstellt wird, sie benutzten das Kopftuch zur Vorspiegelung von Frömmigkeit. Die im Tourismusbereich tätigen Frauen müssen sich also zwischen ihrem Gewissen bzw. ihrer Familienkarriere und ihrem Job entscheiden. Für die Reisende aus Europa bedeutet dies, dass sie sich während ihres Ägyptenaufenthalts in einer eigenartig zwiegespaltenen Lage zwischen Hofiertwerden und moralischer Abwertung befindet, die immer wieder irritiert, auch wenn das unter Umständen nicht klar zu Bewusstsein tritt und nicht benannt werden kann.

Der Familienbesuch

Früher oder später ist es soweit. Man hat während seines Aufenthaltes Ägypter kennen gelernt, sich angenehm mit ihnen unterhalten und findet einander sympathisch. Oft mündet eine solche Bekanntschaft in eine Einladung zum Teetrinken oder zum Abendessen im Kreise der Familie. Die Einladung beinhaltet meist auch den Service des **Abholens** und Nachhausebringens. Dabei lernt man oft bereits einen Bruder oder Cousin des Gastgebers bzw. der Gastgeberin kennen, die den „hohen Besuch" gemeinsam eskortieren und angenehm unterhalten. Zumindest die Gastgeber sind **herausgeputzt,** um ihren Gästen die Ehre zu erweisen; auch die Gäste sind gut beraten, ein wenig Feingefühl für die Situation aufzubringen und nicht „in den letzten Klamotten" zu der Einladung zu erscheinen. Falls doch, wird dies von den Gastgebern in der Regel mit dem Hinweis zur Kenntnis genommen, die *Khawagat* (Fremden) seien halt anders als sie selbst.

Je nachdem, wo die Gastgeber zu Hause sind, in der Stadt oder auf dem Land, in einem modernen Neubauviertel oder in einem Altstadtviertel, nimmt ihr **soziales Umfeld** mehr oder weniger Anteil an dem Ereignis. In Alt-Kairo etwa verläuft so ein Besuch folgendermaßen: An das Grüppchen, das zunächst aus den zwei Gästen, die von zwei Ägyptern eskortiert werden, besteht, schließt sich, je näher man der Wohnung kommt, immer mehr Personen an. Bereits vor Eintritt in die enge Wohngasse wird man von einem „Späher" gesichtet, der sich dann der Gruppe anschließt. Spätestens sobald man in die Gasse einbiegt, sorgt man für mächtigen Aufruhr. Die in der Gasse sitzenden Frauen rufen einem *„Ahlan, ahlan"* (Willkommen!) entgegen, und der (sich im Nu zusammenrottende) Kinderpulk heftet sich an die allmählich zur kleinen Prozession anwachsenden Gruppe. Dabei versuchen die Größeren, sich in die „Pole Position" zu bringen und die Kleineren wegzudrängen.

Dann tritt die Kerngruppe ins Haus ein, wo die Gäste erst einmal von den Hausnachbarn persönlich begrüßt werden. Oft wird man mit dem obligatorischen *„It-faddalu"* (Bitte sehr!) zum Platz nehmen aufgefordert, doch wehren die Gastgeber solche meist nicht ganz ernst gemeinten Abwerbeversuche freundlich ab und dirigieren ihre Gäste in die eigene Wohnung. Dort folgt dann der **offizielle Empfang durch die Mutter** (der Vater ist häufig noch bei der Arbeit und kommt später dazu). In Alt-Kairo wird die Mutter in der Regel kein Englisch oder Deutsch sprechen, so dass ihre Kinder als Übersetzer fungieren. Kaum hat man im Salon Platz genommen, werden Tee oder Pepsi serviert. Alle anwesenden Familienmitglieder versammeln sich zu einer Talkrunde, bei der Gäste und

Gastfamilie einander vorgestellt werden. Die Gäste werden dann auch einem **offiziellen Interview** über ihren Wohnort und Beruf, vor allem aber über ihre Familie unterzogen. Für uns Westler sind diese Interviews manchmal ein wenig peinlich, denn wenn man unverheiratet zusammenlebt oder gar in einer gleichgeschlechtlichen Partnerschaft, kann man auf wenig Verständnis bei den Gastgebern hoffen. Darum sind hier kulturelle Übersetzungsversuche und spontane **Notlügen** (die vom Gegenüber übrigens auch erwartet und häufg durchschaut werden) an der Tagesordnung. So werden während dieser Befragungen aus unverheirateten Paaren „Verlobte", die kurz vor der Eheschließung stehen, und aus Schwulen und Lesben werden eingefleischte Singles. Früher hörte man öfter, dass sich unverheiratete Paare während ihres Ägyptenurlaubs falsche „Verlobungsringe" aufsetzten, um als legitime Partnerschaft Anerkennung zu finden. Zumindest ein netter Versuch, die Etikette zu wahren ... Die Glaubwürdigkeit wird vermutlich auch ein wenig davon abhängen, ob die Ringe aus dem Kaugummiautomaten oder vom Juweliergeschäft stammen. Wie durch die ein wenig karikierend-überspitzte Darstellung wohl deutlich geworden ist, geht es bei solchen Familienbesuchen vor al-

In der Gasse wohnende Frauen und Kinder begrüßen die Gäste

lem um die Inszenierung einer heilen Familienwelt und um das Hochhalten der moralischen Standards.

Anders als umgekehrt, hat der Besuch westlicher Gäste für ägyptische Familien, besonders wenn sie aus eher ärmeren Schichten stammen, eine hohe Bedeutung, da ein solcher Besuch den **Status der Familie** in ihrem Umfeld positiv beeinflusst. So ist es auch nicht unwichtig, dass die Gäste von den Nachbarn wahrgenommen werden. Und so dreht man, nachdem man die Familien-Fotoalben gemeinsam durchgeblättert hat und über die Verwandtschaftsverhältnisse ausführlich informiert ist, gelegentlich noch eine „Runde" in der Nachbarschaft, vielleicht, um einen Onkel oder eine Tante zu besuchen. Einmal passierte es mir und einer Freundin, dass wir während eines Besuchs komplett neu eingekleidet wurden. Unsere Jeans wurden uns ausgezogen, stattdessen wurden wir überredet, Kleider unserer Gastgeberinnen und auch deren Gummischlappen anzuziehen. In diesem ulkigen Aufzug wurden wir der Nachbarschaft vorgeführt, die sich über die Westlerinnen vor Lachen bog.

Doch sind solche Verwandlungen eher selten. Oftmals geschieht es hingegen, dass man mit kleinen **Geschenken** bedacht wird, ein Kinderspielzeug oder eine Süßigkeit. Jeder kümmert sich um den Besuch und hilft mit beim **Rundumprogramm,** das von Konversation und Unterhaltung bis hin zum Zubereiten der Speisen und Getränke reicht. Wichtig ist das Austauschen von **Komplimenten,** die Frauen Frauen öffentlich machen dürfen. So werden blaue Augen und blonde Haare gewürdigt oder feine Haare und zarte, helle Haut. Und wenn es richtig gut läuft, dann wird auch viel gescherzt und gelacht.

Nach dem Essen werden die Gäste dann nach Hause eskortiert, wo man meist einige Zeit damit verbringt, den Besuch zu „verdauen". So ist es nicht jedermanns Sache, in dieser Weise **„auf dem Präsentierteller"** zu stehen, herumgereicht und vorgezeigt, befragt und beobachtet zu werden. Während manche in dieser Situation aufblühen und zur Hochform auflaufen, reagieren andere eingeschüchtert und überfordert. Auch ist die Erfahrung familiärer und nachbarschaftlicher Enge, die man hier unter Umständen macht, durchaus kulturschockverdächtig, da das eigene Lebensmodell hier ungewohnt deutlich und durchaus auch als verletzlich zutage tritt.

Die Begegnung legt es nahe, dass das Gesehene von Europäern mit ihrer eigenen Lebenssituation in Beziehung gesetzt wird. Bei dieser kulturellen „Hochrechnung" dominieren zwei Variationen auf ein Thema: Das Gesehene wird als Begegnung mit der eigenen Vergangenheit („So war das bei uns früher auch") interpretiert, der man unkritisch das Gütesiegel des moralisch besseren Lebens ausstellt. Die komplementäre Lesart dazu ist die pauschale Abwertung des Gesehenen als „unmodern" („Die sind halt noch völlig hinterm Mond"). Das hier behandelte Phänomen der interkulturellen Verunsicherung beinhaltet eben auch, durch das Andere einen **neuen Blick auf sich selbst** werfen zu müssen oder zu dürfen. So ein Familienbesuch jedenfalls gibt Anstöße für eine ganze Reihe solcher Ein-Blicke.

Kultureller Wechsel – Probleme und Chancen

Die „unter die Haut gehende" Konfrontation mit der anderen Kultur kann jedoch nicht nur zu Resistenz und Distanznahme führen, sondern auch konträre Verhaltensweisen bewirken. Das damit angesprochene „going native" bzw. **Sich-der-anderen-Kultur-Anverwandeln** ist ein klassisches Phänomen, das zu verschiedenen Zeiten unterschiedliche Formen annahm. Dies zeigt, dass der Wechsel zwischen den Kulturen sehr stark dazu verführt, die eigene Identität (zumindest temporär) aufs Spiel zu setzen, um in der Fremde „verloren zu gehen". So nahmen nicht wenige Orientreisende im 18. und 19. Jh. Kleidung und Habit des besuchten Landes an, um für kürzer oder länger abzutauchen und nach ihrer Rückkehr in die Heimat orientalische „Marotten" zu kultivieren. Auch bei Frauen war dies – wenngleich auch viel seltener – der Fall. Die im 19. Jh. lebende spektakuläre Orientreisende *Isabel Eberhard* etwa fand in Nordafrika etwas, das eine tiefe Sehnsucht in ihr zum Schwingen brachte und das sie dazu bewegte, ihr restliches Leben in einer Art Camouflage dort zu verbringen. Eine Fortsetzung fand dies dann in den 1970er Jahren durch reisende Hippies oder „Aussteiger", die in Indien meditierten und sich in Nordafrika in eine Galabiyya oder einen Kaftan gewandeten, Haschisch rauchten und einen relaxten Lebensstil pflegten.

Was hat das mit dem hier behandelten Thema zu tun? Trotz der zunehmenden „Industrialisierung" und Normierung von Reisen in den Nahen und Mittleren Osten gibt es vor allem jenseits der professionell programmierten „Kontakt-Zonen" zwischen Reisenden und Einheimischen immer noch die Chance der Wahrnehmung eines anderen Lebens. Die vielen **kulturellen „Mini-Erdbeben" und Irritationen** gehören dazu. Wir bekommen das Geschenk eines unvergesslich schönen Aufenthaltes in einer alten Moschee am späten Nachmittag, fünf Minuten später versucht ein Taxifahrer uns zu betrügen oder eine Horde von Kindern bettelt uns penetrant an. Man blickt mit lüsternen Augen auf uns, aber man nimmt uns auch fürsorglich unter die Fittiche, man zwingt uns zum Taktieren, doch vermittelt uns bei Gelegenheiten, in denen wir es manchmal am wenigsten erwarten, das deutliche Gefühl von tiefem Verstehen und gegenseitigem Respekt.

Das, wie ich finde, in Ägypten besonders für Frauen brisante Problem kultureller Reibungen soll hier nicht nach einer Seite hin aufgelöst werden, auch soll hier nicht behauptet werden, dass „Tipps", so hilfreich sie mitunter auch sein mögen, dieses Problem aus der Welt schaffen könnten. Offene Sinne, eine gute Reisevorbereitung und gesunder Menschenverstand scheinen mir die besten Voraussetzungen, um diese **Reibungen produktiv zu wenden.** Ein Teil dieser Produktivität kann sein, beide Wechsel bewusst zu erleben, nämlich nicht nur die Mischung aus Irritation und Faszination bei der Ankunft im Reiseland, sondern auch die (gelegentlich ernüchternden) Erfahrungen bei der Rückkehr. So war ich nach meinen längeren Aufenthalten in Ägypten immer wieder wirklich schockiert von Deutschland, wie wenig die Menschen einander auf der Straße wahrnehmen, wie „tot" das öffentliche Leben wirkt und wie wenig Sinn für Humor viele Menschen an den Tag legen, weil sie eben, wie die Ägypter sagen würden, kein „leichtes Blut" haben. Auch diesen Erfahrungen Raum zu geben, eröffnet uns die Möglichkeit, uns unser Leben anders vorzustellen, vielleicht nur einen Moment lang. Ich denke, dies ist der Blickwinkel, aus dem heraus der nicht unproblematische Wechsel zwischen den Kulturen als das erscheinen kann, was er tatsächlich ist: nämlich Risiko und Chance zugleich.

Die Autorin

Karin Werner, Jahrgang 1960, ist Kultursoziologin, Verlegerin und Publizistin. Sie verbrachte insgesamt mehr als zwei Jahre in Kairo, wo sie verschiedene Forschungsprojekte durchführte.

Heike Gatzmaga

TANSANIA:
EINE MZUNGU IN TANSANIA

Ich saß im Hamburger Flughafen. Gleich würde ich den Bauch des Flug-
zeuges betreten und wieder **nach Afrika zurückkehren.** Im Warteraum,
nur wenige Schritte von mir entfernt, saß *Nigel Kennedy* hinter großen
Sonnenbrillengläsern und einem Instrumentenkoffer versteckt.

Ich war nicht in Tropenstimmung diesmal. Noch vor zwei Tagen hatte
ich einer Freundin gebeichtet, wie elend ich mich fühlte. Ich hatte einen
kleinen Sohn von nun acht Monaten, der mit mir in meine zweite, die so
genannte „Dritte Welt" fliegen sollte. In die Ungewissheit. Mit meiner
Freundin hatte ich schließlich darüber gescherzt, wie ich den Kleinen vor
Moskitos schützen würde. Mit einem imkerähnlichen Anzug. Mit einem
kokonartig von Moskitonetzen umhüllten Haus. Es war ein albernes Gespräch – wie eine pubertierende Jugendliche lachte ich, bis mir die Tränen die Wangen herunterliefen – aber es war imstande, einige der Span-
nungen zu lösen, mit denen ich auf die neue Situation blickte.

Immer wieder hatte ich den Abflugtermin hinausgeschoben. Wie eine
Eisbärin hatte ich mich mit meinem Nachkommen in einer heimeligen
Höhle verschanzt. Jetzt war ich draußen. Monatelang hatte ich Flugangst
entwickelt, obgleich meine Angst eine andere war: Es war die Angst vor
dem Übergang.

Als Zweiundwanzigjährige hatte ich mich trotz hohen Fiebers in ein Flugzeug nach **Indien** gesetzt und war losgereist. Berichte von Menschen, die in Kaffeedosen aus Indien zurückkamen, und andere Schreckensberichte hatten meinen Adrenalinspiegel erhöht. Ich bin der neuen Welt geradezu „entgegengefiebert". Als ich in Indien ankam, verbrachte ich vierzehn Tage auf einem Bett in der Wohnung einer der besser gestellten Familien Indiens. Ich fühlte mich wie jemand, der lange auf einem Karussell mitgefahren war und der jetzt den Schwindel aushalten musste. Aus dem Fenster drangen die Stimmen von Tauben und Krähen. Davor lag das Meer, dazwischen eine Straße, an der sich Familien in zeltartigen Behausungen aus Plastikabfällen niedergelassen hatten. Der Geruch von Bombay haftete an allem. Eine Mischung aus Zweitaktmotoren, Salz und süßlicher Verwesung. Ich war in eine neue Welt hineingefallen und als ich endlich wie vom Schwindel befreit aufstand, konnte ich beginnen, sie zu erobern. Nach kurzer Zeit verstand ich es, mit den Taxifahrern und den Gemüsehändlern zu feilschen. Ich konnte mit pockenvernarbten, Sari tragenden Frauen in einer Schlange stehen und mir Zugtickets besorgen. Ich genoss es, mich in mittelständisch indischer oder kolonialer Manier von ausgemergelten Männern in Fahrradrikschas ziehen zu lassen. Die todesverachtenden Allüren indischer Busfahrer konnten mich erheitern. Und meine Wäsche war blütenrein von der Knochenarbeit indischer *Dhobis,* der Wäscher, die seit Generationen die Kleidung ihrer Kunden auf flachen Steinen sauberschlagen. Ich ließ die ewig gleichen Gesprächinhalte über mich ergehen: „Woher kommst du? Wie alt bist du? Bist du verheiratet?" Nachdem ich sechs Monate durch ganz Indien gereist war, in der Nähe des südindischen Cochin auf einer Insel mit Einheimischen getanzt, in der heiligen Stadt Benares auf einem Hausboot gelebt und in Nepal den Annapurna bestiegen hatte, gab ich bisweilen an, dass ich aus Island stamme. Und meine **Assimilation hatte begonnen.**

Eigentlich begann sie, noch bevor ich einen Fuß auf indischen Boden gesetzt hatte. Müde vom Menschenbild des Psychologiestudiums hatte ich mich von einer Affinität für das Fremde verleiten lassen, **Indologie zu studieren** und schließlich Asiatische Geschichte. Ich hatte angefangen, Sanskrit zu lernen, die altindische Sprache, in der die heiligen Schriften verfasst sind. Und Hindi, Muttersprache für die meisten Nordinder und Nationalsprache ganz Indiens.

Als ich einige Jahre nach meinem ersten Indienaufenthalt erneut nach Indien reiste, fühlte ich mich zu Hause. Mit dem ersten Atemzug, dem Geruch von Räucherstäbchen, Zweitaktern und Slums. Ich reiste von Kalkutta in den südlich Bengalens gelegenen Bundesstaat Orissa und kaufte mir einen Sari. Ich lackierte meine Zehennägel und fing an, mich **wie eine Inderin zu benehmen.** Um möglichst nah an Indien heranzukommen. Um möglichst viel mit den Einheimischen reden zu können. Um meinen Respekt zu zollen. Vielleicht. Ich fühlte mich zugehörig.

Als ich von einem *Raja* des Hinterlandes eingeladen wurde, mit ihm den Palast seines Bruders zu besuchen und wir endlich auf der Fähre saßen, die uns auf die Palastinsel bringen sollte, stellte ein Mitfahrender fest, dass ich doch eigentlich „ganz in Ordnung sei". Nur das Haar müsse ich mir noch färben. Der *Raja* stellte mir später einen Heiratsantrag, den ich zu seiner Überraschung ablehnte. Zu diesem Zeitpunkt hatte ich **meinen indischen Mann** schon kennengelernt. Ich lag auf dem Bett im gelben Zimmer des Palastes, vor mir die auf die Dachterasse hinausgehende geöffnete Tür, dahinter die palmengesäumte Insel. Ich wusste, dass ich diesen Mann, den ich bis dahin erst einmal gesehen hatte, heiraten würde. Ich verließ die Insel und kehrte in meine vorherige Unterkunft zurück. Und fand seinen Brief vor. Wir trafen uns immer wieder im Verlauf meines zweiten Aufenthaltes in Indien.

Ich heiratete ihn vor meiner Abreise. Ich wurde Teil einer der ehemals einflussreichsten Familien Indiens. Ich gehörte dazu. Zu meiner Hochzeit musste ich eine Kokosnuss aufschlagen und Reis werfen. Vor uns brannte ein Feuer und ein Brahmane sang Sanskritreime. Ich war angekommen. Und ich hatte mit meinem vorherigen Leben gebrochen.

Bis ich wiederkam. Die **deutsche Realität** holte mich ein. Ich vermisste die Tropen. Monate vergingen, bevor mein indischer Mann mir ankündigte, dass er eine Anstellung in Afrika gefunden habe. Tansania.

Afrika war für mich bis dahin der sprichwörtliche dunkle Kontinent. **Was wusste ich über Afrika?** In meiner Generation ist Afrika untrennbar mit dem Namen *Grzimek* verbunden. Und damit mit der Serengeti, die ich in Tansania vorfand. Giraffen, Affen und Löwen. Zebras und schützenswerte Nashörner. Tarzan und *Tania Blixen.* Und dann ist da noch *Peter Scholl-Latour,* Liebhaber einer kenntnisreichen, gleichwohl dramatisierenden Berichterstattung. Da ist von „hoffnungslosen afrikanischen Himmeln" die Rede oder von der „giftgrünen Landschaft Afrikas". Afrika: Das ist der Hunger der Sahel-Zone, die Korruption der manchmal menschenfressenden Politiker. Afrika, das sind einander abschlachtende Stämme und Aids. Afrika ist Chaos, kurzum: Dunkelheit.

Der schwarze Kontinent lud mich ein. Anders als bei meinen vorherigen Reisen nach Indien und Nepal besaß ich keine Vorkenntnisse, als ich mich zum ersten Mal in das Flugzeug setzte, das mich nach Daressalam brachte.

Endlich wieder Chaos? Daressalam bot aus dem Luftraum einen mir schon vertrauten Anblick. Es war mir schwergefallen, nach meinen ausgedehnten Indienaufenthalten nach Deutschland zurückzukehren. Der Anblick der wie mit dem Lineal gezogenen Straßenläufe hatte mich mit einer Art Horror erfüllt, ebenso die parkenden Autos auf den Parkplätzen, die von oben wie aufgefädelte Käfer aussahen. Ich fand die Ordnung beängstigend, mehr noch: leblos. Ebenso wie die menschenleeren Straßen. Die Künstlichkeit der Lebensräume. Das Neonlicht in den Geschäften ebenso wie die Künstlichkeit der Motive. Der **Lebensinhalt der westlichen Welt** hatte etwas ebenso Sinnloses wie Kaltes, wenn ich ihn mit der Sorge um die Existenz verglich, die ich in Indien vorgefunden hatte. In Indien hatte ich völlig entstellte Bettler gesehen, deren freies Lachen mich faszinierte. Und Straßenkinder, die ausgelassen unter Regenrohren tanzten. Deshalb war die Armut für mich erträglich geworden. Pulsierendes Leben: Vielleicht dachte ich daran, als der afrikanische Kontinent unter mir auftauchte. Ich flog über Wüsten, die aussahen wie die Haut eines alten Mannes, nur unterbrochen von einem silbrigen und grün gesäumten Streifen: dem Nil. Daressalam, am Indischen Ozean gelegen, lockte mich mit seinem Chaos und seiner TUI-Schönheit, als das Flugzeug afrikanischen Boden berührte und ich endlich ausstieg. Die ganze Zeit hatte ich mich davor gefürchtet, nicht mehr anzukommen.

Der Flughafen von **Daressalam** ist etwa 15 km vom Stadtzentrum entfernt. Obwohl Tansania zu den ärmsten Ländern der Welt gezählt wird, fand ich nicht vor, was ich mir vorstellte: Slums nämlich, bestehend aus Zivilisationsmüll, umgeben von schwarzen Rinnsalen, in denen sich Blutegel tummeln. Statt dessen finden sich in der unmittelbaren Randzone der Stadt die Häuser der städtischen Schwarzen, die sich statt Lehmhütten solide Häuser aus Stein und Wellblech errichten konnten, und diverse Industrieansiedlungen. Die Straßen, soweit vorhanden, waren sämtlich in gutem Zustand und einige der Hauptstraßen konnten sogar liebevoll bepflanzte Verkehrsinseln vorweisen. Andere Straßen waren nicht vorhanden und wir mussten uns mit dem japanischen PKW in rallyeartiger Fahrweise zu den Gebäuden vorkämpfen. In der Regenzeit half es, wie ich später feststellte, wenn man die Anatomie der Pisten genau kannte. So war es möglich, auch unabsehbar tief mit Regenwasser gefüllte Schlaglöcher vorsichtig zu umschiffen.

Der **erste visuelle Eindruck** war weit davon entfernt, schockierend zu sein. Da fuhren westliche Autos auf den Straßen. Japanische Kleinwagen, von Indern und besser gestellten Schwarzen gelenkt, und die meist von Weißen gesteuerten Four-Wheelers. Die Bettler, die ich sah, waren gezählt. Nach einiger Zeit kannte ich ihren Anblick. Es waren einzelne Persönlichkeiten, die da am Strassenrand saßen und um Geld bettelten. Der Mann, der sich mit seinem gelähmten Bein an einer Straßenkreuzung niedergelassen hatte und Tag für Tag auf die Freigebigkeit der Autofahrer hoffte. Ein mit Asche eingeriebener Irrer, der ruhelos die Mülltonnen durchwühlte. Es waren nicht die gesichtslosen bettelnden Massen, die ich aus Indien kannte. Man wurde nicht von den Bettelnden und der Armut behelligt. Oder von dem Anblick leprös Dahinsiechender. Vielleicht hatte ich den Anblick Aids-Infizierter erwartet. Die Menschen sahen gesund aus. Wohlgenährt. Wohlgekleidet. Manche Frauen banden sich Baumwolltücher mit landestypischen Mustern um den Leib, sie bedeckten ihre Köpfe oder trugen ihre Babys in diesen Tüchern. Mancher muslimische Mann trug eine *Kofia,* eine muslimische Kappe, oder sogar einen *Kaftan,* ein bis zu den Knöcheln reichendes überdimensioniertes Baumwollhemd. Daneben gab es ein überwältigendes Warenangebot auf großen, aus Bretterbuden bestehenden Märkten. Wie ich später feststellte, wird dort Second-Hand verkauft, was der konsumgesättigte Westen über wohltätige Organisationen spendet. Die *Changu Doas,* die Huren Daressalams, oftmals mit glitzernden und paillettierten Abendgarderoben angetan, gehören sicher zu den bestangezogenen Damen ihres Geschäftes.

Mein erstes Zuhause in Daressalam war ein kleines Apartmenthaus in einem Hinterhof. Das Haus gehörte, wie nahezu alle Häuser in diesem Viertel, einer Familie aus dem westindischen Gujarat.

Die Gujaratis in Daressalam leben oftmals schon seit Generationen in Afrika, aber verstehen sich als **Inder.** Die Männer holen ihre Frauen aus Indien, und die Kinder verlassen Tansania, um in Delhi oder Toronto zu studieren. Hier stehen die indischen Häuser mit den Flachdächern, hoch umzäunt und mit Stacheldraht bewehrt, wie ich sie aus den besseren Vierteln Indiens kannte. In ihren Hinterhöfen wachsen die heiligen knorrigen Neem-Bäume und *Tulsi,* eine heilige Basilikumart. Fast alle Gujaratis sind durch die religiöse Tradition des Jainismus geprägt und verabscheuen nicht nur den Konsum von Rindfleisch, sondern sind fast durchweg Vegetarier. Ihre Bediensteten sind die Schwarzen aus dem Randgebiet Daressalams. Bevorzugt Fleischesser. Bevorzugt Rindfleischesser. Die schwarzen Bediensteten in den indischen Haushalten der Ostküste sind demnach unrein, mehr als das – sie sind unmenschlich.

Eines Abends kochte mein Mann, und *Niru Behen,* eine rundliche kleine Gujarati-Frau, schoss aus dem Haus: „Du isst Fleisch? *Tum Aadmi nahin ho!* Du bist kein Mensch!" Ihre Erregung steigerte sich, als sie ihm an-

bot, für ihn zu kochen, und er dieses ablehnte. Wo er denn esse? Er esse doch nicht etwa in den Lokalen von diesen Schwarzen? Er werde sicherlich Malaria bekommen! Seine Erklärungsversuche wollte sie nicht hören: „Du weißt doch nichts", war ihre Antwort, „du bist neu hier!"

Allmählich begann ich, die positiven Erfahrungen den neuen, negativeren entgegenzustellen. In der indischen Community in Daressalam war ich nicht „angekommen". Ich begriff die Doppelmoral der indischen Subgesellschaft Daressalams. Ich kannte Männer, die bei Abwesenheit ihrer Ehefrauen mit Prostituierten zusammenlebten. Niemand fand es angebracht, diese Frauen über das Treiben ihrer Männer aufzuklären. Auch ich konnte es nicht. Manchmal hatte ich den Eindruck, dass die Frauen es auch nicht wissen wollten. War es meine Verpflichtung, etwas zu sagen, zumal es in dieser Gesellschaft möglicherweise um Leben und Tod ging? Ich fand mich in einem moralischen Dilemma wieder. Wir nahmen einige Einladungen zum vegetarischen Dinner an, aber begannen, uns von den orthodoxen *Mhindis,* den „indischen Afrikanern", und deren Kleinmut fernzuhalten.

Von Schwarzen geführtes Outdoor-Lokal, um einen Baobab-Baum herum gebaut

Neben den Indern leben in Tansania viele „Subgesellschaften", die sich hinichtlich ihrer Herkunft, ihrer Religionen und Traditionen voneinander unterscheiden. Vielfach leben sie in von ihrer Gemeinschaft geprägten Stadtvierteln. Wer jedoch die Innenstadt Dars (Dar = Kurzform von Daressalam) besucht, erlebt eine Offenbarung. Es ist auch für Outsider nicht schwierig zu sehen, dass sie sich in einem **kulturellen und ethnischen Kaleidoskop** befinden. Hier flanieren schwarz verschleierte muslimische Frauen und hetzen Businessfrauen im kurzen Rock über die Straße. Inderinnen mit wehenden Saris finden sich ebenso wie Schwarze im traditionellen *Kitanga*. Es gibt Straßenzüge mit indischen Tempeln. Es gibt Kirchen in den Randbezirken des Zentrums. Es gibt Moscheen.

Anders als die hochpreisigen Küstenbezirke Daressalams, die überwiegend von Weißen besiedelt sind, und anders als die indischen Viertel ist die Innenstadt Dars ursprünglich **muslimisch-arabisch** geprägt. Dreiundvierzig Prozent der Stadtbewohner sind Muslime, doch ein Großteil davon sind Schwarze, die vorwiegend in den armen Randbereichen Daressalams leben. Die Muslime, die die Kultur des Stadtzentrums prägen, haben schärfere Gesichtszüge und eine hellere Haut. Sie sind die *Mwarabus,* Nachkommen von Arabern, die vor Generationen Sansibar und das Festland besiedelten und die Suaheli-Mischkultur der Küste begründeten. Die Araber, die sich an der Suaheli-Küste niederließen, heirateten zwar schwarze Frauen, aber waren immer darauf bedacht, ihre Töchter mit Arabern oder Nachkommen arabischer Siedler zu verheiraten. Es sind die *Mwarabus,* die das Herz Daressalams schlagen lassen. Als **Weißer** wird man in diesem Mosaik verschiedener Ethnien kaum beachtet. Man kann sich in eines der schäbigen Straßenrestaurants begeben und *Biryani* essen, ein typisch muslimisches Reisgericht. Man kann sich auf dem Gehsteig eine grüne Kokosnuss mit einer Machete aufschlagen lassen. Und man kann sich dabei als Teil der Bevölkerung empfinden.

Sofern man Sensibilität für den **Kleidungskodex der indischen und muslimischen Bevölkerung** aufzubringen bereit ist. Insbesondere als Frau. Als ich eines Tages in einem Anfall wagemutiger kultureller Selbstbehauptung in kurzen Hosen auf die Straße gegangen bin, konnte ich die Blicke auf meinen Beinen spüren. Fast körperlich. Ein Taxifahrer bemerkte zu einem Kollegen, dass meine Beine wie Hühnerbeine aussähen. Er hat es auf Suaheli gesagt. Ich habe es verstanden und werde es nie vergessen. Shorts und kurze Röcke habe ich mir fortan in diesem Umfeld ebenso verkniffen wie ein freundliches Lächeln oder unangemessenen Blickkontakt mit muslimischen Männern. Bei weißen Frauen ist das sehr missverständlich. Ich habe es vorgezogen, diese Art der Aufmerksamkeit nicht auf mich zu ziehen.

Es gibt in Daressalam, aber auch in anderen Teilen des Landes Einrichtungen, die Ausländern die Landessprache vermitteln. Anders als in Kenia, in dem selbst Taxifahrer Englisch verstehen und sprechen, hat man im unabhängigen Tansania viel Wert auf das **Suaheli** als einigende Nationalsprache gelegt. Wer nicht bereit ist, Suaheli zu lernen, verpasst die Gelegenheit, sich mit dem Großteil der Bevölkerung zu unterhalten und damit die Kultur und Mentalität des Landes besser verstehen zu lernen. Das Suaheli oder Kisuaheli ist eine Sprache, die mit arabischen, aber auch indischen, englischen und deutschen Ausdrücken durchsetzt ist. Seine Grammatik und den Großteil des Vokabulars teilt das Suaheli mit den Bantu-Sprachen. Wenn man in Tansania sagt, jemand sei *mswahili sana*, bedeutet das, man ist sprachgewandt und gebildet.

Für Nicht-Suaheli-Sprecher klingt das Suaheli wie eine Kindersprache. Es sind vor allem die an die frühkindliche Lallphase erinnernden Doppelsilben und die an den Lautschatz des Suaheli angepassten englischen Ausdrücke, die diesen Eindruck hervorrufen. So heißt etwa einer der typischen Kleinbusse, die für die Mehrheit der Bevölkerung das Haupttransportmittel darstellen, *Dalladalla. Dalladalla* ist eine Ableitung von „Dollar" und rührt von den Busschaffnern her, die ursprünglich vor den Bussen gestanden und die Fahrt für einen Dollar ausgerufen haben. Auch solche Wörter wie *baa* für englisch „bar" und *breki* für englisch „break" oder (Auto-)Bremse können die Vorstellung unterstützen, dass das Suaheli simpel ist und dass die durch die Sprache transportierten Inhalte möglicherweise ebenso simpel sind.

Dabei ist das Suaheli ungewöhnlich reich an Ausdrücken, die Menschliches beschreiben. Seine Grammatik ist komplex. Und traditionell ergehen sich selbst die einfachen, „ungebildeten" Leute in ironischen und metapherreichen Disputen. Die *Kitangas,* die Wickeltücher der Frauen, sind mit Sinnsprüchen bedruckt, die einen Einblick in die Suaheli-Kultur geben. *„Mimi na wewe, mjanja nini?"* – „Du oder ich, wer ist die Schlaue?", steht da etwa am Kitanga-Saum einer vorübergehenden Passantin geschrieben.

Die ersten Monate in Tansania waren die schwersten. Unsere Unterkunft war nur provisorisch und wir warteten darauf, in eine bessere Wohnung umzuziehen. Es war Sommer. Ich erinnere mich besonders an einen Abend, an dem wieder einmal die **Stromversorgung** zusammengebrochen war. Überall dröhnten die Generatoren. Draußen schwirrten die Moskitos. Und ich saß in der saunaartigen Hitze und in der hereinbrechenden Dunkelheit. Ich war gefangen wie in einem Uterus. Als Reisende hatte ich den Raum diktiert. Hier lebte ich mit einem minimalen Radius, noch ohne Auto oder andere Fortbewegungsmöglichkeiten. Ich hatte keine Freunde. An diesem Abend empfand ich zum ersten Mal so etwas wie Heimweh.

War das Fehlen einer zuverlässigen Stromversorgung eine kulturelle Erfahrung? In den eleganten Vororten der Stadt, der Halbinsel Msasani oder in Oyster Bay, waren die meist **weißen Bewohner** von solchen afrikanischen Zuständen verschont. Viele der großzügig angelegten, durch Arkaden und rote Dachziegel mediterran wirkenden Häuser waren Nacht für Nacht durch eine Vielzahl von Lampen zirkusartig erleuchtet. Manche dieser Bauten wirkten wie Festungen. Hier hatte sich der Reichtum verschanzt. Auch mit Kontakten war man hier vorsichtig. Es gab keine Blicke, die Offenheit signalisierten.

Das höherpreisige **Nacht- und Wochenendleben** ist auf die Ansprüche dieser weißen Bevölkerung, aber auch auf die der wohlhabenden Inder und Schwarzen zugeschnitten. In „Jan's Pizzeria" gibt es exzellente Pizza in original italienischer Atmosphäre. Es gibt „Smokies", auf einer Dachterasse, wo jazzige oder afrikanische Life-Musik gespielt und ein opulentes Buffet geboten wird, reich an Meeresfrüchten. Es gibt das „Sheraton, Addis" in Dar, ein hervorragendes äthiopisches Restaurant und diverse andere Lokalitäten, in denen man sich westlich fühlen darf. Im Sheraton muss man sich sogar westlich fühlen: Hier ist Baden nur in westlicher Schwimmbekleidung erlaubt. Das Viertel Oyster Bay hat eine **Shopping-Area** unter den Arkaden alter muslimischer Architektur mit diversen Pubs und Restaurants. Hier gibt es importierte westliche Kleidung, Geschenkshops und eine Galerie mit afrikanischer Kunst.

Im „American Club", einer Art billigem Beverly Hills, lassen sich weiße Damen von schwarzen Dienern Zitronenrollen servieren. Der Swimming-Pool ist lauwarm, und hinter den weißgetünchten Mauern schlägt der Indische Ozean gegen den Strand. Man unterhält sich über die Erfahrung des Lebens in einem anderen Land, sicher. Darüber, wo man sauberes Wasser beziehen kann. Wie viel die Straßenverkäufer an der Straße für Rosen nehmen. Wie viel Rosen in Australien kosten. Wie die Kindermädchen mit den Kindern umgehen. Die durchschnittlichen Weißen, die in **abgeschlossenen Gemeinschaften** leben, ihre Kinder in weiße Kindergärten schicken und englischsprachige Kindermädchen anheuern, reiben sich nicht an der einheimischen Kultur. Die einheimische Kultur reibt sich an ihnen.

„Expatriates" verstehen sich als Durchreisende. Ein Fuß ist immer auf heimischem Boden, während sie von einem Land in das nächste ziehen. Es gibt Ausnahmemenschen, auch hier. Menschen, die sich nicht nur in Afrika aufhalten, sondern sich auch **Afrika ausliefern.** Ich habe eine junge Dänin kennengelernt, Frau eines Mannes im diplomatischen Dienst, die ihre Kinder in Afrika ausgetragen und auch in Afrika entbunden hat. Die den primitivsten medizinischen Bedingungen ausgesetzt war und sich nicht entscheiden konnte, mit dem nächsten Flugzeug den unsicheren Verhältnissen zu entkommen. Manche verschreiben sich dem Kontinent, aber diejenigen, die ihn wirklich kennen lernen, sind rar. Viele verlassen die weißen Nischen im fremden Land nie.

Nach und nach erweiterte sich mein Radius. Ich begann, einige **Kontakte zu weißen Expatriates** zu knüpfen. Kontakte, nicht Freundschaften. *Elisabeth,* die Dänin, erwähnte warum. Freunde sind zu Hause. Dort, wo man herkommt. Wir verstanden uns gut. Als später klar wurde, dass auch wir das Land wieder verlassen würden und *Elisabeth* in ein neues Haus umzog, habe ich nie wieder von ihr gehört.

Wir verbrachten den Winter in Dar. In der **Vorweihnachtszeit** saß ich im „Cine Club", einem Club auf dem ehemaligen Gelände der ersten und letzten Filmindustrie Tansanias. Aus den Lautsprechern dröhnte eine englische Version von „O Tannenbaum". Die palmenblattgedeckten Unterstände, die auf dem makellos weißen Sandstrand unter rauschenden Palmen errichtet waren, waren mit weihnachtlichen Plastikdekorationen wie Engeln, Glocken und Nadelzweigen geschmückt. In dem einzigen Supermarkt, der sich gerechtfertigt so nennen konnte, standen kopfwackelnde Engel vor einem Weihnachtsbaumimitat, und alle Mitarbeiter trugen rote Weihnachtsmannmützen. An den Straßen wurden Lebensbäume als Ersatzweihnachtsbäume verkauft. Die Schaufenster waren von Schneespray geweißt.

Heiligabend verließen wir die Stadt und fuhren nach Bagamoyo, nur etwa fünfzig Kilometer und zweieinhalb Stunden Autofahrt von Daressalam entfernt. *Baga moyo* bedeutet „lege dich nieder, Herz". Von der Küste Bagamoyos wurden früher Sklaven verschifft. In den vergangenen Jahren hatten hier zwei deutsche Männer, eine Schwarze namens *Rose* und eine Südafrikanerin ein **Ferienparadies** geschaffen. Wir bezogen eines der palmbedeckten Apartmenthäuser und verbrachten Weihnachten am Meer. *Helen,* die Südafrikanerin, gesellte sich zu uns, als wir abends auf der Terasse saßen und auf eine perfekte Mondscheibe blickten. Sie erzählte, wie sie den Ort gehasst hatte, als sie ihn zum ersten Mal sah. Das Paradies offenbarte sich als der Alltag, den er für *Helen* bedeutete. Eine Ferienanlage neben anderen Ferienanlagen. Abgeschnitten von medizinischer Versorgung, wenn es darauf ankam. Bagamoyo selbst ist eine Akkumulation von verwitternden und ruinösen Behausungen. Der Ort hat die morbide Schönheit von Patina. Eine altes Fort, ein deutscher Friedhof, eine Kirche im Palmenwald. Eine arabische Siedlung aus dem dritten und vierten Jahrhundert, etwa fünf Kilometer von Bagamoyo entfernt. In Bagamoyo ist nichts los für eine Frau von vierzig Jahren. Es ist langweilig im Paradies.

Und wir besuchten die Usambara-Berge im Norden des Landes und ihre atemberaubende Schönheit. Die christliche Missionierung hatte sich auf das Hinterland Tansanias konzentriert. Überall hier war der Einfluss der **Deutschen** spürbar, die seit den 90er Jahren des 19. Jahrhunderts bis zum Ende des Ersten Weltkrieges große Teile des heutigen Tansania sowie Ruanda und Burundi unter deutsche Kolonialverwaltung gestellt hatten. Wir lernten eine Deutsche kennen, die in der Nähe Lushotos, dem ehemaligen Wilhelmstal, mit ihrem neunjährigen Sohn in einem deutsch anmutenden Backsteinhaus lebte. Hinter dem Haus hatte sie einen kleinen Gemüsegarten angelegt. Hinter dem Gemüsegarten begann der Urwald mit teils meterhohen Farngewächsen. *Barbara* schrieb ihre Doktorarbeit über afrikanische Heiler und hatte die Sprache des Landesteiles Kishambaa erlernt. Sie antwortete mir – viel später – auf meine Frage, ob es denn möglich sei, als Weiße **in die afrikanische Gesellschaft integriert** zu werden. Zu meiner Überraschung stellte sie fest, dass sie so nah an eine Schwarze herangekommen sei, wie es einer Frau mit blauen Augen und hellblonden Haaren nur möglich sei. Ich hatte mich in Indien assimiliert und Ähnliches erlebt. *Barbara* war es, die es mir später auch ermöglichte, Dinge zu verstehen, die in mir tatsächlich ein nachhaltiges und am ehesten einem kulturellen Schock nahe kommendes Erlebnis ausgelöst hatten. Wir verbrachten einige wunderbare Tage miteinander und besuchten eine deutsche christliche Kommune, die in den Bergen ökologische Landwirtschaft betrieb. Wir tranken Kaffee auf einer Terasse. Hinter uns erstreckte sich die Massai-Ebene, über die majestätisch wirkende Wolken dahintrieben, die gespenstische Schatten warfen. Wir nahmen Quark mit in die Ebene, Marmelade und Schwarzbrot. Ich hatte Fragmente deutscher Kultur erlebt, mitten in Afrika.

Als ich das letzte Mal in Tansania landete, begann die Ungewissheit meines Lebens in einem **komfortablen Haus in Strandnähe.** Es hatte sichere, moskitoabwehrende Netze an den Fenstern. In Tansania haben die Menschen Malaria wie hier andere Schnupfen. Dabei gibt es gefährliche Formen, deren Gefahr darin liegt, dass sie ohne Fieber verlaufen und darum kaum erkennbar sind. Meine Paranoia war aus deutscher Sicht sicherlich nicht ganz unverständlich, wäre für einen Tansanier aber ebenso sicher lächerlich erschienen. Wer hatte den Luxus eines solchen moskito-

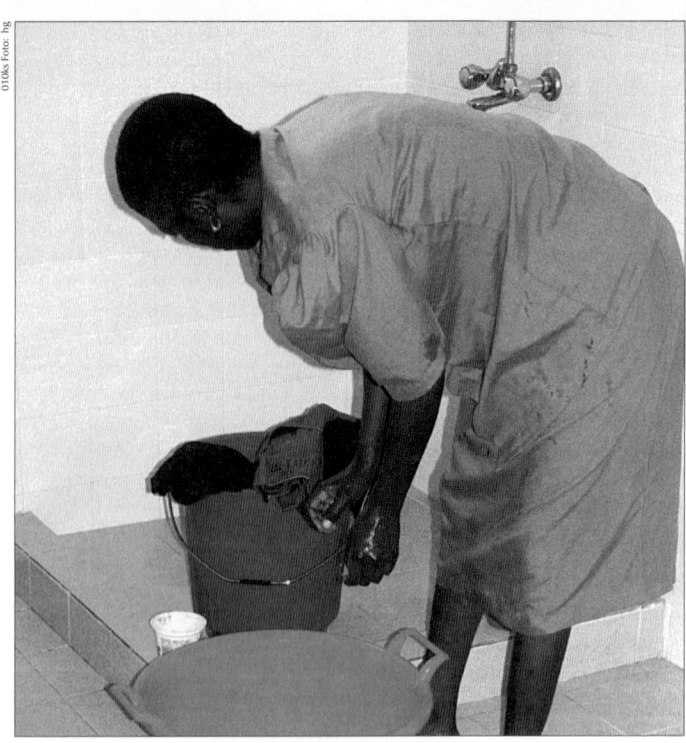

geschützten Hauses? Wer konnte sich zumindest sichere Moskitonetze über den Schlafstätten leisten? Oder eine entsprechende medizinische Versorgung im Falle einer schwereren Erkrankung?

Ich hatte mich schließlich **in meinem Leben in Daressalam eingerichtet.** Mein Sohn wuchs und gedieh und verbrachte den ganzen Tag unter freiem Himmel. Der Strand war ein endloser Sandkasten. Er ging in einen Kindergarten, in dem japanische, indische, tansanische und dänische Kinder miteinander spielten. Der Kindergarten war wie ein Klein-Daressalam.

Endlich hatten wir **Bekanntschaft mit einigen Schwarzen** aus der Nachbarschaft gemacht. Aber die soziale Kluft, diesmal nach unten, belastete das Verhältnis.

„Tatu war mein Hausmädchen und meine Dienerin."

Doris war eine Frau in ihren Mittvierzigern. Sie hatte mich auf einem meiner Spaziergänge angesprochen, und ich war bald ihrer Einladung nachgekommen. Sie war füllig und hatte ein übersprudelndes, aktives Wesen. Sie sprach von den Kontakten, die sie in den Westen hatte. Einige Briefe hatte sie gleich in der Hand. Eine Schweizerin bedankte sich bei ihr für gesendete Stoffe. Die Briefe waren überschwenglich, aber die Tatsache, dass *Doris* mir ihre private Korrespondenz zeigte, machte mich nachdenklich. Sie erinnerte mich an einige indische Händler, denen ich begegnet war. Diese zeichneten sich dadurch aus, dass sie ein schnelles, **künstliches und unbegründetes Vertrauen** herstellen wollten.

Doris lebte in einem **bescheidenen Haus** in unserer Straße. Um zu ihrem Haus zu gelangen, musste man zahlreiche Steine und Kuhfladen überwinden. Man gelangte durch einen vergitterten Vorbau hinein. Das Haus selbst war erdrückend dunkel. Es hatte wenige, kleine Fenster. Die Zwischendecke war herausgerissen, so dass man auf das unverkleidete Wellblech blicken konnte. Nur in der Küche war die Verkleidung noch teils erhalten, mit einem riesigen, klaffenden Loch in der Mitte. Ausgerechnet in der Küche war die beschädigte Asbestzwischendecke nicht vollständig herausgerissen worden. Damit blieb die Küche auch der einzig erträglich kühle Raum des Gebäudes, das sonst an eine abgeteilte und schäbig möblierte Lagerhalle erinnerte. *Doris* saß auf einem Schemel in der Küche, direkt unter diesem klaffenden schwarzen Loch, als ich sie zum ersten Mal besuchte. Sie hatte einen einfachen Gaskocher, aber rührte den riesigen Topf mit *Ugali,* dem landestypischen Maisgrieß, auf einem eimergroßen Kohleofen. Die Tür in den Hinterhof war geöffnet. Das Sonnenlicht strömte unwirklich in den Raum. Ich beobachtete, wie *Doris* den Grieß unaufhaltsam rührte und immer wieder Wasser aus einem Kanister nachgoss.

Doris gehörte zur tansanischen Mittelschicht. Sie war gebildet und sprach fließend Englisch. Sie war Grundschullehrerin in einer privaten Einrichtung. Zu ihrer **Familie** gehörte ein Mann, der immer irgendwie in ihrem Schatten auftrat. Und sieben Kinder. Der älteste Sohn war nahezu zwanzig Jahre alt, der Jüngste so um die fünf. Unter den Kindern war eines, das heller aussah. Es war die Tochter einer Schwester, die ein Verhältnis mit einem Weißen eingegangen war. *Doris* hatte auch eine Bedienstete, eine entfernte Verwandte, die einen semi-familiären Status innehatte. Der Riesentopf *Ugali* langte für eine Mahlzeit, die mit kleinen Spinat- und Bohnenbeilagen verfeinert wurde.

Ich war willkommen in ihrem Haus. Oder war es **mein Sohn?** Immer, wenn wir kamen, kamen alle Kinder angerannt und brachten ihre Spielzeuge herbei. Eine riesige blonde Puppe, die wie ein Ungetüm wirkte.

Verschiedene Stofftiere in verschiedenem Zustand. Sie wirbelten meinen Sohn durch die Luft. Sie krabbelten mit ihm durch das Haus. Schließlich saß er im Dunkeln auf einer schmuddeligen Decke, von Moskitos umschwirrt, und war glücklich. Es fiel uns immer schwer zu gehen.

Erst gab uns *Doris* Milch von einer ihrer zwei Kühe, dann Eier. Ich war beschämt. Wie konnte ich diese **Gastfreundschaft erwidern?** Von da an kaufte ich Kekse oder andere Kleinigkeiten, die ich den Kindern mitbrachte. Trotzdem blieb in mir ein nagendes Gefühl zurück. Waren die Geschenke an meinen Sohn wirklich so selbstlos, oder wurde etwas zurück erwartet?

Über dieser Beziehung lastete ein Schatten, der sich mit und nach unserer Abreise materialisiert hat. *Doris* wollte unsere Möbel, unser Geschirr, unsere Musikanlage. Mein Mann nannte seinen Preis. Ich glaube, *Doris* hatte erwartet, dass wir ihr vieles umsonst überlassen. So, wie wir anderen, die für uns gearbeitet hatten, vieles umsonst überlassen haben. Sie hat die Musikanlage gekauft, aber uns nur die Hälfte des Geldes gegeben, das ausgemacht war. Wir haben uns noch einige Male gemailt, aber ich wurde das Gefühl niemals los, dass diese Mails immer zweckgebunden waren. Ich möchte die Erinnerung an diese Bekanntschaft dennoch nicht missen. War es *Doris* in ihrer Situation überhaupt möglich, anders als **pragmatisch an zwischenmenschliche Beziehungen heranzugehen?** Wer konnte dort unsere Bedürfnisse verstehen? Für *Doris* waren wir unvorstellbar reich. Für *Doris* waren wir völlig frei von existentiellen Problemen.

In einer Gesellschaft wie der tansanischen glaubt man traditionell an die **Umverteilung von Reichtum.** Die Unantastbarkeit des Besitzes ist ein fremdes Konzept. Freunde helfen materiell, sofern sie dazu in der Lage sind, wenn auch nicht in demselben Maße wie Familienmitglieder. Oftmals führt diese Mentalität dazu, dass die Ärmeren sich das Notwendige im Gefühl moralischer Rechtmäßigkeit nehmen. Ich erinnere mich an einen Inder, der mir erzählte, was er in Afrika erlebt hatte. Er hatte seine T-Shirts zum Trocknen aufgehängt und einige Tage hängen lassen. Danach waren sie weg. Aber er erntete Unverständnis dafür, dass er sich über das Verschwinden seiner Kleidung aufregte. Schließlich hatte er die T-Shirts nicht gebraucht. Und es gab andere, die sie sehr gut gebrauchen konnten.

Inzwischen realisierte mein Mann, dass er mit seinen professionellen Vorstellungen nicht auf Dauer in Tansania arbeiten wollte. Er hatte versucht, seine beruflichen Ansprüche auf Tansania zu übertragen. Er begann, sich über die **Arbeitsmentalität der Schwarzen** zu ärgern: über das, was er als Unpünktlichkeit, Unzuverlässigkeit, Unselbstständigkeit erlebte. Die Arbeit machte ihm nicht mehr den gleichen Spaß, die sie ihm ursprünglich gemacht hatte. Der Aufbau einer Werbeagentur in einem Niemandsland der Werbung war eine befriedigende berufliche Herausforderung gewesen. Als Geschäftsführer einer Werbeagentur hatte er die Chance, sein Rundum-Talent zu erproben und sein Wissen weiter zu vermitteln. Als er seine Lernkapazität erschöpft hatte und auch das Gefühl gewann, nicht mehr entscheidend auf das Arbeitsumfeld einwirken zu können, fing er an, nach Auswegen zu suchen.

Pünktlichkeit, Zuverlässigkeit, Selbstständigkeit: Das sind Vorstellungen aus einer importierten Arbeitskultur. **Beruflicher Erfolg** ist in Tansania nicht in demselben Maße an die individuelle Leistung gebunden wie in unserer Kultur. Stärker als bei uns spielen hier Beziehungen, verwandtschaftlicher oder anderer Natur, eine Rolle in dem persönlichen Vorwärtskommen Einzelner. Und für wen arbeiten die gesellschaftlich privilegierten Schwarzen eigentlich? Ihre Arbeitgeber sind meist Inder, Weiße oder Angehörige anderer Bevölkerungsgruppen. Und welche **Werte** setzen wir eigentlich als natürlich voraus? Ich hörte von einem Mann, der im Westen eine gehobene Position mit allen denkbaren Vergünstigungen angenommen hatte. Er verließ seine Stellung, um in den Bergen Tansanias ein kleines Haus für seine Familie zu errichten. Er tauschte seinen Mercedes mit einem Roller. Er könne nicht in einem Land leben, in dem die Menschen einander auf der Strasse nicht grüßen würden, sagte er.

Die Werbeagentur begann, unter den **muslimischen Arbeitgebern** zu leiden und deren religiöser Prämisse, keine Alkoholwerbung zu betreiben. Immer wieder wurde die Arbeit behindert, weil ein muslimischer Feiertag oder anderweitige religiöse Verpflichtungen den gesamten Betrieb lahmlegten. Der erste Arbeitgeber meines Mannes, Boss eines vielfältig verzweigten Medienimperiums, hatte sich mit einigen Millionen Dollar Schulden in die Staaten abgesetzt. Deshalb war mein Mann gezwungen, mit dem Büro und den Angestellten umzuziehen. Für den Umzug gab es aber noch einen anderen Grund: Jemand hatte geklopft und gesagt, das Haus müsse in zwei Stunden geräumt sein. Es sollte abgerissen werden, weil es nicht genehmigt sei. Neben dem Bürogebäude mussten auch Familien mit Kindern in Windeseile ihre Häuser räumen und den Abrisskommandos überlassen. Die Welt meines Mannes hatte bereits zu diesem Zeitpunkt einen Riss erlitten. Zum ersten Mal hatte er **soziale Unsicherheit** erlebt. Und nicht nur er. Ich auch.

Etwa zwei Jahre später haben wir als Familie **Tansania verlassen.** In der Hoffnung auf mehr soziale Stabilität. Und auf mehr berufliche Herausforderungen. Wir haben ein fragwürdiges Paradies zurückgelassen.

Erst jetzt habe ich Gelegenheit gefunden, diese eine, entscheidende Frage für mich zu beantworten: Wo war eigentlich der **Kulturschock in Tansania?** Ganz allmählich haben sich Szenen und Begebenheiten herauskristallisiert, die mich seitdem nicht mehr losgelassen haben. Ich habe Freunde gebraucht, um die Fragen zu beantworten, die ich seither ungelöst mit mir herumgetragen habe.

Mein Kulturschock begann mit der **Schwangerschaft meines Hausmädchens.** Die Übersetzung fällt mir schwer, denn was in Englisch und in tropischen Umfeld eine Selbstverständlichkeit ist – mein „maid-servant" –, klingt auf Deutsch nach postkolonialem Imperialismus. In einem Land wie Tansania nimmt jede Waschmaschine einer Familie das Brot. *Tatu,* die Schwägerin unseres Fahrers, war mein Hausmädchen und meine Dienerin. Wir hatten einen Chauffeur, eine Dienerin und später auch einen Wächter für das Haus.

Tatu, ihr Name bedeutet schlicht „Drei", denn sie war das dritte Kind ihrer Eltern, hatte ihren Mann verloren. Es hieß an Tuberkulose. Möglich ist das. Möglicherweise und wahrscheinlicher verbarg sich dahinter eine Aidserkrankung. Ich werde es nie wissen. *Tatu* war schwanger, aber ich sah es nicht. Ich wusste, dass sie einige **Babys verloren** hatte. Aber ich sah nicht, dass sie schwanger war. Sie sagte es mir nicht. Sie war sehr zierlich. Sie saß eines Tages am Boden und bügelte und sang vor sich hin. Als sie putzte, fing sie an zu klagen. Ich machte ihr einige Scheiben mit Brot und bat sie sich zu setzen. Am nächsten Tag kam sie nicht zur Arbeit. Sie kam zwei Wochen nicht. Sie hatte ihr Kind im achten Monat verloren. Vielleicht war es eine Malariaerkrankung. Ich leide immer noch unter der Vorstellung, dass sie vielleicht zu viel gearbeitet hat.

Tatu kam nach zwei Wochen zurück. Lachend, strahlend, hüpfend vor Freude. Überschäumend. Ich verstand die Welt nicht mehr. Gerade erst hatte sie ein lange ersehntes Kind verloren. Fühlte sie keinen Schmerz?

Nach und nach bemerkten wir, **wie viele junge Menschen unversehens starben.** Eine Frau starb bei der Geburt, und der junge Mann stand plötzlich allein da mit seinem Baby. Junge Männer fielen von Pick-ups, oder Fahrradfahrer lagen am Straßenrand, nachdem sie ein Lastwagen von der Straße abgedrängt hatte. Ich hörte, dass es keineswegs selbstverständlich war, die so Verunglückten auch medizinisch zu versorgen. Es gab Menschen, die starben, weil sie nicht aussahen, als ob sie den Krankenhausaufenthalt auch bezahlen konnten.

Ich hatte Freundschaft mit einer Inderin geschlossen, die ganz in unserer Nähe wohnte. Ich besuchte sie oft, und ihr Hausmädchen, eine kräftige junge Frau namens *Zakia,* begann eines Tages von einem Vorfall zu berichten, den sie offenbar nicht zum ersten Mal erwähnte. *Zakia* erzählte von einem kleinen Kind, *Mtoto,* das von der Schule nicht nach Hause gekommen war. Als wir verstanden, dass es *Zakias* Kind war, von dem sie sprach, waren wir fassungslos. Eines Tages war *Zakia* zur Arbeit gekommen und hatte immer wieder von diesem Kind gesprochen. Sie sprach **ohne sichtliche Anteilnahme an dem Vorgefallenen.** Auch jetzt lachte sie wieder. Ich erinnere mich gut an *Zakia.* Sie wusste, dass ich nach Deutschland zurückkehren würde, um mein Kind zu bekommen. Sie lachte. Sie hielt sich den Bauch vor Lachen und fand diese Weiße, die *Mzungu,* sehr komisch. Tansania ist gut, sehr gut, sagte sie, als wir uns verabschiedeten. Höchstens einen Monat später erfuhr ich, dass *Zakia* auch gestorben war. Wieder hieß es: Tuberkulose.

Mahmud war unser *Askari,* unser Wächter, als wir schließlich unser Haus in Strandnähe bezogen. Er war nahezu immer da. Er goss die Pflanzen, putzte das Auto und verschwand nur gelegentlich, um seine Familie zu besuchen. *Mahmud* verlor seinen Bruder bei einem Fahrradunfall. Er erzählte mir mit unbeteiligter Miene von dem Vorgefallenen. Dann verschwand er für einige Zeit in Polizeigewahrsam. Man erzählte uns, dass er von dem Nachbargrundstück Holz geklaut habe. Wir zögerten und bezahlten seine Kaution. Dann kam er und sprach von seinem Sohn, der schwerkrank im Krankenhaus liege. Er bat um einen Gehaltsvorschuss von einem Monat. Wir bezahlten. Viele Male. Wir fragten nach. Er gab an, dass der Junge an Sichelzellanämie leide. Er erzählte immer mit dem gleichen Gesicht, lächelte, zuckte mit den Schultern. Kurz darauf hieß es, sein Sohn sei gestorben.

Auch *Rose* war nichts anzumerken gewesen. Nichts außer der Tatsache, dass sie an unserem letzten weihnachtlichen Besuch in Bagamoyo ausgezehrt ausgesehen hatte. *Rose* hatte zwei Kinder, einen elfjährigen Jungen und ein kleines zweijähriges Mädchen. Sie hatte dagesessen in ihrem Paradies mit dem großartigen Blick auf das Meer, die Kleine auf dem Schoß. Vor ihr lag irgendein Brettspiel, und die Kleine hatte immer wieder „O-o!" gesagt, als der Würfel fiel. Im Nachhinein weiß ich, warum *Roses* Augen so glühten. Sie verglühte. Sie wusste es seit elf Jahren. Als sie ihren Mann getroffen hatte, der auch HIV-infiziert war. Die Beiden beschlossen zu leben und in einem Paradies zu sterben. Ich frage mich oft, wie die Kleine jetzt lebt. Was sie wohl erlebt hat, als ihre Mutter von ihr gegangen ist. Wie lange sie wohl leben wird. Und wie.

Immer wieder habe ich diese Bilder hin und hergewälzt. Die hüpfende *Tatu,* die lachende *Zakia,* den lächelnden *Mahmud. Rose,* deren Sterben ich nicht erkannt hatte, da auch sie lachte. Da war eine deutliche kulturelle Kluft. Ich konnte *Tatus, Zakias, Mahmuds* und schließlich auch *Roses* **Verhalten nicht deuten.** Handelte es sich um Resignation? Um Fatalis-

mus? Um Gewöhnung? Lag die scheinbare Unbeteiligtheit an dem Ahnenglauben und der Gewissheit, dass man in Verbindung mit den Toten stehen konnte? Was sonst entging da noch meinem Verstehen? War die Lebensfreude, der ich in Tansania begegnet war, sogar eine Funktion der Anwesenheit des Todes? War es der Tod, der die Menschen auf der Straße tanzen ließ? Was war das für ein Land, in dem schwer verunglückte Menschen im Krankenhaus nicht behandelt wurden, wenn sie mittellos aussahen? Ich schrieb zwei Freunden, um Antworten auf meine Fragen zu finden. *Barbara* schrieb mir zuerst. Ihr war etwas Vergleichbares widerfahren.

Barbara verließ eines Morgens ihr Haus in den Bergen, um in das im Tal gelegene Lushoto zu gehen. Auf dem Pfad begegneten ihr zwei Mädchen. Das etwas ältere Mädchen, vielleicht acht Jahre alt, versuchte, das jüngere Mädchen zum Aufstehen zu bewegen. Die Jüngere war dabei zu sterben. Andere Passanten kamen vorbei, aber kümmerten sich nicht um das Geschehen. Ihre Mutter sei zum Markt gegangen, um Gemüse zu verkaufen, erklärte die Ältere. *Barbara* mobilisierte Vorbeige-

„Leute und Kinder sterben jeden Tag."

hende, schickte die ältere Schwester zu ihrer Mutter und brachte das sterbende Mädchen in das nächstgelegene Krankenhaus. Im Wartezimmer lag das Mädchen auf ihrem Schoß. Es hatte am ganzen Körper Krämpfe und bäumte sich auf. *Barbara* streichelte das Mädchen, saß stundenlang, bezahlte. Eine Frau saß mit im Wartezimmer. Die Frau war die Mutter des Kindes. Sie hatte unbeteiligt zugesehen. Barbara explodierte, als sie das Krankenhaus verließ. Ihr Freund *Upendo* gab ihr folgende Version des Geschehenen zu verstehen: „O, das passiert jeden Tag. Leute und Kinder sterben jeden Tag. Keiner von uns könnte weitermachen, wenn wir es uns erlauben würden, uns in unseren Gefühlen zu verstricken. Es gibt eine Zeit zum Trauern und einen Weg für das Trauern, und wir machen das gemeinsam mit unseren Familien und innerhalb unserer eigenen Gemeinschaft, unseren eigenen Leuten. Zu anderen Zeiten brauchen wir nur Stärke – oder wir werden unseren Kindern beibringen, schwach zu sein, und das wird sie schwach machen!" Die Frau hatte wahrscheinlich sieben oder acht Kinder zu Hause. Sie musste zum Markt gehen, um wenigstens die anderen Kinder durchzubringen. Und die ältere Schwester wusste wahrscheinlich soviel wie sie über Krankenpflege. Der lächerliche Betrag, den *Barbara* dem Arzt bezahlt hatte, entsprach wahrscheinlich dem Jahreseinkommen der schwarzen Frau. Und das Kind war auf dem Schoß einer Weißen besser aufgehoben. *Barbara* und das kleine Mädchen auf ihrem Schoß würden bevorzugt behandelt werden. Deshalb hatte die Mutter sich nicht zu erkennen gegeben. Das Mädchen überlebte. Die Welt war für mich gerettet, schrieb *Barbara,* als ihr Sohn das kleine Mädchen erkannte. Es bedankte sich.

Plötzlich verstand ich. *Tatu* war froh zu leben. Ihr nacktes Leben war bedroht gewesen. Sie hatte nicht nur überlebt, sondern konnte hüpfen, konnte lachen, und mehr noch: Sie hatte immer noch die Chance, Kinder zu bekommen. Zwei Jahre später war sie Mutter einer gesunden Tochter. Es gehört zum **tansanischen Alltag, dass man Kinder verlieren kann.** Man schützt sich vor dem Schmerz, indem man Kindern erst nach einer Woche, manchmal erst nach einem Monat oder einem Jahr einen Namen gibt. Solange ein Kind neugeboren ist, gehört es noch Gott, es gehört nicht ganz in diese Welt. Es wird einem also folglich auch nicht genommen, wenn es sie vorzeitig wieder verlässt. In einer im letzten Jahrhundert zusammengestellten Sammlung von Suaheli-Texten konnte ich nachlesen, dass Mütter, die bereits zwei Kinder verloren haben, ihr drittes Kind *Mtoro* nennen, „Wegläufer", um es durch Magie in dieser Welt zu halten. Ob dies heute noch Praxis ist? Vielleicht war es also auch keine Gleichgültigkeit, die *Tatus* Eltern dazu bewogen hatte, das kleine Mädchen „Drei" zu nennen.

Wie mir *Abu,* ein gemeinsamer Freund und Kollege meines Mannes, dann mitteilte, ist es in Tansania überdies für einen Mann gesellschaftlich **nicht akzeptabel, öffentlich Schmerz zu zeigen.** *Mahmud* hätte sich demnach erniedrigt, wenn er uns seine Trauer über den Verlust seines Bruder gezeigt hätte. Und wenn man ihm die Sorge um seinen Sohn angemerkt hätte, hätte die Situation vielleicht hoffnungslos ausgesehen. Und wir hätten es dann vielleicht nicht für nötig gehalten, ihm finanziell zu helfen.

Abu bestätigte mir, was *Upendo Barbara* erklärt hatte: **Trauer** ist eine Angelegenheit, die im Kreis der nächsten Angehörigen oder im Stamm gemeinsam erlebt wird. Überraschend waren seine detaillierten Angaben über die Häufigkeit des Weinens in verschiedenen Stämmen Tansanias. So schilderte er, dass die Nyakyusa- und Hehe-Stämme aus Südtansania am meisten weinen, während die Luo aus dem tansanischen Norden singen und tanzen, wenn ein Angehöriger verstirbt.

Der öffentliche Ausdruck von Trauer wird auch noch von anderen Faktoren bestimmt. Während Christen die Verstorbenen noch sehen und auch deren Gräber besuchen, dürfen muslimische Frauen sich weder den Toten noch deren Gräbern nähern. Die muslimischen Friedhöfe in Daressalam haben auf mich deshalb einen seltsamen Eindruck gemacht. Ist der Tote einmal beigesetzt, wird er unter einem Zementblock hermetisch verschlossen. Die Geister, so scheint es, sollen die Lebenden nicht mehr stören. Oder sollen nicht gestört werden. Doch anders als bei uns ist der **Tote ein Teil der lebenden Welt.** In ganz Tansania glaubt man an eine Parallelwelt der Ahnen. Die Geister können mit den Lebenden in Kontakt treten, zum Beispiel indem sie in den *Mganga* einfahren, den traditionellen Heiler, der sich in jedem Dorf findet. Man kann sich mit den Toten unterhalten.

Warum hatte ich also Angst davor gehabt, wieder nach Afrika zurückzukehren? Wir leben in einer Gesellschaft, in der der **Tod tabuisiert** wird. Und alles, was mit dem Tod in Zusammenhang steht – Krankheit, Siechtum, Alter. Diese Tabuthemen obliegen hier denen, die professionell mit dem Tod zu tun haben. Ich bin zweiunddreißig Jahre alt gewesen, als ich zum ersten Mal an einer Beerdigung teilgenommen habe. Der Tod wird weggeschlossen. Die Verbannung der Trauer macht uns hilflos, denn wir haben nie beigebracht bekommen, mit ihr umzugehen. *Madonna* trifft den Nerv der westlichen Gesellschaft, wenn sie vom „material girl" singt. Wir leben in einer materiellen Gesellschaft. Wir versuchen, uns über die **Illusion des Materiellen** zu bestätigen, dass wir endlos leben. Dass immer alles aufwärts geht. Dass wir abgesichert sind. Hier sind wir sicher.

Draußen lauert die Gefahr. Da, wo die Menschen sterben. In Tansania, zum Beispiel.

In Tansania bin ich eine *Mzungu* geblieben. Ich habe die Illusion aufrechterhalten wollen, dass ich einer anderen Realität angehöre. Einer Realität, in der der Tod ein Mythos ist.

Als ich noch zwanzig war und das erste Mal in Indien, traf ich einen jungen indischen Mann, der auf seiner Dachterasse Sonnenlicht in bunten Flaschen einfing. Er erzählte mir eine absonderliche Geschichte: „Ein Vogel sitzt auf einem Baum. Ein Vogel sitzt auf einem Baum in Indien. Ein Vogel sitzt auf einem Baum in Indien in der Welt. Ein Vogel sitzt auf einem Baum in Indien in der Welt im Universum ..." **Wir sind alle ein Teil dieser Welt.** Wir empfinden ähnlich. Indien oder Tansania oder Deutschland mögen unseren Umgang mit Gefühlen noch beeinflussen oder möglicherweise sogar diktieren. Aber wir trauern alle. Wir werden alle sterben. So stark meine kulturelle Auseinandersetzung mit Tansania auch gewesen sein mag: Solange wir menschlich sind, können wir Menschliches verstehen. Wir sind hier, in demselben Universum. **Und wir könnnen voneinander lernen.**

Die Autorin

Heike Gatzmaga, Asienhistorikerin, geboren 1967. Als junge Frau zahlreiche Reisen in europäische Länder. Später mehrjährige Aufenthalte in Südasien (Indien, Nepal) und Ostafrika (Tansania). Studium der Asiatischen Geschichte, Indologie und Psychologie in Kiel. Intensive Auseinandersetzung mit anderen Kulturen – auch zu Hause. Lebt seit 1995 „immer mal wieder" und seit 1999 nach der Geburt des ersten Sohnes fast ständig mit ihrem indischen Ehemann zusammen. Hat bisher einige Artikel in einer tansanischen Tageszeitung veröffentlicht und möchte sich auch in der Zukunft schreiberischen Tätigkeiten widmen. Derzeit „auf dem Sprung" – auf der Suche nach neuen Herausforderungen, Perspektiven und möglicherweise neuen Ländern.

01 1ks Foto: hg

Sua'ad Genem-George

ITALIEN:
JENSEITS VON PALÄSTINA –
DIE MINZE

Frühling 1948

„Tochter", sagte Mum, „ich erinnere mich genau. Es war alles verändert. Da waren Häuser und Apfelbäume gewesen, es war nichts mehr von ihnen zu sehen außer ein paar Hausruinen. An jenem Frühlingstag 1948 rannte ich mit meiner Schwester, sie fünf Jahre alt und ich acht. ‚Renn', sagte meine Mutter, ‚renn zu Oma, red nicht mit Fremden, wart nicht auf mich, vielleicht bin ich tot, vielleicht bringen sie mich weg, weit weg, heul nicht, niemals, Oma ist für dich da. Und sag nicht Lebwohl, wir sehen uns wieder, vielleicht im Himmel, wer weiß.' Ich rannte und rannte, englische Soldaten wollten mich stoppen, ich hörte nicht auf sie, sie riefen, einer konnte Arabisch: ‚Wo willst du hin?' Ich stoppte, nur keine Angst, wie meine Mutter sagte, fürchte dich nicht, wenn sie dich stoppen, fürchte dich niemals, ich rannte und rannte zehn Kilometer nach Ein Kasal. Ich sah dort viele Soldaten, keine Engländer, sie sprachen Hebräisch, überall rannten Menschen, ich muss zu Oma, ein alter Mann schrie uns an: ‚Zurück! Die Juden besetzen Haifa und Altira, sie bringen alle um, sag deiner Mutter und deinem Vater, sie haben Lastwagen und sammeln uns ein für Bagdad.' Ich verstand ihn nicht, rannte weg von ihm, rannte zu Oma in Ein Kasal, und es war zu spät, keine Oma mehr da, keine Schafe mehr da, keine Katzen und Hunde, die Bäume abgebrannt, alles zerstört, warum? Wo ist Oma, wo ist das Haus? Ich renne zurück, zurück zu Vater und Mutter, überall Soldaten, sie zerstören die Dörfer, zerstören alles, was ihnen im Weg ist, ich renne, renne, renne, konnte nicht heim, das Dorf schon belagert. ,Ich will zu Mutter', heulte meine Schwester, ich wollte sie stoppen, heule niemals, hat meine Mutter gesagt, doch es war gut so, sie ließen uns rein. Wir rannten nach Haus, Mutter sah uns an, o Gott, wir sind sicher. ,Mutter, sie zerstören alles, nichts ist mehr übrig, wo sind Oma und Opa, Mutter, die Soldaten, überall sind Soldaten und Lastwagen, was ist los?'

Mutter holte tief Luft: ,Lastwagen ... Sie bringen uns fort von hier. Wer sind sie nun? Wir hatten die Türken hier, dann kamen die Engländer. Wer sind sie nun? Still, kein Wort mehr, sie sind draußen im Garten. Sie kommen, um deinen Bruder zu holen, doch er ist in Ägypten. Sie haben deinen Vater schon geholt, alle Männer hier. Sie nahmen sie mit aufs offene Feld. Wir haben gehört, sie taten das mit den Männern des Dorfes Tantora und brachten sie alle um.'

Es überlief mich kalt, ich glaubte ihr nicht, Vater fort, Vater tot, eine Stunde, zwei Stunden, ich wusste nicht, wie lange, die Sonne ging unter, er kam zurück, winkte: ,Im Namen des Barmherzigen, ich verlasse das Haus nicht mehr, will lieber begraben sein in seinen Trümmern, was immer sie wollen, dies Dorf verlass ich nicht mehr.' Ein Soldat schlug ihn mit seinem Gewehr, und ich rannte zu ihm. ,Schlag ihn nicht', brüllte ich, ,weißt du, wir bleiben hier in dem Haus, bleiben in unserem Dorf.'

Es war unser Dorf, das übrig blieb, eines von zwei palästinensischen Dörfern zwischen Haifa und Tel Aviv. Sie brauchtes uns als Arbeitskräfte für die Plantagen. Unser Land war ihr Land geworden, aber sie brauchten uns. Tochter, ich habe vieles gesehen und immer hast du gefragt warum? Ich habe Schweres mitgemacht und ich will nicht, dass mein Leid mit dir geht. Geh fort, verlasse dieses Land für immer, du kannst nicht studieren hier, du bist Araberin und dies Land ist erobert. Die Dörfer an der Küste haben andere Namen bekommen, aus Ein Kasal ist Ein Aila geworden. Was erwartest du denn? Deine Identität ist begraben in der Erde dieses besetzten Landes. Es ist kein Raum hier für dich und deine Zukunft, keine Universität wird dich aufnehmen. Du hast hier keine Wahl als die, ihre Autorität anzuerkennen. Dies ist nicht dein Land, du gehörst hier nicht hin, du bist eine Fremde. Geh oder schweige für immer, lebe ohne zu denken und ohne Rechte. Sie sind die Meister, das auserwählte

Volk und du gehorchst. Geh, geh fort, atme frei, hier verbrennst du dich, du bist aufmüpfig, du wirst im Gefängnis enden, bitte geh! Du hast nur ein Leben und du hast ein Recht auf Glück wie jeder andere auch. Geh nach Italien. Dort ist dein Bruder und er wird sich um dich kümmern."

Es war ein heißer Sommertag, ich werde ihn nie vergessen. Ich war verletzt und wurde laut. Kein Studium für mich? Keine Universität? Ja, was denn dann? **Ich werde gehen,** Mum, aber niemand wird meine Wurzeln ausreißen. Ich bin hier geboren und aufgewachsen. Hier war mein Leben. Ich werde zurückkommen. Mum, ich gehe, aber nicht für immer.

Aufbruch Juli 1980

Im **Hafen von Haifa** standen meine Eltern, hielten meine Hände und sagten, nein, kein Lebwohl, nur: „Wir sehen uns wieder, Tochter, pass auf dich auf."

Ich ging durch den **Check-point.** Es ist eine Routine in Israel, jeden mit brauner Haut oder ausländischem Namen zu stoppen. Sicherheitsmaßnahmen, die die Ferien ruinieren? Nur nichts übel nehmen. Ich antwortete geduldig auf dumme Fragen, wurde durchsucht, splitternackt, reg dich nicht auf! Die Frau, die mich absuchte, checkte sogar meinen Hintern, und ich hätte gerne gefurzt in diesem Moment. Vergiss es, in solchen Situationen helfen keine Proteste. Italien wartet auf mich. Die Zukunft schimmert am Horizont. Kann ich jetzt gehen, mich anziehen, das Chaos zusammensammeln, dass die Sicherheitsleute in meinem Gepäck hinterlassen haben? Aber es war noch nicht zu Ende.

Das **griechische Schiff,** das mich nach Venedig bringen sollte, war wunderbar. Meine Träume gingen über den Horizont. Reisen würde ich dort, studieren, das alte Rom kennenlernen, Pizza essen … Eine nette, modisch gekleidete Frau lud mich auf dem Schiff zum Drink ein, begann ein Gespräch, fragte mich, wer in Italien auf mich wartete. In Italien? Das Schiff fuhr gar nicht direkt nach Italien. Der erste Hafen war in Griechenland. Woher wusste sie, dass ich nach Italien wollte? Ich verabschiedete mich unverbindlich von ihr. Zum Abendessen kam sie wieder an meinen Tisch. Am Nebentisch saß ein älterer Mann. „Hallo", sagte er zu ihr, „wir waren doch Kollegen bei der Polizei. Ich bin in Rente, kennst du mich nicht mehr?" Sie versuchte ihn zu ignorieren, aber es gelang ihr nicht, dann stand sie ohne eine Antwort auf und ging. „Wieso ist sie bei dir", fragte mich der Mann, „sie ist **Sicherheitsagentin."** „Keine Ahnung", antwortete ich, „sie macht halt ihren Job. Wir sind alle verdächtig", sagte ich, „wir sind Araber, wir alle mit brauner Haut sind verdächtig. Die einzigen, die sie nicht verdächtigen, sind die weißen Juden. Andere Weiße, die nicht jüdisch sind, können genauso verdächtigt werden. Jeder, der nach Israel einreist, jeder, der dort ausreist, kann verdächtigt werden. Gott allein weiß, wen sie alle verdächtigen im Staat Israel und warum."

Aber jetzt kann ich aufatmen, es ist Zeit für die Zukunft, fünf Tage von Haifa nach Venedig, mein Bruder wird dort auf mich warten. Wozu Sorgen machen? Mein Bruder wird dort im Hafen stehen und alles wird gut.

Das Schiff legte nicht in Venedig an. Wir wurden im Hafen von Magiera abgesetzt. **Mein Bruder** war natürlich nicht da. Mit Mühe und Not bekam ich ein Taxi nach Padua. Ich hatte Glück, meinen Bruder zufällig auf der Straße zu sehen, als er zur zentralen Telefonstation ging. Ein warmes Willkommen mit all seinen Freunden wartete auf mich und ich überbrachte die Neuigkeiten, dass meine Schwester im nächsten Monat nachkommen würde. „Das ist nicht mehr lange hin", meinte mein Bruder und dann hob er mich in den siebten Himmel und kündigte an, dass wir am anderen Tag nach Venedig führen. „Venedig, das Herz der Welt, Schwester, wo die Leute im Wasser leben, wo alles mit Booten erledigt wird und die Menschen auf den Wellen wandeln wie Jesus." „Fahren wir mit dem Boot dorthin?", fragte ich. Mein Bruder lachte: „Nein, mit dem Zug." Es wurde ein wunderbarer Tag.

Kulturelle Vielfalt oder Geschlechtsdominanz?

Meine Schwester, die nach mir nach Italien gekommen war, hatte bald einen Freund aus Jordanien, mit dem sie im gleichen Wohnheim-Komplex Quartier bezog.

Eines Morgens, es sollte einer der heißesten Tage des Mais werden, entschied ich mich, meine **kurzen Hosen** anzuziehen. Als ich mittags mit meiner Schwester und ihrem jordanischen Freund, mit dem auch ich mich freundschaftlich verbunden fühlte, in der Mensa bei der Essensausgabe anstand, hörte ich plötzlich von der anderen Seite der Mensa eine Stimme: „Hey, wieso trägst du Shorts? Schande über dich! Geh heim!" „Geh heim!", rief eine andere Stimme. **„Du erniedrigst die palästinensischen Studenten!"** Meine Schwester und ihr Freund sahen mich an, wir standen weiter an, aßen unser Essen und gingen nach Hause. Stumm ging ich auf mein Zimmer und dachte nach. Was war passiert? Was habe ich getan, um die palästinensischen Studenten zu erniedrigen? Ich habe zu Hause in meinem Dorf (Israel ist ein westlicher Staat mit einer offenen Gesellschaft, auch unser Dorf war davon geprägt), Shorts getragen und niemand hat sich darüber aufgeregt. Was soll das? Warum?

Abends erzählte ich meiner Schwester und ihrem Freund, dass ich den Vorfall lächerlich fand. Zu meiner Überraschung sagten beide, die Studenten hätten Recht gehabt und ich hätte die palästinensischen Studenten vor denen aus Syrien und dem Libanon erniedrigt. Was? Ich konnte es nicht fassen. Es kamen noch zwei Studenten aus dem Libanon hinzu, ein Mann und ein Mädchen. „Du bist eine palästinensische Araberin", sagte das Mädchen. **„Also benimm dich auch wie ein arabisches Mädchen.** Jedes arabische Mädchen sollte einen Mann zu ihrem Schutz haben." Was?

Ich ging zu meinem Bruder und erzählte ihm alles. „Na und?", sagte er. „Mach dir wegen der blöden Sache keinen Kopf, beachte sie nicht und konzentriere dich auf dein Studium. Sie sind beschränkt. Sieh mal, Schwester, ich mische mich nicht in dein Leben ein. **Du bist frei zu tun, was du magst,** aber wenn du mich fragst, dann halte dich von ihnen fern. Du bist anders. Sie sind Araber, die hier Jahre um Jahre leben und sich immer noch festklammern an ihren Tabus für das, was Frauen erlaubt ist und was nicht. Es geht ihnen nicht in den Kopf, dass hier zwei Schwestern sind und ein Bruder, der sie nicht kontrolliert. Es geht ihnen nicht in den Kopf, dass wir dich so erzogen haben, alleine zu reisen und Kontakte zu knüpfen. Es ist einfach zuviel für sie. Versuch nicht, sie zu überzeugen, du vergeudest deine Zeit. Sie leben hier seit zehn Jahren, aber das westliche Leben hat sie nicht geändert. Sie profitieren von dessen Vorteilen. Einer von ihnen wollte eine italienische Freundin haben, gab sich liberal und offen, bis er sie kriegte oder bis er sein Studium beendet hatte und das Land verließ. Sie sind blind und taub, sie haben eine unerschütterliche Meinung über italienische Frauen, über westliche Frauen insgesamt, sie sind billig für sie, sie können jede kriegen, ganz billig. Sie wollen Sex, das ist alles. Sie behalten ihre Kultur und ihre Ansichten für sich, weil sie hier leben, aber die Frau ihrer Träume ist eine sechzehnjährige Jungfrau, die hauptsächlich schön sein soll. Sie haben Angst sich zu ändern. Dich greifen sie an, weil du ihre Regeln brichst. Du trägst nicht nur Shorts, du diskutierst auch noch mit ihnen über Grundsätze. Ich hörte dich ziemlich scharf mit ihnen über die Bedeutung einer freien Gesellschaft diskutieren. Alle sagten, Freiheit sollte für Frauen begrenzt sein. Keine Frau solle bei Rot eine Straße überqueren. ‚Und die Männer?', fragtest du. ‚Männer dürfen das', sagten sie. ‚Ach', sagtest du, ‚Männer dürfen die Regeln brechen, Frauen nicht?' Du hieltest nicht mit deiner Meinung hinter den Berg, du wurdest scharf angegriffen und während der ganzen Zeit saß deine Schwester dabei, ohne ein Wort zu sagen. Sie bewunderten sie dafür, dass sie den Regeln gehorcht. Hast du je begriffen, dass in der Welt der Araber eine Frau eine Erlaubnis braucht für das, was sie tut? Ich sollte dir Erlaubnisse geben, aber was soll das? Es ist dein Leben. Nun denken sie, sie müssen mein Vakuum füllen und dir klar machen, was du darfst und was nicht. Es ist deine Wahl, Schwester, mit ihnen auszukommen oder dich von ihnen fernzuhalten. Ich hoffe, du kommst damit klar." Ich war erleichtert.

Am nächsten Tag riefen meine Schwester und ihr Freund mich zu sich auf ein Treffen der **palästinensischen Studentenvereinigung.** Ihr Freund begann mit den Worten: „Wir haben uns getroffen, um darüber zu reden, was in der Mensa passiert ist."

„Was ist denn passiert?", fragte ich.

„Du bist zur Mensa mit kurzen Hosen gekommen und du trägst immer noch kurze Hosen. Ich bin von der Studentenvereinigung beauftragt worden, dir mitzuteilen, dass wir einschließlich deiner Schwester solange nicht mehr mit dir reden, bis du aufhörst, kurze Hosen zu tragen."

„Meine kurzen Hosen sind gar nicht kurz, sie gehen übers Knie."

„Sie sind kurz. Das sind unsere Bedingungen. Du hast die Wahl."

Ich sah mich um. „Das ist ein Befehl der palästinensischen männlichen Studenten. Was ist mit den Studentinnen?"

„Wir haben keine. Deine Schwester ist die einzige, aber sie ist nicht Mitglied. Sie ist trotzdem einverstanden."

Ich fragte meine Schwester. „Ich stimme ihnen zu", sagte sie und ging aus dem Zimmer.

„Ich habe noch eine Frage", sagte ich. „Du bist ein Flüchtling, der in Jordanien gelebt hat wie so viele von euch, die aus arabischen Ländern kommen. Mir sind eure Werte, eure Grenzen und eure Gebräuche nicht vertraut."

„Du bist ein arabisches Mädchen."

„Stimmt, aber ich bin anders erzogen worden als ihr. Meine Eltern haben mich frei erzogen und erwarten, dass ich mein Gehirn benutze. Ihr kommt von anderen arabischen Ländern und ich weiß nicht, wie arabische Mädchen sich zu benehmen haben."

„Unsere Mädchen sollen bescheiden sein und sich nicht wie Männer benehmen wie du. Wenn ein Mann spricht, sollen sie still und schüchtern zuhören. Sieh dir deine Schwester an, sie ist immer mit uns zusammen und nie hört man ihre Stimme. Sie benimmt sich nach arabischen Regeln."

„Was für Regeln! Man soll mich sehen, aber nicht hören, ich soll ein Körper ohne Hirn sein. Meine Schwester ist übrigens genauso aufgewachsen wie ich. Mich kann man sehen und hören. Sie segelt mit dem Wind, weil sie Angst hat, allein gelassen zu werden. Sie fühlt sich angreifbar, wenn sie versucht allein zu gehen, sie braucht die arabische Gemeinschaft. Ich respektiere ihren Entschluss, aber eines Tages wird sie zurückkommen und eure Gemeinschaft verlassen. Sie wird aus ihren Fehlern lernen, hoffentlich nicht zu spät."

„Ich will das alles nicht hören", sagte er.

„Dauert nicht mehr lang", sagte ich. „Mag sein, dass eure Werte so sind, aber wir sind Palästinenser. Wir kämpfen für unsere Freiheit von unseren Besatzern und wir Frauen kämpfen an zwei Fronten: gegen die Besatzer und gegen die verrotteten Werte, die uns davon abhalten, im Leben voranzukommen und bei Entscheidungen mitzuwirken."

„Ich will das alles nicht hören", sagte er.

„Dauert nicht mehr lang", sagte ich. „Noch eine Frage. Glaubst du, wenn ich meine kurzen Hosen ausziehe, werden wir schneller befreit? Was glaubst du? Ist die Palästinafrage eine Frage dessen, was wir anziehen oder wie wir Fortschritte machen, eine gesunde Gesellschaft zu werden, die auf Gleichheit basiert?"

„Du benimmst dich nicht nach arabischen Regeln!"

„Warum hältst du nicht einfach den Mund und tust, was wir dir sagen."

„Was denn?"

„Hör auf, die Hosen zu tragen."

„Was ist falsch an meinen Hosen? Ich habe einen richtigen Bruder, der mit mir darüber diskutieren kann, wenn er möchte, nicht die Studentenvereinigung. Ihr habt meine Schwester einer Gehirnwäsche unterzogen. Ich werde sie nicht fallen lassen. Ich werde sie besuchen und an ihr Gehirn erinnern. Sag der arabischen Gemeinschaft in Padua, in ganz Italien, ich trage weiter kurze Hosen. Du und deine Studentenunion sind Schafe, die hinter der Herde herrennen. Sag ihnen, ich bin kein Lamm. Ich bin ein Mensch mit Gehirn. Ich bin frei geboren und werde frei sterben. Und ich bin kein Mann, ich bin ein Mädchen, das hier studieren will, und niemand hat das Recht, mit mir persönliche Angelegenheiten zu diskutieren, es sei denn meine Eltern. Sag ihnen das, lieber Vertreter."

Ich ging zurück auf mein Zimmer und fragte mich, **wie die Palästinenser je voran kommen wollen, wenn sie ihre Frauen unterdrücken.** Wenn ihre Führung auf Tribalismus und Königstum beruht, dann wird es ein langer Weg, bis sie merken, dass natürlich eines Tages die Frauen an Entscheidungsprozessen teilnehmen. Ich werde damit anfangen. Ich gebe nicht auf. Ich muss Pläne machen und Strategien entwickeln, wie ich mich mit ihnen ins Benehmen setzen kann. Ich werde in die Mensa gehen, ins Café – überallhin. Aber ich werde entscheiden, mit wem ich rede. Genug ist genug. Nach ein paar Tagen traf ich einen Studenten auf der Straße. Er sagte: „Tut mir leid. Ich kann nicht mit dir reden, es ist ein Befehl der Studentenunion, aber weißt du, ich bin nicht wie die anderen. Ich bin kein Schaf."

„Du meidest mich wie die anderen in der Mensa oder im Café."

„Bloß in ihrer Gegenwart."

„Was soll das alles?"

„Sie wollen dir eine Lektion erteilen. Du musst ihnen gehorchen oder du bekommst Ärger. Es sei denn, du redest mit ihrem Führer."

„Den Chef meinst du."

„Du solltest auch aufhören, sie mit Namen zu belegen. Du nimmst das nicht ernst genug."

„Stimmt. Ihr benehmt euch wie Schafe. Mein ganzes Leben habe ich so etwas noch nicht erlebt. Ihr habt eine Stimme, um etwas zu sagen und nicht um hinter anderen Rücken zu wispern. Ich weiß, der Führer findet, dass ich meinen Kopf zu hoch trage. Er versucht mich zu brechen. Keine Bange, morgen werde ich ihn ansprechen und vor all seinen Schafen umarmen. Will sehen, was er sagt. Für mich ist der Fall kurze Hosen abgeschlossen, und es ist meine Wahl, ob ich sie trage, nicht eure."

Tatsächlich traf ich in der Mensa den Führer der Studentenunion, sagte hallo, und machte ihm den Vorschlag, ein **Komitee für Menschenrechte mit allen ausländischen Studenten** zu gründen. Er hörte aufmerksam zu – vor den meisten Mitgliedern der Union. „Können wir jetzt mit ihr reden", fragten sie ihn. Sein Gesicht wurde rot wie Tomatensaft und er sagte: „Ja, warum nicht? Warum solltet ihr nicht mit ihr reden dürfen." Ich lächelte, und wir fuhren fort, über das Komitee für Menschenrechte zu diskutieren, in dem es nach meinen Vorstellungen nicht nur um die Menschenrechte der Palästinenser gehen sollte, sondern aller unterdrückten Volksgruppen dieser Welt.

Von dem Moment an sprachen sie wieder mit mir, alle – nur nicht **meine Schwester.** Ich versuchte sie zu überzeugen, dass es falsch war, dass sie die Ansichten ihres Freundes übernommen hatte, aber sie hörte kaum zu. „Schwester, das Problem sind nicht wirklich meine kurzen Hosen aus Sicht der Studenten, die sind nur eine Ausrede, sie verdammen mich, weil ich von Gesicht zu Gesicht mit ihnen argumentiere. Ich spreche wie eine westliche Frau, sagen sie, aber was ist der Unterschied zwischen einer westlichen und einer arabischen Frau? Die westlichen Frauen kämpfen in ihren eigenen Gemeinschaften um gleiche Rechte. Es geht nicht um lange oder kurze Hosen, sondern darum, dass wir hier genauso allein sind wie jeder arabische Mann, unser Bruder uns nicht kontrolliert und wir also volle Freiheit genießen. Die Männer fühlen sich von uns bedroht. Also suchen sie sich irgendetwas aus, um uns anzugreifen, ziemlich billig das Ganze."

Die Frage, die sich aus meiner Bedrängnis ergab, ist folgende: Ist das ein Zusammenstoß zwischen verschiedenen Kulturen oder schlichtweg **Machtkampf der Geschlechter?** Fürchten die Männer, dass Frauen mitreden wollen? Haben sie Angst, anders zu werden, Angst sich zu verlieren und frieren sie deswegen ihre Werte ein, ohne genau sagen zu können, was für Werte das überhaupt sind? Vielleicht würde in Jordanien niemand von meinen kurzen Hosen überhaupt Notiz nehmen, aber hier sind wir im Westen und ich soll mich wie eine arabische Frau benehmen. Ich fand übrigens heraus, das auch arabische Studentinnen Shorts trugen. „Das sind Christinnen", sagten die Studenten. „Es sind auch Musliminnen darunter!" „Stimmt", sagten sie, „aber sie sind von der Großstadt und nicht vom Dorf." „Es sind auch welche vom Dorf dabei!" „Stimmt", sagten sie, „aber sie haben die Erlaubnis ihres Vaters." Ich konnte nicht glauben, was ich hörte! Ich stritt mit ihnen über Emanzipation, über politische Angelegenheiten, über unsere Probleme als Araber im Westen und meinte, dass wir offen stolz sein müssten, zu sein, wer wir sind.

Italien, der Norden, der Süden und die Fremden

Ich weiß, dass es für viele Studenten extrem schwierig war, sich in die italienische Gemeinschaft zu integrieren, schlichtweg, weil sie keine Ahnung hatten, wie sie sich zu benehmen hatten, und weil sie sich nicht den verbreiteten italienischen Vorurteilen über „ignorante Araber ohne Kultur" aussetzen wollten. Nach vielen Jahren, in denen ich Teil der arabischen Kultur und gleichzeitig voll ins italienische Leben integriert war, ist für mich diese Art von Arroganz als Quintessenz des **italienischen Blicks auf die Fremden** übriggeblieben. Das trifft für alle Fremden zu, sogar für die Italiener aus dem Süden, die nach Norditalien kommen.

Die **Ignoranz der meisten Italiener,** wenn es darum geht, andere Kulturen zu verstehen, hatte etwas zutiefst Verletzendes. Ich arbeitete in einem Kulturzentrum, welches von der Sozialistischen Partei eröffnet worden war mit dem Ziel, die Italiener mit anderen Kulturen vertraut zu machen. Eines Abends kam eine afrikanische Band, die einen religiösen Tanz aufführen wollte. Zu meiner Überraschung begann die Zuhörerschaft Witze über die Tänzerinnen zu machen, drei Frauen, die sich viel Mühe gaben, ihre Schau ohne Unterbrechungen fortzuführen. Es gelang ihnen nicht. Ich holte den Geschäftsführer, der die Zuhörer um Respekt und Ruhe bat, damit die Frauen weitermachen konnten. Einige Jugendliche riefen, sie hätten genug von dem provozierenden Tanz: „Frauen, ihr tanzt wie Affen, ihr seid wie scharfe Sauce, ihr verbrennt uns." Jeder dieser Kommentare wurde von Gelächter gefolgt. Diese Erfahrung war für mich ein Schock. Wer sind die Italiener? Ist das zu verallgemeinern oder nur typisch für Padua-Italiener, die in ihrem Selbstbild gefangen sind?

„Was geht hier vor sich?", fragte ich den Geschäftsführer.

„Nichts. Es ist etwas Neues für unsere Jugendlichen, einen solchen Tanz zu sehen."

„Glauben die, diese Frauen leben im Dschungel?"

„Einige von ihnen glauben leider tatsächlich, dass manche Afrikaner noch auf Bäumen leben."

„Warum respektieren sie nicht eine andere Kultur?"

„Es wirft sie um. Das ist alles. Sie haben das noch nie zuvor gesehen, verzeih ihnen. Sie haben afrikanische Tänze vielleicht im Fernsehen gesehen, aber nun ist es hier, direkt vor ihnen und es wirft sie um."

Es war nicht meine erste **Begegnung mit italienischen Vorurteilen.** In einer Pizzeria, in der die Italiener gerne ihre Freizeit am Samstag verbringen, sah mich einmal ein Mann an, dem ein Fragezeichen ins Gesicht geschrieben stand.

„Magst du Pizza?", fragte er.

„Ja, sehr", antwortete ich lächelnd.

„Was ist ein beliebtes Gericht im Mittleren Osten?", fragte er. Die anderen schauten auf und hörten interessiert zu.

„Das kommt auf die Region an. In meinem Land, an der Küste Haifas in Palästina, haben wir verschiedene Gerichte, aber hauptsächlich ist es Humus, Falafl und Freitags kochen die meisten Leute Mulukhia."

„Ein Unfug", sagte einer von ihnen.

„Warum?", fragte ich, „Was weißt du du davon?"

„Nichts. Bloß wenn ich die Namen höre, frage ich mich, wie man das essen kann."

Ich begann, geduldig die Rezepte zu erklären, aber die meisten waren nicht davon zu überzeugen, dass unser Essen so gut wie italienische Pizza sei. Nichts geht über ihre Küche! „Vielleicht", sagte ich, „aber es könnte ja eventuell Gerichte geben, die sogar besser sind als italienische?"

„Ausgeschlossen, wir sind die Besten."

„Ich hasse diese Deutschen, die an unseren Küsten einfallen und unsere schönen Spaghettis ruinieren. Sie essen sie mit Marmelade, kannst du dir das vorstellen?", sagte einer von ihnen.

„Ich hab noch was Komischeres gesehen", sagte ein anderer. „Sie bestellen Pizza mit Ananas."

Das Gelächter hielt für einige Minuten an und dann luden sie sich bei mir zu einem Essen mit Gerichten aus dem Mittleren Osten ein. Gute Idee! Ich verbrachte einen ganzen Tag damit, verschiedene Gerichte aus dem Mittleren Osten vorzubereiten und der Abend endete in einem Desaster. Die wenigsten wussten die Gerichte zu schätzen, nur einige probierten überhaupt etwas. Für die ganz sturen Italiener hatte ich Pizza in Reserve – und dafür entschieden sich die meisten.

Als ich das Chaos beseitigte, versuchte ich mit der Situation ins Reine zu kommen. Warum war es so schwer für die Italiener, sich einer anderen Kultur zu öffnen? Betraf das nur Norditalien?

Eine meiner besten Freundinnen, die aus Süditalien kam, sagte mir: „Sei nicht verzweifelt. Du bist nicht allein. Ich teile deine Verletztheit. Schau mal, was da an der Mauer steht: ‚Ausländer und Süditaliener raus!' Siehst du das?", fragte sie leise.

Ich war wirklich eine Ausländerin, aber sie war eine Ausländerin in ihrem eigenen Land.

Ich erinnere mich noch gut an den Tag, an dem ich den Professor für Römisches Recht aufsuchte, der mich **vom Examen ausgeschlossen** hatte. Er ließ mich auf ein Klopfen hin in sein Zimmer.

„Was willst du?", fragte er.

Ich nahm Platz, öffnete den Mund ... da war er schon aufgesprungen und stellte sich hinter mich, so dass ich ihn nicht sehen konnte. Mich fröstelte, ich hörte seine drohende Stimme: „Ihr Ausländer solltet nicht hierher kommen, ihr seid dreckig, ihr bringt Krankheiten und Drogen mit, ihr seid wie die Süditaliener, die reinste Mafia, alle Süditaliener und Ausländer sollten hier rausgeschmissen werden."

Ich saß da, und konnte meine Gefühle nicht mehr sortieren. Plötzlich stieß er mit dem Fuß gegen den Stuhl: „He, was willst du?"

„Ich frage mich, ob ich das Examen zu einem anderen Zeitpunkt machen kann?", sagte ich.

„Natürlich kannst du", sagte er. Ich stand erleichtert auf, als er wiederholte: „Natürlich kannst du das Examen zu einem anderen Zeitpunkt machen, aber du wirst nur davon träumen, es zu bestehen."

Ich war völlig überrascht und durcheinander, hatte ich geschlafen und einen Albtraum in seinem Büro gehabt? Ich verstand überhaupt nicht, woher dieser **Hass auf Ausländer und Süditaliener** kam, und verließ

„Wir müssen eine Generation bilden, die in Würde und Freiheit leben kann."

das Zimmer unter Tränen. Was sollte man dazu sagen? Ich hielt den Mund, ich bin eine Ausländerin und keine Ohren sind da, die hören, was ich sage. Ja, wir haben unsere ausländischen Vereinigungen, und ich gehörte zu den Pionieren, die sie mitbegründet haben, aber was nützt das alles? Sie sind stärker als wir. Ist das noch Kultur oder ist das bereits Rassismus?

Tanz, Essen, Examen. Alles fügte sich zusammen zu einem Bild.

Welche Verbindung besteht zwischen dem Norden und dem Süden Italiens? Der Norden ist reicher, entwickelter – ist er deswegen kultivierter? Ausländer sind nicht Teil dieser Spaltung, sie haben ihre eigenen Probleme des Nicht-Aktzeptiertseins. Es ist schwer, anders zu sein. Es ist schwer, in den Straßen Paduas spazierenzugehen, ohne sich **vor Attacken zu fürchten.** Eine Freundin (sie ist Italienerin) war auf dem Fahrad unterwegs, sie wurde angegriffen, zusammengeschlagen und hat sich nie mehr von diesem Schock erholt. Wer griff sie an und warum? Überall in diesem Land ist Kriminalität. Ich hatte genug von seiner Zerissenheit, von den Spaltungen in Norden, Süden und Ausländer.

Meine Gedanken kehrten immer öfter zurück zu meiner Mutter und meinem Vater, die ich mit ihrer Traurigkeit allein gelassen hatte. Sie glaubten mich glücklich in Italien und manchmal glaubte ich es auch, aber die meiste Zeit war ich **wütend und enttäuscht** darüber, dass Menschen sich gegenseitig so behandeln können. Ich war müde dabei geworden.

Ich fühlte mich vor die Entscheidung gestellt, entweder in Italien zu bleiben und mit den Probleme anderer konfrontiert zu sein oder **zurückzugehen in mein Land** und mich der Probleme anzunehmen, die wir von meinen eigenen Vorfahren geerbt haben. Jene Probleme, unter denen sie gelitten haben und ich leiden würde. Es ist viel zu tun in meinem Land. Wir müssen eine Generation bilden, die in Würde und Freiheit leben kann.

Ich muss aufwachen aus diesem Traum, der mich so verletzt hat. Padua hat mir nur wenige Momente der Heiterkeit geschenkt. Mit den Mitgliedern der **arabischen Gemeinschaft** hatte ich stets Argumentationen nicht nur über die Rechte der Frauen, sondern auch über das Leben im Ausland. Niemand verlangt von ihnen, ihre Werte und ihren Glauben aufzugeben, aber sie sollten ihre Gemeinschaft demokratisch führen. Sie haben noch ein paar Jahrhunderte vor sich, bevor sie ein Gefühl für Freiheit bekommen.

In die **italienische Gemeinschaft** hatte ich mich voll integriert, nur um herauszufinden, dass ich nie versuchen sollte, etwas anders zu sein als sie. Ich sollte wie jeder den italienischen Lebensstil lieben, jeden Samstag Pizza essen und Sonntag nachmittags spazierengehen. Mein Lebensstil spielt keine Rolle. Lebe so, wie sie sagen, andernfalls bist du Ausländer. Es geht nicht allein um die Hautfarbe. Manche Afrikaner nahmen Bleichmittel für die Haut. Es geht um das Benehmen und das Denken. Am Ende bist du eine Marionette. Ich habe Israel aus ähnlichen Gründen verlassen. Ich fühlte mich nicht frei, konnte nicht essen und sitzen wie ich wollte. In Israel wollen sie alles genau unter Kontrolle haben, selbst die Luft, die du atmest. In Italien schauen sie dich an, schätzen, wie groß du bist, was du anziehst, was du isst und wo du sonntags hingehst.

Zur Hölle mit diesem Leben! **Ich möchte ich selber sein.** Wenn ich in Italien etwas auf Arabisch sage, lachen die Italiener. Warum? „Nichts besonderes", sagen sie, „bloß dass ihr auf nichts stolz sein könnt, ihr seid Nomaden." Wenn ich in Israel an der Bushaltestelle Arabisch spreche und zufällig von der Polizei dabei beobachtet werde, bin ich sofort verdächtig.

Was tue ich hier, in Italien? Ich sah die Erinnerungen meiner Mutter in ihren Augen. „Warum", fragte ich sie eines Tages, „hältst du deine Erinnerungen so fest, so fest? Wie kannst du damit leben?" „Wie kann ich nur für einen Augenblick meine Kindheit vergessen?", antwortete sie. Italien, der **Traum von meiner Erlösung,** hat die Geschichten meiner Mutter nicht aus meinem Gehirn gelöscht. Die Italiener erinnern mich an unsere Unterdrückung in Israel, Mutter, sie lassen mich nicht zur Ruhe kommen ...

Ich muss einen Brief an meine Eltern schreiben.

Der Entschluss zurückzukehren

Liebe Mum, lieber Dad,

verzeiht mir, dass ich der Versuchung nicht wiederstehen kann, in meine Heimat zurückzukehren. Diskutiert bitte nicht mit mir. Ich weiß, Mutter, du möchtest, dass ich mich in Italien niederlasse, aber ich kann deine Geschichten nicht vergessen, Mutter. **Wenn ich zurückgehe,** werde ich wenigstens bei euch sein, eure Wunden teilen und ihr die meinen.

Glaubt nicht, dass ich hier nicht zurechtkomme. Ich bin wie unsere geliebte Minze, die in jedem Klima wächst. Mutter, ich kann die Ungerechtigkeit dieses Landes nicht mehr ertragen. Ich weiß, du hast mir gesagt, ich solle mich fernhalten von Menschenrechts-Aktivitäten. Ich habe es versucht, aber die Ungerechtigkeit hat mich aufgebracht. Ich gestehe, ich habe Komitees mitbegründet, um die Ausländer zu schützen, aber da ist weder gegenseitiges Verstehen zwischen mir und ihnen, noch habe ich ein harmonisches Verhältnis zu den Italienern gefunden. Ich möchte ich sein, frei denken und frei fühlen, aber **Freiheit gibt es hier nicht.** Ich kann mir meine Kleider nicht aussuchen, mein Essen nicht aussuchen, meine Freunde nicht aussuchen, ich muss ständig auf der Hut sein, mit wem ich ausgehe und rede. Es ist wie in Israel, Mutter, wozu soll ich dann hier bleiben? Italien ist lieblich und schön, das stimmt, aber du brauchst Gesellschaft, um das zu genießen. Es ist nicht schwer, Gesellschaft zu finden, aber ich muss mich ihren Maßstäben völlig beugen oder ich falle durch das Raster.

Ich möchte dir eine kurze Geschichte erzählen, Mutter. Eines Tages trug ich den glitzernden Schal, den du für mich gemacht hast. Die Italiener lachten mich aus, die Araber waren wütend auf mich. Sie sagten, der Schal würde uns in den Augen der Italiener lächerlich machen und ich sollte ihn nicht mehr tragen. Du siehst, ich kann es **keiner Seite recht machen.** Ich war stolz auf den Schal, die Araber nicht und die Italiener machten Witze. Ich glaube, zurückzukehren in mein Dorf wird besser sein als das. Ich werde Rechtsanwältin sein, Mutter, vielleicht wird unsere Lage sich bessern. Vater, ich weiß, du wirst sagen, komm, wann immer du willst. Mutter, ich warte auf deine Antwort.

Ich bekam ihren Anruf. Meine Mutter machte sich **Sorgen, ich würde verhaftet werden,** sobald ich den Hafen von Haifa erreichte. Ich hörte meinen Vater im Hintergrund lachen, es tat so wohl.

„Wenn du kommen willst", sagte Mum schließlich, „dann komm und wir werden auf dich warten."

In Venedig hatte ich ankommen sollen und von Venedig aus **fuhr ich zurück.** Der Himmel war blau, das Wetter heiß. Ich wurde vor dem Schiff gestoppt, das Gepäck durchsucht, meines und das von fünf anderen arabischen Studenten. Was solls? Ich bin dran gewöhnt. Auf dem Schiff fühlte ich mich beobachtet, aber nicht nur von einem. Einer war ein Maschinen-Ingenieur. Eine Frau folgte mir überall hin. Ein anderer, ein jüdischer Medizinstudent, war bei denen, die mein Gepäck durchsuchten. Ich traute meinen Augen nicht, als ich ihn, den ich sonst täglich in der Bibliothek lesend angetroffen hatte, hier auf dem Schiff sah, mit einem Ausweis in der Hand, und er versuchte, Fragen zu stellen. Ich lachte nur, blutiger Bastard, du hast mich jeden Tag in der Bücherei gesehen, was fragst du mich jetzt? Ich wusste, so etwas würde geschehen, es ist Routine, aber ich hoffte inständig, dass die Vorahnungen meiner Mutter nicht wahr würden. Ich habe **nichts Illegales in Italien getan,** habe an

Friedenskampagnen teilgenommen, Komitees für ausländische Studenten mitgegründet, ihren Status legalisieren geholfen und Italienisch unterrichtet. Was habe ich mit der israelischen Staatssicherheit zu tun? Nichts. Sollten sie mich verhaften für meine Beziehungen zu Arabern von anderen Ländern? Ich hatte nichts als Diskussionen mit ihnen die ganze Zeit. Zur Hölle, wenn sie mich dafür festnehmen. Was wartet auf mich am Horizont? Wäre ich nur schon in Haifa bei Mum und Dad.

Fünf Tage später landeten wir in Haifa. Ich war gerade mit meinem Gepäck zu Gange, als der Maschinen-Ingenieur mir seinen Ausweis als Sicherheitsagent zeigte und mir erklärte, ich sei **verhaftet.** „Du bist nicht die Polizei", sagte ich. „Keine Sorge", sagte er. Die Polizei kam bald, zehn Personen insgesamt, eine Frau war dabei und sie führten mich vom Schiff. Ich sagte ihnen, ich wolle meinen Eltern Bescheid sagen, sie ließen sie ausrufen und ich sah sie hinter Glas, sah meine Mutter lächeln, und ihre Augen sagten: Tochter, ich habe dir gesagt, sie werden dich verhaften, hättest du auf mich gehört! Dieses Land mag dich nicht, geh zurück nach Italien!

Ich habe nichts Böses getan, Mutter, ich hatte mit einem der palästinensischen Studentenführer eine Unterhaltung, na und? Dies ist ein Spiel geworden, wir spielen hier Katz und Maus, Tom und Jerry, wir spielen Verstecken mit der Gerechtigkeit.

Ich habe zwei Jahre lang im **Gefängnis** gesessen, verurteilt für „Kontakte" zum Anführer der palästinensischen Studentenvereinigung.

Respekt vor anderen Kulturen heißt die Unterschiede zu akzeptieren und dies ist immer eine Frage des Zulassens von Anderssein. Ich bin dieses Anderssein. **Ich bin eine Minze,** die in jeder Kultur und jedem Klima wachsen kann, wenn ich sein darf, wer ich bin.

Mum, Dad, ich fühle den Fluss eures Schmerzes in meinen Adern. Ihr seid zu früh gegangen. Ihr habt eure Narben tief in meiner Seele hinterlassen. Ich fühle sie. Ich habe genug gelitten, für alle Zeiten genug.

(Übersetzung aus dem Englischen: H. Chen)

Die Autorin

Sua'ad Genem-George, Jahrgang 1957, aus Israel, wurde als Menschen-
rechtsaktivistin über die Grenzen Israels hinaus bekannt. Sie publizierte
einen Gedichtband auf Arabisch, eine englische Publikation folgt in Kür-
ze. Nach neun Jahren in Italien wurde sie für „Kontakte zur palästinensischen Studentenführung" in Israel zu zwei Jahren Haft verurteilt. Seit
zehn Jahren lebt sie mit ihrem englischen Mann und ihrem Kind in England, wo sie in Jura promovierte. Im Auftrag des israelischen Staates wird
derzeit ein Dokumentarfilm über ihr Leben gedreht, der voraussichtlich
unter dem Titel „Lost Paradise" auf internationalen Festivals vorgestellt
werden soll.

Mina Djamtorki

DEUTSCHLAND:
HEIMAT MIT AUFENTHALTSBERECHTIGUNG

Irgendwie habe ich immer **Heimweh nach meiner Heimat Iran.** Gelegentliche Iran-Besuche mindern diese Gefühle auch nicht. Wenn ich dann den Iran wieder verlassen habe, fehlen mir die Familie, die Freunde, die Sonne, der Bazar, die Berge, die Dattelpalmen und so vieles mehr. Dieses Gefühl von Heimweh kann ich weder verstecken noch von meiner Haut waschen.

Ich kam als Teenager **mit meinen Eltern nach Deutschland.** Ich verstand kein Wort Deutsch und fühlte mich wie ein kleines Kind, weil ich die Sprache wieder von vorn erlernen musste. Ich lernte die deutsche Sprache relativ schnell, so dass ich schon bald keine Verständigungsprobleme mehr hatte. Was ich jedoch schwieriger empfand als die deutsche Sprache, war, mit Deutschen in Kontakt zu kommen und Freundschaften zu schließen. Nur wenn ich den ersten Schritt machte und ein Gespräch anfing, wurde auf mich eingegangen.

Wie damals im Iran, wenn meine Freundinnen und ich uns gegenseitig zu Hause besuchten, habe ich auch deutsche Freundinnen zu mir nach Hause eingeladen. Von ihnen hörte ich nur, dass ich sie auch mal besuchen soll, ohne das eine direkte Einladung ausgesprochen wurde. Es hieß immer „wir telefonieren". Ich hätte mir sehr gewünscht, auch den Alltag meiner deutschen Freunde in ihren Familien zu erleben, dies wurde mir aber selten gewährt. Ich war anfänglich natürlich sehr traurig über dieses Verhalten und wusste nicht, wie ich damit umgehen sollte. Doch mit der Zeit wurde mir klar, dass der Wunsch, mit Deutschen in Kontakt zu kommen und befreundet zu sein, nur meinerseits bestand. Ich stellte fest, dass sie selten daran interessiert waren, sich mit Fremden und deren Kultur zu beschäftigen oder gar Freundschaften einzugehen.

Die Schuljahre im Iran wurden mir zum Teil anerkannt, so dass ich die deutsche Schulausbildung nach ein paar Jahren abschließen konnte. Danach folgten eine Berufsausbildung und erste Berufserfahrung. Während all dieser Jahre hatte ich immer das Gefühl, dass ich hier **fremd war wie am ersten Tag.** Deshalb konnte ich mich nie richtig heimisch fühlen.

Es lag nicht daran, dass ich allein oder einsam war, weil ich keinen festen deutschen Freundeskreis hatte. Es lag vielmehr daran, dass ich im Alltag sehr oft zu spüren bekam, dass ich von den Deutschen als Ausländerin abgelehnt wurde.

Es kam schließlich der Tag, an dem ich es satt hatte, länger wie eine „Aussätzige" behandelt zu werden. Also entschloss ich mich, **in meine Heimat Iran zurückzukehren** und dort ein neues Leben anzufangen.

Es war mir bewusst, dass ich dort allerdings auf einige Vorteile, die hier das tägliche Leben angenehm machten, verzichten musste. Doch diese offensichtlichen Annehmlichkeiten des täglichen Lebens, eine U-Bahn vor der Haustür zu haben, im Supermarkt die Auswahl zwischen zig verschiedenen Käse- und Fleischsorten zu haben, konnten meinen Entschluss, in den Iran zurückzukehren, auch nicht mehr ändern. Ich wusste ebenso, dass ich auf bestimmte Freiheiten verzichten musste, zum Beispiel als Frau allein ins Kino oder Theater zu gehen. Ich würde in der Öffentlichkeit auch nicht mehr Fahrrad fahren dürfen.

Da ich in all den Jahren meines Aufenthalts in Deutschland den Kontakt zum Iran nicht abgebrochen hatte, war mir der krasse Unterschied zwischen Arm und Reich im Iran bewusst. Ich erinnerte mich aber an die Wärme, nicht nur die wettermäßige, sondern auch die menschliche Wärme. Vor allen Dingen wollte ich diese wieder spüren. Also packte ich meine Sachen und flog zurück in meine Heimat.

Im Iran angekommen, wurde ich von den **Familienangehörigen** herzlichst aufgenommen und fühlte mich daher nach langer Zeit endlich wieder glücklich. Ich fühlte mich geborgen und wollte dieses Gefühl nie mehr missen. Nach ein paar Wochen trat der Alltag ein und einige Verwandte und Freunde befragten mich mit offener Neugier zu den Gründen meiner Rückkehr. Ich erzählte ihnen von meinem Leben in Deutschland und dass ich dort nicht mehr als Fremde leben wollte. Es fiel ihnen sehr schwer, diesen Grund nachzuvollziehen. Sie hielten mich für verrückt, den Iran Deutschland vorzuziehen.

Ich wiederum hatte große Probleme, ihre Argumente hinsichtlich des „Traumlandes Deutschland" nachzuvollziehen. Sie waren nie in Deutschland gewesen und stellten sich dieses Land als das Paradies vor. Sie wollten von der Version meines Lebens in Deutschland nichts hören und scheuten sich nicht, mich mit gut gemeinten Ratschlägen zur Rückkehr aufzumuntern. Ich blieb und schlug meinerseits vor, sie sollten nach Deutschland fahren, um das Leben dort selbst kennen zu lernen.

Um aus dieser mich belastenden Situation herauszukommen, suchte ich mir schneller, als ich es eigentlich vorhatte, eine Arbeit. Es dauerte nur ein paar Wochen, und ich fand eine **Tätigkeit in einem im Iran ansässigen deutschen Großunternehmen.**

Durch die Arbeitsaufnahme war für mich der Umgang mit persischen und deutschen Kollegen neu. Ich fragte mich, ob sich die persischen Kollegen auch für die Gründe meiner Rückkehr interessieren würden und ob bei ihnen auch der sehnliche Wunsch nach Auswandern bestünde. Am meisten interessierte mich jedoch, ob sich die deutschen Kollegen gegenüber meiner Kultur und ihren Menschen genauso distanziert verhielten wie ihre Landsleute daheim.

Ich konnte bereits nach kurzer Zeit erleichtert feststellen, dass ich für meine persischen Kollegen eine wie sie war, die Arbeit in dieser Firma gefunden hatte. Sie hinterfragten auch nicht meine Gründe für die Rückkehr aus Deutschland. Das interessierte sie nicht, beziehungsweise sie gaben mir nicht das Gefühl, dass das für sie von Interesse wäre.

Auch konnte ich feststellen, dass die dortigen Deutschen – es waren hauptsächlich Führungskräfte aus dem Stammhaus, die Fristverträge für maximal fünf Jahre Tätigkeit im Iran hatten – sich ganz anders als in Deutschland verhielten. Sie waren mir gegenüber offen und sehr freundlich und suchten das Gespräch. Es war unvermeidbar, dass bald alle wussten, dass ich „die" aus Deutschland bin. Einige deutsche Kollegen äußerten sogar den Wunsch, dass ich ihnen im Unternehmen Persischunterricht anbieten sollte.

Viele Freunde und Kollegen wollten von mir wissen, ob es in Deutschland üblich sei, dass Frauen, ohne verheiratet zu sein, mit Männern ausgehen. Hinter dieser Frage vermutete ich auch den Wunsch zu wissen, ob ich mich auch so verhalten habe. Dahinter stand mitunter auch der Gedanke zu testen, ob ein Annäherungsversuch möglich wäre. Ich beschloss, diesen Anspielungen kein Gewicht beizumessen und ging meiner Arbeit nach.

Insgesamt war ich mit dem Neubeginn sehr zufrieden: Ich hatte meine Verwandten, meine Freunde, meine Arbeit, meine Muttersprache, die Sonne, den Bazar, die Berge und die Dattelpalmen. Ich bereute nicht, dass ich Deutschland verlassen hatte.

Doch dann brachen Unruhen im Land aus und überall entstand **Angst vor einem Krieg.** Auch ich bekam Angst und sah mein Leben in Gefahr. In den folgenden Jahren verließen viele Menschen das Land. Ich entschloss mich ebenfalls, den Iran wieder zu verlassen.

Es war zur Weihnachtzeit, als ich **nach Deutschland zurückkehrte.** Das Wetter war sehr kalt für jemanden, der von der Sonne verwöhnt und Temperaturen von 40 Grad im Schatten gewohnt war. Es regnete, als das Flugzeug in Frankfurt landete. Der Regen hörte auch an den folgenden Tagen nicht auf, so dass ich glaubte, ich würde die Sonne nie wieder zu Gesicht bekommen.

Trotz des schlechten Wetters war ich einerseits sehr froh und glücklich, dem Krieg im Iran entflohen zu sein und Schutz gefunden zu haben. Andererseits fühlte ich mich unsagbar beschämt, in Sicherheit leben zu können, während meine Landsleute in Gefahr waren.

Ich war mir sicher, dass ich hier nicht lange bleiben, sondern nach Beendigung des Krieges wieder in den Iran zurückkehren würde. Doch ich blieb bis heute. Ich verliebte mich in einen Deutschen, und er verliebte sich in mich. Wir heirateten.

Was ist mir nach meiner Rückkehr **an den Deutschen besonders aufgefallen?**

Deutschland ist nach wie vor ein reiches Land; das ist offensichtlich. Der große Flughafen, die sauberen Straßen, die schönen Häuser. In den Supermärkten und Kaufhäusern gibt es wie damals eine Riesenauswahl an Waren und inzwischen noch mehr verschiedene Käse- und Fleischsorten. Das Fleisch ist so schön verpackt, als ob es sich um Schokolade handelt. Es gibt genug Lebensmittel zu kaufen und zu essen. Viele Deutsche sehen auch satt aus, was sich allerdings in einer „kräftigen" Körperfigur bemerkbar macht.

Besonders fiel mir auf, dass die Deutschen es immer eilig hatten. Alle hatten einen schnellen Gang – auf den Straßen, in den Kaufhäusern –, als ob es um eine Hetzjagd oder Verfolgung ginge und sie um ihr Leben rennen müssten.

Nachdenklich stimmte mich, dass ich zweimal von einem Kaufhausdetektiv verfolgt und aufgefordert wurde, meine Handtasche zu öffnen.

Zwangsläufig komme ich mir daher vor, als ob ich wegen meiner Hautfarbe eine potenzielle Diebin sei. Verständlicherweise war ich in diesen Situationen entsetzt und fuhr, so schnell ich konnte, nach Hause. Ich kann nicht verstehen, warum viele Deutsche glauben, das alle Menschen, die dunkel aussehen, Diebe sein könnten.

Obwohl in Deutschland kein Krieg und kaum Armut herrschen, sehen Deutsche häufig ernst und verschlossen aus. Warum? Und sie blicken mich mitunter kalt und geringschätzig an. Zum Beispiel im Bus oder in der U-Bahn, wo mich die gegenüber Sitzenden misstrauisch mustern.

Bedauerlicherweise gibt es noch Deutsche, die **Vorurteile gegenüber uns Ausländern** haben. Sie fürchten, wir würden ihnen unter anderem die Arbeit und die Wohnung wegnehmen. Während der Vollbeschäftigung in Deutschland waren diese Vorurteile weitaus nicht so ausgeprägt wie nach Mitte der siebziger Jahre, als die Arbeitslosigkeit begann, ein Problem zu werden.

Leider ist es sehr schwer, gegen diese Vorurteile anzugehen. Die Deutschen haben nach wie vor kaum Kontakt zu uns Ausländern und suchen diesen auch nicht. Solange keine Bereitschaft vorhanden ist, aufeinander zuzugehen, wird es bei Vorurteilen bleiben. Wir werden Fremde bleiben, weil uns der gemeinsame Kontakt fehlt. Würden wir die kulturellen Unterschiede als Gewinn ansehen, so könnten wir uns menschlich näher kommen und somit auch Vorurteile besser ausräumen.

Während meines **Studiums** waren die Ausländer unter sich. Die Deutschen und die Ausländer hatten jeweils ihre Gruppen gebildet. Es war kaum möglich, in die Gruppe der Deutschen aufgenommen zu werden, geschweige denn, an ihren Arbeitsgruppen teilzunehmen. Sie hatten keine Zeit und boten auch keine Hilfestellung an, wenn man sie danach fragte. Schade eigentlich, denn ich hatte gehofft, dass die jungen Deutschen uns Ausländern gegenüber offener sein würden als die ältere Generation.

Anders als während meiner Tätigkeit im Iran habe ich auf der **Arbeit** sehr oft zu spüren bekommen, dass eine Zusammenarbeit mit mir nicht gewünscht wird. Auf mein Wissen, meine Berufserfahrung und meine Meinung wird gerne verzichtet. Fragen werden kaum an mich gerichtet, auch wenn offensichtlich ist, dass ich die gewünschten Informationen geben kann. Stelle ich hingegen eine Frage, wird diese so beantwortet, als ob die Angelegenheit einem Erstklässler begreiflich gemacht werden muss. Im Grunde genommen muss ich mich bei der Arbeit immer belehren lassen. Wenn ich mich dagegen wehre, bekomme ich meistens die Quittung in Form von Mobbing beziehungsweise Kündigung.

Will man **privaten Kontakt** nicht nur zu den anderen hier lebenden Ausländern, sondern auch zu den Deutschen haben, muss man sie zu sich nach Hause einladen. Bei uns im Iran habe ich es doch in der Beziehung viel einfacher gehabt. Dort besuchten wir uns sehr oft spontan ohne Anmeldung. Geselligkeit hat bei uns hohen Stellenwert. In Deutschland, wobei es noch ein geringer Unterschied ist, ob Norddeutschland oder Süddeutschland, schaut man nicht „gerade mal so" vorbei; es bedarf einer Verabredung oder Einladung, häufig auch unter jungen Leuten. Die Deutschen planen regelrecht das Beisammensein mit Freunden und Bekannten anhand ihres Terminkalenders. Eine Einladung wird meistens sehr lange Zeit, oft sogar Wochen im voraus, festgelegt.

Gern denke ich an persische Feste zurück. Es wird meist ein paar Tage vorher mit den Vorbereitungen begonnen. Um nicht als geizig dazustehen, werden verschiedene Gerichte angeboten. Das mag als üppig und verschwenderisch erscheinen, da nie alles aufgegessen werden kann. Es soll den Gästen zeigen, wie wertvoll sie einem sind und das weder Zeit noch Geld eine Rolle spielen, um die Gäste bestens zu versorgen.

Leider ist es heutzutage bei vielen Deutschen üblich bzw. scheint es Mode geworden zu sein, dass man bei **Einladungen,** sei es Geburtstagsfeier, Grillfest oder andere Anlässe, aufgefordert wird, selbst sein eigenes Essen mitzubringen. Es gab sogar einmal zu einer Hochzeitsfeier solch eine Aufforderung, statt Geschenken etwas zu essen mitzubringen! Vielleicht sind diese Deutschen geizig, oder sie wollen sich nicht die Zeit für die Vorbereitung nehmen – ich weiß es nicht. So gibt es also bei manchen festlich angekündigten Partys verschiedene selbstgebackene Kuchen mit und ohne Rosinen sowie bunte Nudelsalate. Es ist für mich jedenfalls ein seltsames Gefühl, wenn ich auf solchen „gemütlichen" Partys sowohl den Gast als auch die Gastgeberin spielen soll.

Die Deutschen unternehmen bekanntlich viele Reisen ins Ausland und haben dabei garantiert die Gastfreundschaft anderer Kulturen kennen gelernt. Manche haben bestimmt auch Kontakt zu den Einheimischen gehabt und dort Feste miterlebt. Trotzdem, zu Hause angekommen, schotten sich viele wieder ab, so dass alles beim Alten bleibt.

Wie war das noch: „Mein Nachbar ist ein netter Türke, aber ..."? Abgesehen davon, dass sich die Deutschen auch untereinander sehr schwer mit der Nachbarschaftspflege tun, ist auch die **nachbarschaftliche Beziehung zu Ausländern** nicht sehr erfreulich. Einige Nachbarn, die Ausländer von vornherein ablehnen, erwidern nicht einmal meinen Gruß. Wenn ich meinem Mann von solchen Begegnungen erzähle, will er es nicht glauben, dass diese Nachbarn ihn freundlich grüßen und mich nicht.

Ich habe hier sehr gute Freunde gewinnen können, die tolerant sind und mir oft geholfen haben, mich nicht als Fremde zu fühlen und weniger Heimweh zu haben. Trotzdem, nach all diesen persönlichen Erlebnissen und Erfahrungen, stellt sich immer die gleiche Frage, was man machen könnte, um die Situation, in der wir Ausländer uns befinden, akzeptabler zu gestalten. Ich denke, es wäre schon ein Schritt nach vorn, wenn Deutsche und Ausländer lernen würden, einander „Guten Tag" zu sagen. Zumindest wäre es ein erster Schritt, um das **Verhältnis zwischen Deutschen und Ausländern zu verbessern.**

Die Autorin

Mina Djamtorki ist Iranerin und wurde in Ahvaz geboren. Nach Abschluss der Schulausbildung, teils im Iran, teils in Deutschland, erfolgte eine fotografische Ausbildung; später studierte sie Betriebswirtschaft. Sie interessiert sich für Sprachen und fremde Kulturen und fotografiert leidenschaftlich gern Menschen und ihre Umwelt. Sie ist quer durch Europa gereist. In Kanada hat sie für kurze Zeit gelebt, Kalifornien kennt sie von Besuchen. Sie besucht ihre Heimat Iran regelmäßig. Zur Zeit studiert sie Iranistik, um mehr über die Kultur des Iran und letztendlich über sich selbst zu erfahren.

Mit „Persisch – Wort für Wort", das im Reise Know-How Verlag in der Kauderwelsch-Reihe erschienen ist, möchte sie dazu beitragen, dass sich Iraner und Deutsche besser verstehen und so eine Brücke zwischen beiden Kulturen schlagen.

Pascale Eberhard

DEUTSCHLAND:
WIE GOTT IN DEUTSCHLAND?

Interkulturelle Kommunikation war für mich immer ein wichtiges Thema, auch bevor ich gebeten wurde, für dieses Buch zu schreiben. Seit 20 Jahren lebe ich mit Unterbrechungen in Deutschland und arbeitete in dieser Zeit als Europa-Referentin von deutschen und französischen Universitäten und als Sprachdozentin. Allerdings ist mein Interesse für interkulturelle Kommunikation seit je nicht nur intellektueller Natur (als Bestandteil meines Germanistik- und Soziologie-Studiums in Paris), sondern auch ein roter Faden in meinem Berufs- und Privatleben in Frankreich bzw. in Deutschland.

Bevor ich nach Deutschland kam, hatte ich in Paris mit einem Marokkaner zusammen gelebt und am eigenen Leibe erfahren müssen, dass **Frankreich** seine Vergangenheit in den ehemaligen Kolonien verdrängt hatte und immer noch verdrängt. Trotz erster Ansätze, sich mit den Foltermethoden der Franzosen im Algerienkrieg auseinanderzusetzen. Mehr oder weniger versteckter **Rassismus** war unser Alltag, der mich manchmal zur Verzweiflung, aber auch immer mehr in kritische Distanz zu meiner eigenen Kultur brachte. Jahre später haben rassistische Parolen eines *Le Pens* bei den letzten französischen Präsidentenwahlen einen Höhepunkt erreicht. Für mich ist es zwar eine Enttäuschung, aber keine Überraschung.

Mit meinen 48 Jahren gehöre ich der Generation an, die mit den **Kriegserlebnissen ihrer Eltern** unmittelbar in Berührung kam. Als Tochter eines ehemaligen KZ-Insassen (Dachau) war ich besonders betroffen. Es war für mich als Teenager ein großer Schock zu begreifen, zu welchen Grausamkeiten die Menschen fähig waren. Dennoch war mein Vater bemüht, ein nuanciertes Bild von Deutschland zu vermitteln. Denn er wusste, dass die ersten Opfer des Nationalsozialismus Deutsche selbst gewesen waren. Er erzählte mir auch von den Verfolgungen, denen französische Protestanten im 17. Jahrhundert ausgesetzt waren. Wenn mein Vater die Grausamkeiten des Konzentrationslagers überlebt hat, so war dies seiner unerschütterlichen Hoffnung auf eine bessere Welt zu verdanken. Seine Visionen knüpften sich eng an den Gedanken der Völkerverständigung von *R. Schuman, Adenauer* und de *Gaulle.*

So wuchs ich auf mit dem Wissen um die potentielle menschliche Barbarei sowie mit der Hoffnung auf Frieden in Europa und begann mein Germanistik-Studium. Gleichzeitig beteiligte ich mich an einigen politischen Aktionen zugunsten von Ausländern in Frankreich. Damals erfasste ich noch nicht, in welchem Maße kulturelle Unterschiede die zwischenmenschliche Kommunikation beeinflussen. Ich konzentrierte meinen Blick auf das Gemeinsame und Verbindende. Ich war immer bemüht, die **positiven Seiten jeder Kultur** zu sehen und erfuhr dadurch eine große Bereicherung. Wegen der moslemischen Frauenfeindlichkeit fiel es mir jedoch sehr schwer, mich für eine französisch-marokkanische Zusammenarbeit zu engagieren. Umgekehrt hat mich Deutschland trotz der Nazivergangenheit wegen seiner kulturellen und geistigen Nähe angezogen, zumal beide Länder von der Aufklärung und der Französischen Revolution tiefgehend geprägt wurden.

Heutzutage spricht man auf internationalen Treffen oder Tagungen, z. B. mit chinesischen oder lateinamerikanischen Partnern, von Europa, als wäre es eine homogene Gesellschaft mit ähnlichen Traditionen und Erfahrungen. Der europäische Aufbauprozess hat in der Tat den Austausch beispielsweise zwischen **Deutschen und Franzosen** alltäglich gemacht. Kann dann der Alltag und das Berufsleben einer Französin in Deutschland noch für Überraschungen oder gar für einen Kulturschock sorgen?

Als überzeugte Kosmopolitin und Germanistikstudentin sammelte ich meine ersten beruflichen Erfahrungen in Deutschland. Ich betreute **französische Jugendgruppen,** die in deutschen Gastfamilien untergebracht waren. Im vormittäglichen Deutsch-Unterricht drückten die französischen Schüler gleich nach ihrer Ankunft ihr großes Erstaunen über die Gastfreundlichkeit der deutschen Familien aus. Das hatten sie anscheinend nicht erwartet! Auf die Frage wieso, wussten sie keine Antwort.

Allerdings schlug die Begeisterung der Franzosen um, als eines Tages ein französischer Schüler **von seiner Gastfamilie beschuldigt** wurde, Geld gestohlen zu haben.

Mit dem deutschen Koordinator wurden wir zu einem „Gespräch" eingeladen. Eine Diskussion mit den Gasteltern war jedoch nicht möglich. Der französische Schüler hatte zwar die Tat geleugnet, aber sie waren fest überzeugt, dass er der Dieb war, und wollten ihn gleich anzeigen. Meine Frage, wie ihr gleichaltriger Sohn den Vorfall sah, löste einen richtigen Streit aus. Es sei eine Unterstellung, ihr Sohn würde die Anwesenheit des Franzosen ausnützen, um so etwas Schlimmes zu machen. In der Tat war ich überrascht, dass der junge Franzose die Tat so radikal abstritt und dass der Sohn der Familie unbehelligt blieb. Ich war vor allem entsetzt über die Unfähigkeit, darüber in Ruhe sprechen zu können, und die Bereitschaft, ohne konkrete Beweise sofort nach gerichtlichen Mitteln zu greifen.

Der französische Schüler war fertig. Mit dem deutschen Koordinator sprachen wir mit ihm und schlugen den Gasteltern die sofortige Rückkehr des Schülers nach Frankreich vor. Ihre Drohung, eine Anzeige gegen den Schüler zu erstatten, nahmen sie nach einer langen Diskussion zurück. Sie sahen ein, dass solch ein Verfahren für einen 14-jährigen Jungen psychische Folgen haben könnte. Ich kümmerte mich um den Jungen, bis sein Vater ihn abholte und beobachtete, wie der Junge die Verhaltensweise seiner Gastfamilie sofort in Verbindung mit der **nationalsozialistischen Vergangenheit Deutschlands** brachte.

Es war für mich eine große Enttäuschung, weil ich meine Arbeit gerade als kleinen persönlichen Beitrag zum Abbau von solchen pauschalen Vorurteilen sah. Allerdings merkte ich auch in mir den ersten Zweifel an meinem dezidierten Kosmopolitismus, der mich blind für die Last der Geschichte gemacht hatte. Zwar hatte ich den französischen Schülern im Unterricht von den deutschen Opfern des Terror-Regimes erzählt und sie gewarnt, das Verhalten von einigen heutigen Deutschen mit der Nazivergangenheit in Verbindung zu bringen. Aber, ob ich es wollte oder nicht, der Nationalsozialismus hatte in den Köpfen und Seelen viele Spuren hinterlassen.

Bei diesem Jungen waren – trotz Versöhnungspolitik – plötzlich die Ressentiments seiner Eltern oder der Generation seiner Eltern ans Tageslicht getreten. Für diese Situation dürfte auch das **politische Klima in Deutschland** eine Rolle gespielt haben. Zur damaligen Zeit war Deutschland von der Gewalt der Baader-Meinhof-Gruppe und der darauf folgenden polizeilichen Maßnahmen geprägt. Auch wenn ich diese Gewalt nicht unterstützen konnte, verstand ich die Motive und die dahinter stehende Verzweiflung der jungen Generation, die unter der Last der Geschichte litt. Sie wollte ihre Väter und Mütter dazu bringen, das Schweigen über das Terror-Regime des Dritten Reiches sowie über ihre eigene Vergangenheit zu brechen. Ein Klima der Angst und des Misstrauens überschattete das öffentliche, aber auch das private Leben in Deutschland.

War das Verhalten dieser deutschen Gastfamilie ein Einzelfall? Versuchte sie nicht auf diesem Wege, familieninterne Kommunikationsprobleme auf einen Fremden unbewusst abzuwälzen? Hätte eine französische Gastfamilie im umgekehrten Fall auch sofort mit einer Anzeige gedroht? Ich vermochte damals aufgrund meiner inneren Überzeugung keine Antwort auf diese Fragen zu geben. In den folgenden Jahren wehrte ich mich weiterhin gegen Verallgemeinerungen über die **angeblich typisch deutschen Verhaltensweisen,** die von meinen ausländischen Kommilitonen in Deutschland artikuliert wurden. Mir waren zwar Unterschiede bewusst, aber ich wusste, meine Erfahrung war nicht repräsentativ. Ich befand mich sogar in der unbequemen Situation, je weiter ich die deutsche Kultur studierte, je schwieriger wurde es mir, über die Deutschen etwas Pauschales zu sagen.

Ich machte sehr gute Erfahrungen als **Sprachassistentin an einem deutschen Gymnasium** in Frankfurt/Main. Dort war das Arbeitsklima sehr offen und kollegial. Was mich damals sehr überraschte, war die Macht der Eltern innerhalb der Schule und umgekehrt die übertriebene Vorsicht der deutschen Lehrer gegenüber den Schülern und Eltern. Die Schüler empfand ich oft als unerzogen und die Lehrer als zu lasch. Für meine Begriffe herrschte manchmal Zirkusstimmung im Klassenraum. **Autorität** war an deutschen Schulen tabu. In den Diskussionen mit meinen Kollegen stellte sich heraus, dass ich allein mit meinem Bedürfnis nach mehr Strenge war. Meine deutschen Kollegen verspürten auf jeden Fall keine Respektlosigkeit. Zum ersten Mal in meinem Leben kam ich mir wie eine autoritäre Lehrerin vor, bei der die Schwelle zwischen Toleranz und Respektlosigkeit nicht so leicht zu passieren war.

Später kam ich im Auftrag des französischen Konsulats in Frankfurt/Main in Berührung mit deutschen Firmen. Als Dolmetscherin beobachtete ich die Oberflächlichkeit von vielen französischen Exporteuren und umgekehrt die Professionalität von deutschen Unternehmen, denen wir begegneten. **Geschäftsverhandlungen mit deutschen Firmen** waren stets hart, weil ihre Ansprüche hinsichtlich der Qualität und des Preises sehr hoch waren. Hier lernte ich als Literaturwissenschaftlerin die goldene Regel des Preis- und Leistungsprinzips zu schätzen. Unter dieser Perspektive und, soweit ich es beurteilen konnte, schien mir meistens die Ablehnung von Geschäftsbeziehungen seitens der Deutschen gerechtfertigt.

Nur eines störte mich: die **Arroganz,** mit welcher manche deutschen Händler behaupteten, die deutschen Produkte seien die besten. Wegen der strengen Auswahl der Rohstoffe. Wegen der akribischen Herstellungsverfahren. Wegen des hervorragenden Vertriebs. Hinter diesen Behauptungen spürten wir, die französischen Exporteure und ich, dass französische Produkte von vornherein keinen guten Ruf hatten. Es hatte wohl mit dem Bild, das sich deutsche Manager von Franzosen machten, zu tun. Ein zwar fantasievolles und genussfähiges Volk, das jedoch nicht richtig arbeiten konnte! Es war also kein Wunder, dass es viel Überzeugungskraft und viel Ausdauer erforderte, ein Geschäft mit deutschen Partnern abzuschließen. Allerdings, wenn eine mündliche Übereinstimmung gefunden wurde, konnte man sich darauf verlassen. Für Geschäftspartner ist gerade **Zuverlässigkeit** eine hoch zu schätzende Qualität. Ich schämte mich umgekehrt, wenn sich deutsche Unternehmer darüber beklagten, dass Lieferfristen oder Vereinbarungen von französischen Herstellern nicht eingehalten wurden.

Etwa vor einem Jahr machte ich eine andere Erfahrung, die wieder das Thema Nationalsozialismus und diesmal mich direkt betraf. Ein Schlüsselerlebnis wurde es, weil ich feststellen musste, dass meine Familiengeschichte in mir immer noch präsent war und emotionale Reaktionen auslösen konnte. Auch war es der Anlass zu wagen, Verhaltensweisen als „typisch deutsch" abzustempeln. Meinen Prinzipien zum Trotz.

Vor der Frankfurter Universität hielt mich ein Antiquitätenhändler ohne Vorankündigung am Arm fest und schrie mich an, er wolle mich anzeigen, weil ich ein Buch gestohlen hätte. Er ließ mich überhaupt nicht zu Worte kommen, sondern überschüttete mich mit **Beschuldigungen schlimmster Art.** Ich war zunächst völlig verschreckt und sprachlos vor diesem irrationalen Hass, der aus ihm quoll.

Ich hatte in der Tat ein Buch von *Paul Celan* in meine Tasche gesteckt, das ich bei einem Kollegen von ihm bezahlt hatte. Eine junge Frau unter den anderen Passanten hatte wohl die Szene mitbekommen und sagte dem Mann, er übertreibe ein bisschen. Ihre Worte, die Mitgefühl zeigten, taten mir gut. Erst allmählich verwandelte sich meine anfängliche Erstarrung in eine **unkontrollierte Wut** gegen diesen schreienden Mann. Da er nicht auf meine Erklärungen reagierte und immer noch schrie, brüllte ich zurück, dass solche Leute wie er *Paul Celan* und noch Tausende andere ins Exil oder ins KZ verbannt hatten, dass mein Vater als ehemaliger Widerstandskämpfer und KZ-Insasse für andere Werte als die der Barbarei überlebt hatte! Erst als der Händler, bei dem ich das Buch bezahlt hatte, dem immer noch schreienden Mann meinen Kauf bestätigte, ließ er mich los! Von einer Entschuldigung wollte er allerdings nichts wissen. Zitternd am ganzen Körper ging ich weiter. Nach 15 Minuten ging ich zum Bücherstand zurück und wollte das Buch zurückgeben. Der Versuch blieb jedoch erfolglos.

Im Nachhinein bin ich über meine starke emotionale Reaktion sowie über die Inhalte meiner Einwände erstaunt. Meine Familiengeschichte mag meine Betroffenheit erklären. Vielleicht hatte der deutsche Händler schon genug Diebstähle erlebt, die seine Reaktion, wenn nicht entschuldigen, mindestens erklären könnte. Nichtsdestoweniger glaube ich, dass hinter diesem Erlebnis auch eine typische Verhaltensweise der Deutschen steht: Oft habe ich beobachtet, dass sie **bei Konflikten nach rechtlichen Mitteln greifen,** ohne Versuch, die Probleme im direkten Kontakt zu regeln. So bin ich immer überrascht, dass fast jeder Deutsche eine Rechtsschutzversicherung hat und für jede Lappalie darauf zurückgreift. Warum wird in Deutschland auf eine fremde Autorität gesetzt? Warum wählt man einen unpersönlichen Weg für die Konfliktbewältigung? Was ich in der dargestellten Situation vor allem vermisst habe, ist Kommunikationsfähigkeit. Zumindest hätte ich eine Bereitschaft erwartet, dem Anderen zuzuhören. Ein Zurückgreifen auf rechtliche Mittel ermöglicht keine Annäherung, **keinen Dialog** und schließt jede Tür für eine Verständigung.

Diese Erfahrungen sind jedoch für mich in keiner Weise eine Bestätigung der in Frankreich immer noch verbreiteten Meinung, Deutschland sei eine autoritäre Gesellschaft, die **Disziplin und Ordnung** als höchste Tugenden schätze. Die Situation in Schulen habe ich schon geschildert. Dort habe ich ein anderes Verständnis von Disziplin und Ordnung erfahren als in Frankreich.

Es bilden sich überall **Bürgerinitiativen in Deutschland,** wenn die zivile Gesellschaft das Gefühl hat, ungerecht behandelt zu werden. Ich erinnere mich an die Reaktion der Deutschen, als in den 1980er Jahren der deutsche Staat eine Volkszählung durchführen wollte. Da diese von breiten Schichten als Einmischung in die Privatsphäre empfunden wurde, riefen einige Bürgerinitiativen zum Boykott auf. Überall bildeten sich Unterstützungskomitees, die eine hervorragende Diskussionsgrundlage und eine sehr kompetente Beratung anboten.

Frankreich, das Land des zivilen Ungehorsams? Zwar wird in Frankreich viel gestreikt und gegen Entlassungen demonstriert, aber meistens werden korporative Interessen vertreten, wie diejenigen von Lokführern oder von Ärzten, die ohnehin als privilegiert gelten können. In Frankreich haben Volkszählungen nie zu organisiertem Ungehorsam geführt. Auch im Zuge der Demonstration gegen Atomkraftwerke kam in Deutschland eine ausgeprägte Kritikfähigkeit zum Ausdruck, die ich als Französin vorbildlich fand. Elektrizitätswerke, die Atomkraftwerke betrieben, mussten sich mit dieser Kritik auseinander setzen und nach Alternativen suchen. Heute ist in Deutschland der Atomausstieg ein aktuelles Thema, das nicht nur von Grünen behandelt wird. In Frankreich dagegen verursacht das Monopol von EDF mit ihren riesigen Atomanlagen noch heutzutage wenig Aufruhr. Noch habe ich die ironischen Bemerkungen meiner französischen Freunde über die angeblich unbegründeten Ängste der Deutschen nach Tschernobyl in Erinnerung. Dass in dieser Angelegenheit die französische Presse vieles gar nicht berichtete, weil sie zensiert wurde, konnten sie nicht glauben.

Im Mai 1989 näherte sich meine Doktorarbeit ihrem Ende. Ich unternahm erste Schritte, um eine Stelle zu finden. Ich wollte nicht mehr nach Paris zurück, sondern in einer deutsch-französischen Grenzregion arbeiten. Auch der Germanistik war ich überdrüssig und wollte etwas Konkretes tun für die **deutsch-französische Zusammenarbeit** und Europa. So schien mir die SaarLorLux-Region ein ideales Terrain für mein Engagement zu sein. Ich schickte Bewerbungen nach Metz und nach Nancy sowie nach Saarbrücken.

Der Präsident der **Saarbrücker Universität** ließ mich unmittelbar nach Erhalt meines Briefes für eine Terminvereinbarung anrufen. Kurze Zeit danach empfing er die unbekannte Doktorandin mit größtem Interesse und Offenheit. Dieser Universitätspräsident war nicht nur als begeisterter Vertreter der deutsch-französischen Zusammenarbeit, sondern auch als Mensch zugänglich. Von französischen Universitäten hingegen habe ich keine einzige Antwort erhalten. Ohne Vitamin B (Beziehungen) ist dort offenbar nichts möglich.

An den **französischen Universitäten,** an denen ich studiert hatte, hatte ich von Professoren bestenfalls Distanz oder Gleichgültigkeit, manchmal auch Verachtung erfahren. War das ein Zufall oder gar ein persönliches Problem? Den Eindruck, nicht ernst genommen zu werden, weil man nicht den gleichen intellektuellen Kenntnisstand hat, teilten jedoch meine damaligen Kommilitonen mit mir.

Im Jahre 1999/2000 führte ich für ein universitäres Projekt **Interviews mit französischen Studenten** durch, die an der Universität des Saarlandes ein Studienjahr verbrachten. Ich befragte sie über ihre Erfahrungen an der Universität. Ich nahm an, dass sich im Vergleich zu meiner Studienzeit einiges an französischen Universitäten geändert hatte und dass infolgedessen ihre Erlebnisse in Deutschland sich nicht stark von ihren Erlebnissen in Frankreich unterscheiden würden. Stattdessen traf ich französische Studenten, die über das offene und zugängliche Verhalten deutscher Professoren sehr erstaunt waren. Auch dass deutsche Studenten ihre Professoren offen kritisierten, überraschte sie. Deutsche Studenten seien aktiv an ihrem Lernprozess beteiligt, während französische passiv auf die Informationen ihrer Professoren warteten und sich nicht trauten, ihnen zu widersprechen. Es scheint sich in der Tat an französischen Universitäten wenig geändert zu haben. Hierarchie ist immer noch für alle Befragten das Hauptmerkmal der Beziehungen zwischen **Professoren und Studenten** und sie sprechen mit einer Mischung aus Ehrfurcht und Angst von ihnen.

Die Erfahrung dieser französischen Gaststudenten unterscheidet sich im Wesentlichen nicht von meiner Erfahrung als Europa-Referentin an deutschen und französischen Universitäten.

Die **Organisationsstruktur der deutschen Universitäten** ist weniger hierarchisch als die von französischen Universitäten. Man erreicht deshalb problemlos die entscheidenden Personen, seien es Professoren in Leitungsgremien oder Mitglieder der Verwaltung. Sie haben fast immer Zeit für einen Austausch über die zur Diskussion stehenden Vorgänge. Professionalität kennzeichnet die Art und Weise, wie innerhalb von deutschen Universitäten Information vermittelt wird und Besprechungen vorbereitet und durchgeführt werden. Zugegebenerweise hatte ich am Anfang meine Schwierigkeiten mit dieser Arbeitsweise, die mir als zu oberflächlich und zu rigide vorkam. Meine Reaktion war wahrscheinlich die einer Germanistin, die daran gewöhnt ist, jedes Wort abzuwägen, bevor sie zur Entscheidung kommt! Wahrscheinlich reagierte ich zudem als Französin, deren Kultur auch im Berufsleben anders als in Deutschland ist. Der Behandlung von beruflichen Belangen geht in Frankreich meistens eine persönliche Kontaktaufnahme voraus. Als Mitarbeiterin einer Universitätsverwaltung lernte ich jedoch die Vorteile der deutschen Arbeitsweise schätzen. Denn Organisationstalent und Sachbezogenheit ermöglichen eine rasche Erledigung der offenen Fragen und somit schnellere Entscheidungen als bei französischen Universitätsverwaltungen. Der Energieaufwand ist auch viel kleiner. Das Gefühl, dass sich etwas bewegt in dieser Molochorganisation, bringt Motivation und Zuversicht.

Umgekehrt täuscht die lockere Umgangsform der Franzosen – auch innerhalb von Universitäten. Nicht nur dass die Dienstwege innerhalb **französischer Universitätsverwaltungen** strikt eingehalten werden. Es herrscht immer noch ein starker Zentralismus, der dazu führt, dass der französische Staat die Universitäten in der Provinz bevormundet und benachteiligt. Zwar haben Universitäten eine Autonomie für ihre interne Organisation, aber bei universitätspolitischen Prioritäten, die die Verteilung von Geldern bestimmen, gibt Paris den Ton an. Dieses spürte ich im Bereich der Auslandsbeziehungen ganz besonders. Im Alltag einer Saar-LorLux-Kooperation sind diese Gegebenheiten sehr erschwerend, weil sie die Entscheidungsprozesse verlängern und viele lokale Akteure aus dem Hochschulbereich und außerhalb frustrieren. Wie oft teilten mir – zu Recht – meine deutschen Ansprechpartner ihre Unzufriedenheit und Ungeduld darüber mit, dass bestimmte Abkommen von den französischen Partnern immer noch nicht ratifiziert wurden und deshalb die Angelegenheit in Deutschland nicht vorangetrieben werden konnte. Nicht selten fingen sie verständlicherweise an, an dem wirklichen Willen ihrer lokalen französischen Partner zu zweifeln. Diese Stimmung ist in der Tat keine gute Basis für eine deutsch-französische Zusammenarbeit.

Als Französisch-Dozentin an einer deutschen Universität erlebte ich 1999 eine Situation, die mich zum Nachdenken über die „Deutschen" und über mich brachte. Es war zur Zeit der Diskussion über die Relevanz eines **NATO-Angriffes im Kosovo-Krieg.** In den Vordergrund der Diskussion wurden von den meisten Studenten juristische Argumente gestellt. Die NATO habe keine Befugnisse für eine solche Intervention. Dabei waren längst nicht alle Studenten Juristen, die aufgrund ihres Studiums in der damaligen Konfliktlösung eine „bloße" rechtliche Angelegenheit hätten sehen können.

Was war also das Motiv für eine angesichts des grausamen Leidens der albanischen Bevölkerung so kühle Argumentation? Mit meinem Verstand war es mir klar, dass sich dahinter die Angst einer Generation versteckte, Deutschland könne sich nach dem Bosnieneinsatz wieder **an einem Krieg beteiligen.** Die deutsche Friedensbewegung war immer der Meinung, Deutschland solle aufgrund seiner Geschichte auf der Rechtsgrundlage beharren – auch in der internationalen Politik. Einerseits fand ich diese Argumente lobenswert. Waren sie nicht ein Zeichen, dass man in Deutschland die Lehren aus der Geschichte wirklich gezogen hatte? Anderseits empfand ich ein Unbehagen. Warum?

Ich war der Meinung, 54 Jahre nach Kriegsende sei Deutschland ein Land wie jedes andere und dürfe sich nicht der Verantwortung entziehen, Farbe zu bekennen, zumal es meiner Meinung nach vor allem darum ging, **Menschenrechte zu verteidigen,** da, wo sie so grausam verletzt wurden. Mein juristisch fundiertes Argument kam aber nicht an. Ich stellte meinen Studenten die Frage, ob sie auch so argumentieren würden, wenn sie dort Familienangehörige hätten. Alle schwiegen. Gewiss. Meine Äußerung hatte sie völlig überrascht und befremdet.

Um aus der Sackgasse zu kommen, erklärte ich, warum ich über eine rein juristisch begründete Ablehnung des NATO-Angriffes entsetzt war. Aufgrund meiner Familiengeschichte konnte ich nur betroffen sein. Viele Funktionäre des Nazi-Regimes haben bekanntlich Vorschriften berücksichtigt, indem sie sie von dem menschlichen **Schicksal der Betroffenen** getrennt haben. Das Ausklammern der menschlichen Konsequenzen und das Berufen auf ein System oder auf Regelungen hatte zur Folge, dass die Verantwortung des Einzelnen nicht mehr gefragt war.

In diesem Moment wurde mir klar, woher mein Unbehagen kam. Ich vermisste bei den Studenten Betroffenheit. Dass so wenig über das menschliche Schicksal von verfolgten Albanern gesagt wurde, empörte mich. Was bezweckt ein Studium, fragte ich mich. Steht Betroffenheit überhaupt im Widerspruch zu einem wissenschaftlichen Denken?

Mein Unbehagen hing sicherlich auch damit zusammen, wie mir im Nachhinein bewusst wurde, dass ich in Deutschland auch außerhalb der Berufsphäre Betroffenheit und **menschliche Wärme** vermisse. Mit etwas Wehmut denke ich an meine Studentenzeit zurück, als ich in Frankfurter Studentenwohnheimen mit Iranern und Lateinamerikanern zusammenlebte. Trotz existentieller Sorgen waren sie voller Lebensfreude, Großzügigkeit und Menschlichkeit. Ich hatte damals wegen meiner Doktorarbeit wenig Zeit, aber was wir teilten, tat mir sehr gut ... und ließ uns vergessen, dass wir entwurzelt waren.

Selbstverständlich habe ich auch deutsche Freunde gefunden, bei denen kulturelle Unterschiede keine Rolle spielen. Im Alltag allerdings begegnete mir immer wieder verletzendes **Misstrauen und Gleichgültigkeit.** Oft geschieht es, dass meine Neugierde von unbekannten Menschen als verdächtig, meine Fragen als aufdringlich empfunden werden. Hingegen ist das mir entgegengebrachte Interesse nicht immer Ausdruck einer wirklichen Anteilnahme, sondern dient manchmal nur als Anlass, vom eigenen letzten Urlaub in Frankreich zu erzählen ...

Wird aber ein in Frankreich lebender Ausländer etwas anderes erfahren? Ich befürchte nicht. Ein **ernst gemeinter Austausch, wirkliches Interesse und Anteilnahme** sind ohnehin selten. Über die nationalen Grenzen und kulturelle Unterschiede hinaus. Dennoch werde ich nicht aufhören, danach zu suchen. Dem materialistischen und individualistischen Zeitgeist zum Trotz. In der Hoffnung, dass der angebliche Kampf der Kulturen, der uns als neue Weltordnung des 21. Jahrhunderts prophezeit wird, nicht Realität wird.

Die Autorin

1954 in Carpentras (Frankreich) geboren. Studium der Germanistik und Soziologie in Paris und Marburg. 1981 zog sie für ihre Doktorarbeit zum Thema „Deutsche Schriftsteller im Exil 1933/45" nach Frankfurt/Main. Neben ihren Forschungsarbeiten im Exilliteraturarchiv an der Deutschen Bibliothek arbeitete sie als Französisch-Dozentin an verschiedenen Einrichtungen der Erwachsenenbildung sowie als Dolmetscherin für das französische Konsulat. 1989 Umzug nach Saarbrücken, wo sie bis 1992 als Europa-Referentin der Universität des Saarlandes arbeitete. Die gleiche Stelle übernahm sie dann an der Technischen Universität Berlin, für welche sie sechs Monate in die Europäische Kommission in Brüssel beordert wurde. Ende 1994 Rückkehr nach Frankreich. In Nancy leitete sie

das Auslandsreferat des Pôle Universitaire de Nancy-Metz, das vier Hochschuleinrichtungen vereinigte. Ab Ende 1996 freiberufliche Tätigkeit für die Europäische Rechtsakademie und die Universität Trier sowie als Autorin einer CD-Rom für die Universität des Saarlandes. 1999 Gründung von Ciel de Provence: Konzeption und Durchführung von Französisch-Sprachkursen sowie interkulturellen Seminaren. Seit 1996 Mitarbeit an dem internationalen Projekt „Universität ohne Wände" unter Leitung des Anthropologie-Professors *Dr. Alain Le Pichon* (Paris I Sorbonne).

Chen Chun-yi

DEUTSCHLAND:
IM LABYRINTH ZWEIER KULTUREN

Ein Gefühl zu beschreiben, dass von vielen Leuten weder wahrgenommen noch nachempfunden werden kann, ist schwierig. Es ist das Gefühl, das sich einstellt, wenn in der eigenen Lebenswelt zwei oder mehrere **Kulturen aufeinanderprallen,** die nicht miteinander zu vereinen sind. Alte Freunde und Bekannte begreifen auf einmal nicht mehr, was mit dir los ist und umgekehrt verstehst du selbst auch sie nicht mehr. Du und deine Freunde sind im gleichen Ort groß geworden, vielleicht sogar auf dieselbe Schule gegangen, aber weil du diese eine Erfahrung einer ganz anderen Kultur gemacht hast, bist du ihnen unverständlich geworden. Wenn dir das auch noch mit deinen eigenen Familienangehörigen passiert, fühlst du dich vollkommen hilflos. Wenn nicht einmal deine Nächsten dich verstehen, wer dann?

Verschiedene Kulturen – das sind verschiedene Gewohnheiten und Sprachen. Wer ins Ausland fährt, spürt seine eigene Fremdheit bei der Verständigung und bei dem Versuch, fremde Sitten und Gebräuche nachzuvollziehen. Die kulturellen Unterschiede können einen Kulturschock auslösen. Aber um diese Art von Kulturschock geht es mir nicht. Ich möchte einen anderen Kulturschock beschreiben: einen, den man in seinem eigenen Land bekommen kann. Zuerst erzähle ich kurz von meinem einjährigen Aufenthalt in Deutschland, weil es dieses eine Jahr war, welches mein weiteres Leben tief beeinflusst hat. Dann werde ich versuchen von den Schwierigkeiten zu sprechen, die ich nach meiner Rückkehr in Taiwan bekam – vom **Schock des Heimkehrens.**

Vertrautes fremdes Land

Im September 2000 verließ ich zum ersten Mal meine Heimat – allein. Nach der Ankunft auf dem Frankfurter Flughafen saß ich im Bus und fuhr mit 12 anderen taiwanesischen Studenten nach Bonn, wo ich zehn Monate im Rahmen eines **Studentenaustauschprogrammes** verbringen sollte.

Ein Teil von mir mochte Taiwan nicht verlassen, ein anderer Teil von mir freute sich schon lange auf Deutschland. Wenn man allein im Ausland studiert oder arbeitet, scheint man ganz ungebunden zu sein, aber nach einer Weile findet man heraus, wie viele **Bindungen und Abhängigkeiten** man mit sich geschleppt hat. Da ist der Tag, an dem man sogar Mutters Kritik am unaufgeräumten Zimmer vermisst. Da ist das Abendessen, bei dem man auf einmal an das Abendessen daheim denkt. Sogar der Zank mit den Geschwistern wird auf einmal zu einer schönen Erinnerung. Sehnsucht nach Freunden und Familie belastet alle, die sich ins Ausland begeben. Und eine weitere Last sind die **Erwartungen,** die man mitbringt und die die Realität nicht erfüllen kann. Zu jener Zeit wusste ich noch nicht, dass ich mich teilweise sehr verändern würde, denn mein Deutschlandaufenthalt dauerte doch nur ein Jahr! Aber mit gemischten Gefühlen kam ich trotzdem dort an.

Das erste Problem: die Anmeldung bei der Bonner Universität. Im Akademischen Auslandsamt half uns der Sprachlehrer weiter, aber danach gab es noch viel mehr **Bürokratie.** Ich hätte mir nie vorstellen können, wie umständlich das alles ist: auf der Bank ein Konto zu eröffnen, ein Telefon anzumelden, sich auf dem Rathaus anzumelden etc.

Bei dem Versuch, mich gründlich über alles zu informieren, merkte ich, dass ich auch nach zwei Jahren intensiven Deutschpaukens mit viel Grammatik und Dialogen die **Leute nicht richtig verstehen** konnte. „Was habe ich eigentlich gelernt?", fragte ich mich ständig, wenn ich an bürokratischen Einzelheiten verzweifelte. Irgendwie fand ich auch, dass ich trotz meiner neunzehn Jahre ziemlich wenig Fähigkeiten zur praktischen Lebensbewältigung hatte. Die Verzweiflung hing wie eine dunkle Wolke über mir. Zum ersten Mal wurde mir richtig klar, wie wichtig Sprache ist, wenn man seine ersten Schritte in eine andere Kultur setzt.

Und auch: Es ist etwas anderes, über das Leben in Deutschland ein Buch zu lesen, als **selber dort zu leben.** Natürlich bekommt man durch das Lesen eine allgemeine Vorstellung wie z. B. die, dass die Deutschen Sauberkeit lieben, aber wer rechnet schon damit, dass er sich selber danach zu richten hat, wenn er dort ist? Auf einmal ist man kein Zuschauer mehr, sondern der Akteur auf der Bühne.

Ganz deutlich wurde mir das im Straßenverkehr bewusst: Wenn ich in Deutschland die Straße an einem **Fußgängerüberweg** überqueren wollte, wartete ich so lange, bis weit und breit kein Auto mehr zu sehen war, denn genauso machen wir es in Taiwan. Kein Auto würde dort für einen Fußgänger anhalten. Ich war bass erstaunt, als die deutschen Autos hielten. Ich bin immer noch erstaunt.

Genauso perplex machten mich die **öffentlichen Verkehrsmittel.** Sie waren bis auf eine oder eine halbe Minute pünktlich! Eine Überraschung kam nach der nächsten. Einen tiefen Eindruck machte auf mich der Bus, mit dem ich jeden Morgen um 8 Uhr 37 zur Uni fuhr. An die Uhrzeit erinnere ich mich deswegen so genau, weil es einmal kein Zeichen am Bus gab und man nicht sehen konnte, welche Linie das denn nun war. Aber dann geschah etwas Wunderbares. Die Leute, die an der Haltestelle warteten, hoben alle gleichzeitig die Hände hoch und schauten, wie viel Uhr es war. Es war genau 8 Uhr 37 und daher stiegen sie ein, ganz ohne Misstrauen. Nur ein Ausländer fragte den Busfahrer, um sicher zu sein. Das Vertrauen, dass die Deutschen in ihre Verkehrsmittel haben, wunderte mich wirklich, weil so etwas in der Kultur, in der ich seit zwanzig Jahren lebe, völlig undenkbar wäre.

Trotz so vieler Überraschungen verlief mein Leben in Deutschland mit wenigen Aufregungen. Ich hatte zwar im Fernsehen und auch von Freunden gehört, dass manche Ausländer schikaniert, diskriminiert oder ohne Respekt behandelt wurden, aber ich habe diese Erfahrungen glücklicherweise nie gemacht. Ich habe **Deutschland in guter Erinnerung.** Ehrlich gesagt: Ich habe in Deutschland viele gute Dinge im Alltag gesehen, die es in unserer Kultur als Ideen auch gibt, z. B. die Mülltrennung. Ansätze zur Mülltrennung gibt es in Taiwan auch, gab es sogar schon, als ich noch ein Kind war. Aber bisher ist dies noch nicht so gut umgesetzt wie in Deutschland. Es ist traurig, dass man in ein fremdes Land fahren muss, um Ideale, die man schon als Kind nahe gebracht bekam, auch verwirklicht zu sehen. Das war ein Schock, aber einer, der mit neuen, interessanten, nie erlebten Erfahrungen zusammenhing.

Die Erschütterung, die meine **Rückkehr in meine Heimat Taiwan** bei mir auslöste, war etwas ganz anderes. Wer kann sich im Voraus vorstellen, dass er selber im eigenen Land zum Ausländer werden könnte! Man sieht genauso aus wie die Einheimischen und ist innerlich doch irgendwie anders. Man steht auf einmal zwischen zwei Fronten, weil man weder ein richtiger Ausländer noch ein richtiger Einheimischer mehr ist. Damit hatte ich überhaupt nicht gerechnet, als ich nach Hause fuhr. Habe ich deswegen in meiner Heimat so viele Schwierigkeiten, weil ich in Deutschland kaum welche hatte? Die Antwort weiß ich bis heute nicht.

Fremdes eigenes Land

Taiwan ist ein kleines Land mit einer großen Bevölkerung. Die **Menschen** hier sind sehr hilfsbereit, sehr freundlich, aber auch egoistisch. Sie halten sich nicht an Regeln. Nur wenige mögen Ordnung schaffen. Die meisten von uns sind sehr tolerant, es darf gerne alles ein wenig ungenau sein. Wir können fünf Minuten auf einen Bus warten, aber wenn daraus 50 werden, nun denn. Ein Liter Suppe muss vielleicht drei Minuten kochen, aber wenn man schon nach zwei Minuten den Topf vom Herd nimmt, ist es auch egal. Man muss flexibel sein. Schon allein deswegen kann man davon ausgehen, dass zwischen deutscher Genauigkeit und taiwanesischer Lebensweise Welten liegen.

Meine Mutter und meine Schwester sind zum Flughafen gekommen, um mich abzuholen. Ich weiß nicht, was ich mit ihnen sprechen kann. Ich suche angestrengt und vergeblich nach Themen, versuche ihnen ein paar Sachen, die ich in Deutschland erlebt habe, zu erzählen. Ich sehe an ihren Gesichtern, dass sie **zuhören, ohne etwas zu begreifen.** Warum finde ich es „plötzlich" selbstverständlich, dass Autos für Fußgänger anhalten? Warum spreche ich „plötzlich" ohne Umschweife aus, was ich für richtig halte? So direkt, ohne Wenn und Aber! Ich bin manchmal selbst über **meine Art zu reden** erstaunt. Chinesen sprechen nicht einfach aus, was sie denken. So entsteht zwischen mir und den Leuten eine unsichtbare Mauer. Was in der einen Kultur für richtig gehalten wird, ist in der anderen nicht aktzeptabel.

„Zwischen der deutschen und der taiwanesischen Lebensweise liegen Welten."

Aber warum fühlt man sich **in seiner eigenen Heimat fremd?** Es gibt darauf verschiedene Antworten: Nach einer langen Reise ins Ausland kommt einem die Heimat anfangs natürlich fremd vor, weil man von den letzten Entwicklungen und Ereignissen nichts weiß. Einerseits. Andererseits ist ein Reisender, der nicht dauerhaft im Ausland lebt, ja nur auf Reisen. Seine Schwierigkeiten sind längst nicht so ausgeprägt wie die des von einem langen Aufenthalt Heimgekehrten, der im Ausland seinen Alltag bewältigen musste und sich bei der Rückkehr nun wieder auf eine andere Art Alltag einstellen muss.

Nach nur einem Jahr Deutschland ist mir Taiwan fremd. Die vertraute Sprache hilft nichts. Sogar meine Familie ist mir ein bisschen fremd. Die **Verzweiflung** ist viel größer als die, die ich manchmal in Deutschland empfand. Ich sitze im Auto und frage mich, wieso die Autos nicht für die Fußgänger anhalten. Aber gleichzeitig bin ich auch entsetzt, dass ich so denke. Warum sollen die Autos in Taiwan auf einmal anhalten? Ich bin ja nicht mehr in Deutschland, aber ich denke immer noch deutsch.

Wer die Chance hatte, eine andere Kultur kennenzulernen, der trifft nach der Rückkehr immer wieder auf Situationen, in denen er nicht weiß, nach welchen Maßstäben er sich verhalten soll. Denke ich **wie eine Deutsche oder wie eine Taiwanesin?** Ich bin keine Deutsche, warum soll ich deutsch denken? Weil ich halt finde, dass die deutsche Denkweise auch ihre Berechtigung hat. Ich bin ständig in der Zwickmühle und die Leute um mich herum schauen mich an, als sei ich superkomisch. Zwei Seelen wohnen in mir.

Das Gefühl der Fremdheit zu Hause kommt meistens, weil ich Fragen stelle, die ich zuvor nie gestellt habe. Ich sehe z. B. im Fernsehen viele traurige Gesellschaftsnachrichten. Dann frage ich mich, warum ich mir das noch eine ganze Stunde anschauen soll, wenn es mich nur deprimiert. Aber sofort fällt mir auch auf, wie ungewohnt meine Frage ist. Schließlich habe ich es zwanzig Jahre so gemacht, warum wird mir auf einmal unwohl dabei? Ich merke daran, wie sehr mich die **anderen Lebensgewohnheiten** schon beeinflusst haben. Oder wenn ich einkaufen gehe, nehme ich meine Einkaufstasche mit. Jedes Mal, wenn ich den Leuten dann sage, dass ich keine Plastiktüten brauche, gucken sie ganz komisch. Vielleicht muss man die Gewohnheiten, die man aus der anderen Kultur mitgebracht hat, mit der Zeit wieder ablegen und zu den heimatlichen Gepflogenheiten zurückfinden.

Aber vielleicht ist das **Heimkommen als „Fremde" auch eine Chance.** Es ist zwar wahr, dass ich gelegentlich sehr unpassend auf meine Umgebung wirke, aber ich habe auch die Möglichkeit, mein eigenes Land unter anderen Perspektiven neu zu entdecken. Wenn man immer am gleichen Ort lebt, hat man diese Chance nicht. Und man hat auch nicht die Wahl, nach welchen Werten man leben möchte oder nach welchen Maßstäben man auf Herausforderungen reagieren kann.

Die Suche nach dem Ausgang

Eine Kultur allein ist schon ein Labyrinth, aber ein **Labyrinth, das sich aus zwei Kulturen zusammensetzt,** ist doppelt so kompliziert und dort herumzuirren, ohne den Weg nach draußen zu wissen, ist wirklich schwer. Andererseits hat jedes Labyrinth seinen Ausgang, und eines Tages wird er zu finden sein.

Das Schlimmste für mich war die Erfahrung, dass auch engste Freunde zu Fremden werden können. Aber vielleicht ist daran auch nichts Besonderes. Es ist ja eigentlich selbstverständlich, dass Kulturen unterschiedlich sind und der Wechsel von der einen zur anderen Probleme bereitet. Habe ich wirklich einen Schock bekommen? Ich weiß es nicht. Vielleicht waren es einfach nur Gewöhnungsprobleme, die daraus resultierten, dass ich beide Kulturen ständig miteinander verglichen habe. Vielleicht hilft es, die eine Kultur nicht mit der anderen zu vergleichen, sondern zu versuchen, **beide Kulturen zu verstehen.** Mit der Zeit wird es leichter werden, oder?

Die Autorin

Ich heiße Chen Chun-yi und bin 22 Jahre alt. Ich bin am 25. März 1980 in Taipei, Taiwan, geboren. Zur Zeit wohne ich noch in Taipei und bin Studentin. Ich bin ledig und lebe noch bei meiner Familie, d. h. meiner Mutter und zwei jüngeren Schwestern. Vier Jahre habe ich Germanistik an der Tamkang-Universität in Taipei studiert, das dritte Studienjahr (2000/2001) absolvierte ich im Rahmen des im obigen Beitrag beschriebenen Studentenaustauschprogrammes in Bonn. Von September 2002 an werde ich in Bonn Germanistik weiter studieren. (Foto der Autorin siehe Seite 96.)

Manfred Ferner

TÜRKEI:
ZWISCHEN WELTEN UND
UNGLEICHZEITIGKEITEN –
BEETHOVEN IN ANATOLIEN

Reise, o Freund, aus dir selber und in dein eigenes Herz.

(Mevlana Celalledin Rumi)

An die flache, weitgehend dunkle Silhouette des Hauses erinnere ich mich noch genau. Wie eine unsinkbare Insel im Strom längst eingeebneter Reiseerinnerungen ist sie geblieben, ja an bildhafter Deutlichkeit sogar gewachsen.

Es ist schon seltsam (und dies nicht nur mit Reiseerfahrungen): Wo und wann sich welche Eindrücke zu besonders lang wirkenden **„Schlüsselerlebnissen"** verdichten, steht nicht nur außerhalb der Macht, sondern auch außerhalb der momentanen Beurteilungsfähigkeit des Reisenden. Es kann Jahre stiller Arbeit bedeuten, bis sich die volle Bedeutung eines Erlebnisses – das einem immer wieder vor Augen tritt – eröffnet.

Ein Beispiel sei der Rückflug nach meiner ersten Indienreise: In sieben faden Stunden **überflog ich ein Gebiet, für das ich auf dem Hinweg vier Monate gebraucht hatte.** Unter mir und unsichtbar lagen die duftenden Shish-Kebap-Buden von Afghanistan, die bizarre, mondgleiche Wüste von Belutschistan (eine der schönsten der Welt!), die Paschtunen-Dörfer, in deren einfachen Lehmhäusern ich geschlafen und bei Kerzenschein Tee getrunken hatte, der staubige, majestätische Khaiber-Pass, das wildschöne Tal des oberen Euphrat, der Ararat – und viele, viele Gesichter und Gespräche, die mich bis heute und wohl immer begleiten werden. Und dieses Flugzeug fegte in sieben gesichtslosen Stunden über all diese erarbeiteten und er-fahrenen Inhalte und Szenen hinweg, kondensierte all diese räumlichen Qualitäten in zwei amerikanische Videofilme mit flankierendem Plastikessen. Es verzerrte und entleerte so nicht nur den geografischen, horizontalen Raum, es nivellierte, ja vernichtete zugleich den historischen, vertikalen Raum, jene qualitative „Ungleichzeitigkeit" der Welt, die eine der Quellen der Kulturvielfalt ist. (Der geografische Raum umfasst die Oberfläche, also die „Breite" – daher horizontal; der historische Raum dagegen enthält die zeitliche „Tiefe" – deshalb vertikal.)

Irgendwo da unten schob mein ostanatolischer Bauer mit den Händen an seinem Pflug mühselig Furche um Furche. Er hatte sich, als er mich bemerkte, einfach neben dem Pferd auf seinen Acker gesetzt und mich mit einer Geste an seine Seite geladen, als wäre das der natürlichste und bequemste Diwan der ganzen Welt.

Irgendwo da unten und schon hinter mir fuhren jene pakistanischen Stadtbusse, die in der Mitte durch ein Gitter unterteilt waren; hinten pferchten sich die Männer, vorne, beim Einsteigen die Zipfel des schwarzen Umhangs, des *Tschadors* im Mund, die Frauen – getrennte Räume, in denen Männer von Frauen und Frauen von Männern träumten.

Irgendwo da unten trabten alte Esel- und Pferdekutschen durch das abendliche, vorwiegend von Kerzen oder Feuern beleuchtete Herat, auf dem Bock Männer mit prachtvollen Turbanen, auf der Ladefläche johlende Kinder und geduckt die Frauen mit ihren *Burkas* (Ganzkörperschleier in Afghanistan).

Irgendwo da unten atmeten die jahrhundertealten Kraftlinien einer präsenten Vergangenheit, lebten in Farben, Düften, Geräuschen, in erdigen Gesichtern. Und was für Gesichter! Mochten sie hell oder dunkel, sorgenvoll oder froh sein, ihnen allen war gemein, dass sie die Spuren ihres fast noch geschlossenen Raums trugen, eines Raums, der sie beherrschte, und nicht sie ihn. Sie waren sein Spiegelbild, Ausdruck seiner Kargheit, seiner Härte – aber auch seiner identifizierenden Schönheit und Würde. Die Stewardess dagegen, die mir mein Plastikessen brachte, lächelte mir den weltweiten Schönheitstraum der Moderne ins Gesicht: den Traum von der Überwindung der Spuren, von der Abwesenheit der Falten, von ewiger Glätte und zeitloser Jugend, kurz: den Traum von der Überwindung des Raums samt seiner Macht, die Zeit zu füllen.

Eines der kennzeichnendsten Merkmale westlichen Denkens liegt darin, dass der Mensch der Moderne das Verhältnis von Raum und Zeit dank seiner technischen Erfindungen (Telefon, Fernsehen, Internet, Flugzeug etc.) verschieben, ja bestimmen zu können glaubt. Alle anderen Kulturen – das gilt für die traditionelle japanische wie die der Tuaregs – beziehen ihr Denken aus einer mehr oder weniger **geschlossenen Räumlichkeit.** Deren natürliche, vom Menschen unabhängige Kräfte und Strukturen stellen gleichsam den Rahmen dar, in dem das Leben, die Kultur sich einrichtet. Der Westen „kultiviert" und beansprucht den ganzen Globus (Globalisierung), er sprengt und übertritt Räume, deren regionale Gesetzlichkeiten und Kulturen er kaum mehr ernst nimmt. Dagegen stellen die geschlossenen Kulturen – unschwer erkennt man ihren agrarisch-regionalen Charakter – inselhafte Räume dar, die notgedrungen innen wie außen immer kleiner und schwächer werden. So dünkt sich der Westen als unendliche, raumsprengende **Linie** ewigen Fortschritts, die Anderen dagegen erscheinen als statische **Kreise,** die nur das sind, worin sie verharren.

Die chronologische **Uhrzeit** – ebenfalls eine Erfindung des modernen Menschen – verbirgt die ungleichzeitige Räumlichkeit der vielen Kulturen in einem abstrakten Quantum: das des Stundenzeigers, und suggeriert damit die Gleich-zeitigkeit von Zuständen, die alle ihren jeweilig eigenen Takt haben.

In zehn Stunden kann man von Europa sowohl Amerika, Afrika als auch Asien erreichen, aber nur den wenigsten dürfte bewusst sein, dass sie in Wirklichkeit in jeweils **verschiedenen Zeiten** landen; die geografische, quantitativ zurückgelegte Strecke mag gleich sein – die kulturelle, qualitative liegt um Jahrzehnte oder gar Jahrhunderte auseinander. So dass verständlich wird, dass die nahe Türkei oder auch Marokko **kulturell viel weiter entfernt** sind als Kalifornien oder British Columbia. Man muss lange, lange reisen, um die Räume der erstgenannten Länder zu erfahren, während man im zweiten Fall nach nur 12 Stunden beim Nachbarn aussteigt.

Womit auch bereits die Fragen der „inneren" Reise angesprochen sind. Ich hatte – zumindestens anfangs – nie die Ambition, irgendwo „anzukommen", soll heißen: die kulturelle Identität zu wechseln. Ich war Reisender, und als solcher war ich Gast; von einem **Gast** weiß man, dass er ein Fremder ist, und dieser weiß, dass er in der Fremde ist. Ich habe diese „Sondersituation", die von beiden Seiten (!) den Willen und die Anstrengung zur Begegnung voraussetzt, immer genossen.

In dieser **Begegnung** liegt prinzipiell für beide Teile sowohl die Erfahrung von Offenheit wie auch Begrenzung. Erstere ermöglicht wechselseitig das Zugehen auf den anderen, die Begegnung mit dessen Kultur; die wiederum wechselseitige Grenze erleben beide Seiten, wenn sie ihre unterschiedliche Identität und ihre **Andersartigkeit wahrnehmen.** Der letzte Punkt – der in jeder Begegnung, sogar in der individuellen der eigenen Kultur täglich erfahren werden kann! – ist natürlich der kniffligere, denn der flüssige Schwung des leichten „Aufeinander-Zu" findet sich plötzlich gehemmt, gestockt, missverstanden, vielleicht auch nur „vertrocknet". Es ist dieser Punkt, an welchem sowohl der Reisende wie auch der Gastgeber die Situation aufheben können, indem sie den gemeinsamen Raum – das Gespräch, das Treffen, die Einladung – wieder verlassen. Dies wird häufig vorkommen, es ist sozusagen der Normalfall der Reise, und er kann – bei etwas Erfahrung und Fingerspitzengefühl – in aller Regel mit einem durchaus **gegenseitigen Plus (Austausch)** enden. Gemäßigte Erwartungen produzieren keine großen Enttäuschungen bzw. erleichtern das Schenken und Beschenkt-Werden.

Ganz anders aber sieht die Sache aus, wenn der Zureisende den Anspruch hat, mehr als ein Gast zu sein. Und wenn er als freiwilliger oder gar unfreiwilliger **„Dauergast",** d. h. als temporärer (z. B. Expatriate, Student) oder gar bleibender Immigrant kommt. Er büßt nicht nur die bequeme Kontrolle der Räume ein, er verliert auch mehr oder weniger den „Schutzstatus" des Fremden, ohne aber Einheimischer zu werden. Denn der Weg bis dahin, wo man die Alltäglichkeit des anderen Kulturraums wirklich teilt, kann lang, sehr lang sein. Wobei der oben beschriebene psychologische Prozess zunächst recht ähnlich daherkommen mag: Das Aufeinander-Zugehen wird euphorisch als Gewinn (Gemeinschaft), das Trennende ent-täuscht als Verlust (Vereinsamung) erfahren.

Die meisten, so denke ich, kommen nie ganz an, aber sie kommen auch nie wieder ganz zurück. Sie landen in jenen größer werdenden **Zwischenwelten** der Moderne, kulturellen Verschmelzungen, unmitteilbaren Individualitäten – Zwischenwelten, die sich aus und über gesprengten Räumen bilden.

Auch mir erging es nicht anders, allerdings in gleichsam umgekehrter Form. Die überwältigend positive Summe meiner **Reiseerfahrungen** schien lange für mich lediglich eine Schatzkammer der Erinnerung zu sein. Dazu zählte ich bewusst auch die selteneren, aber durchaus vorgekommenen Situationen, die konfliktgeladen waren: der junge vollgekiffte Marokkaner, der mir mitten in der Teestube – ohne, dass wir uns kannten – ins Teeglas spuckte und mir mit hasserfülltem Gesicht das Wort „Imperialist" entgegenzischte; der Sudanese in einem Dorf nahe Juba, der uns anknurrte, ob wir nach Afrika kämen, um ihre Lebensmittel zu essen; oder der Rikschafahrer in Madras, mit dem ich mich fast prügelte, weil er nicht bereit war, einen unverschämt hohen Preis zu korrigieren. Auch das gehört dazu, nicht nur, weil es zu denken gibt, sondern weil eine Anwesenheit ohne Reibung keine Anwesenheit ist.

Eine grundsätzliche, wesentliche Veränderung meiner selbst wurde mir dagegen erst langsam bewusst, und das an einer „Front", wo ich es gar nicht erwartet hatte. Zunächst bemerkte ich, dass **Reiseerlebnisse zwar beschreibbar, aber nicht wirklich mitteilbar** sind. Ich kann für einen Tag in der Wüste oder für eine herzliche Einladung bei den Tuaregs die passenden Adjektive suchen, und dennoch bleibt der Hörer, der die Szenerie, die Gerüche, das Lachen und das Schweigen nicht aus eigener Erfahrung kennt, außen vor. Atmosphäre und Raum sind vielleicht beschreibbar, aber eben nicht re-produzierbar. Dieser Punkt, die Nicht-Mitteilbarkeit einer qualitativ anderen Welt und Zeit, führte zu einer gewissen Isolierung, einer Trennung von all den Daheimgebliebenen, die von dieser Welt wenig oder auch gar nichts wussten. Und diese Erfahrung war umso stärker und deutlicher, je weiter der **kulturell zurückgelegte Abstand** war. Es waren die alten, geschlossenen Kulturkreise, die somit den „vollsten" Geschmack der Reise an sich hatten, d. h. afrikanische und asiatische Länder wie auch diejenigen europäischen Regionen, die – ungleichzeitig zu der allgemeinen Entwicklung des Landes – in einer gewissen „Rückständigkeit" noch die alte räumliche Geschlossenheit erkennen ließen. Es war hier, wo die Reise ihren vertikalen, zeitlichen Charakter am deutlichsten offenbarte und wo die Erfahrung tiefer Andersartigkeit wirklich existierte und zu grundsätzlichen Vergleichen anregte.

Dieses vertikale Reiseerlebnis führte mich geradezu zu den beiden oben bereits erwähnten **Grundtypen von Kultur:** Da ist zum einen die „westlich" offene, moderne, raumsprengende Kultur, in der die chronologisch ablaufende Zeit immer schneller und wichtiger wird, da unendlich viele Räume (Ziele) durcheilt werden. Auf der anderen Seite steht die „östlich" geschlossene, rückständige, raumabhängige Kultur, in der es noch viele Elemente einer agrarisch kreishaften Lebenskultur gibt, die noch über große Zeitflächen verfügt.

Dieses Gegensatzpaar sollte sich bald noch um einige Adjektive erweitern, denn mein Wandeln zwischen den Welten forderte nun doch seinen Preis: Ich erinnere mich nicht sehr genau, wie ich einmal nach einer mehrmonatigen Reise aus Westafrika ziemlich unvermittelt mit dem Flugzeug nach Frankfurt zurückkehrte. Völlig erschlagen passierte ich die glitzernden Geschäftskolonnaden des Flughafens, ihre überbordenden Konsumherrlichkeiten, ihre Reklame- und Puppenwelten. Was für ein Luxus und was für ein Überfluss! Was würden jene Kinder der Sahelzone, die uns mit ihren leeren Wasserkanistern hinterhergelaufen waren, sagen, sähen sie dieses **materielle Schlaraffenland?** Und wie würden sie ungläubig staunen, versuchte man ihnen das scheinbare Paradoxon zu erklären, dass die Kinder hier, für die Wasser, Kleidung, Nahrung und vieles andere das Selbstverständlichste der Welt waren, dass diese Kinder im gleichen Alter weniger lachten und tobten als sie selbst? Dass diese Kinder inmitten ihres dinglichen Überflusses oft einsamer, bestimmt aber **nicht notwendig glücklicher** waren? Und was war los mit den Leuten, die im Stechschritt in pfeilgeraden Linien durch die Flughalle hasteten, mit verhärteten, geschlossenen Gesichtern, die meisten – ich hätte gewettet! – frustriert, ohne es vielleicht zu wissen, in modischer Maske, aber ohne jedes Strahlen, geschweige denn Ausstrahlung? Ich merkte an den Bewegungen der anderen, wie langsam und schlurfend ich selbst ging, ging ich doch noch in Afrika, in einer anderen Zeit; ich kam nicht mit – und ich wollte auch nicht. An diesem Tag hätte ich tausend Eide geschworen, dass die westliche Welt tatsächlich und keineswegs im wörtlichen Sinne ver-rückt, ja krank war. Mit dieser Kultur der Pfeillinien und Schaufenster, deren ausgestellte Puppen die leuchtenden Vorbilder der grauen Originale zu sein schienen, **mit dieser Kultur, die meine Kultur war, stimmte etwas nicht:** Sie lief irgendeinem Wahn hinterher, sie war wahn-sinnig. Seltsam war es auch zu wissen, dass ich in einigen Tagen diese unnatürliche, wächserne Patina so nicht mehr fühlen und sehen würde, dass all das, was jetzt so überdeutlich anders war, dann wieder normal sein würde.

Und so war es natürlich auch.

Aber die Symptome, die anzeigten, dass sich in meiner **kulturellen Identitätsachse** etwas verschoben hatte, häuften sich. Anlässlich einer Firmentagung in einem exklusiven Hotel freuten sich alle Teilnehmer unserer Abteilung auf das hervorragende Mittagessen. Ein Arbeitskollege murmelte entzückt etwas von „nouvelle cuisine", als auf übergroßen Tellern zwei Kartoffeln und hauchdünne Fleischscheibchen in einer deliziösen Sauce mit angrenzender Salatgarnitur kredenzt wurden. Die Gesichter am Tisch hielten sich ebenso würdig und steif wie die hin und her eilende Bedienung, die außer dem Essen wohl noch Lebensstil zu servieren suchte. Der Teufel wollte es, dass mir genau in diesem Moment die riesigen Hände von *Djamal* in den Sinn kamen: Mein algerischer Freund, ein Bauer aus der Kabylei, hatte eine Art zu essen, die ich niemals vergessen werde. Er zerriss das Fleisch und teilte das Brot mit so natürlichen, zugegeben fast tierisch aussehenden Gesten, wie ich es niemals wieder später bei einem anderen Menschen gesehen habe. In der gleichen Weise aß er, dem Essen völlig hingegeben, zielstrebig und flüssig, frei von jeder Manier. Er war ein feiner Kerl, und wir haben viel gelacht. Hier, an diesem opulenten, manieristischen Tisch war mir nicht nach Lachen zumute. Ich entschuldigte mich mit dem Hinweis, überhaupt keinen Hunger zu haben, was mir die erstaunten Blicke aller einbrachte, konnte man so ein Essen – und noch dazu auf Firmenkosten – doch nicht einfach ausschlagen! Hätte ich ihnen erklärt, was in mir vorging, sie hätten es nicht verstanden, ja sich vielleicht beleidigt gefühlt.

Längst war ich in Diskussionen über den Islam, die Dritte Welt sowie ihr Verhältnis zum Westen in eine Außenseiterrolle geraten. Besonders das (fehlende) Wissen und die von Angst gekennzeichneten Vorurteile über den islamischen Nachbarn zeigten mir, wie gelenkt und abhängig das Kulturbild auch im sich aufgeklärt dünkenden Westen ist. Ein Teil meines Inneren, das sich mit den Reisen gebildet hatte – welch schönes deutsche Wort! –, ließ sich einfach nicht mehr an diese **meine „Heimatkultur"** anschließen, und ich merkte, dass ich nach jedem „Zurückkommen" ein bisschen genauer Abschied nahm. So wurde ich zwar nicht äußerlich, aber doch in einigen Innenbereichen in meiner eigenen Kultur ein Fremder, ein zumindestens partiell Nicht-Heimischer, der sich immer mehr zurückzog.

Zudem bemerkte ich, dass sich nicht nur mein Verhalten, sondern auch mein Fühlen und Sehen mit dem jeweiligen kulturellen Raum zu ändern begannen. Ich ging nicht mehr so sehr – wie früher – davon aus, dass ich mich in prinzipiell „offenen" Situationen bewegte und diese durch mein „freies" Verhalten mitgestaltete, sondern eher von dem umgekehrten Fall, nachdem der jeweilige **kulturelle Raum mein Verhalten und dessen inneren Code bestimmte.** Oder einfacher gesagt: Mein Verhalten lag nicht so sehr in mir, sondern in der wechselnden Situation (Raum). Da ich aber die Räume wechselte und nicht in einer geschlossenen Kultur lebte, wie mein anatolischer Bauer oder mein berberischer Freund *Djamal*, gab es für mich keine „einfache" Identität mehr. Ich lebte in, zwischen und über den Räumen, und jener Wunsch nach Heimat und Ankunft, der wohl jedem Menschen innewohnt, arbeitete sich an unterschiedlichen Kulturwerten ab

Auf der Suche nach diesem glücklichen Zustand war ich in eine etwas janushafte **Doppelgesichtigkeit** geraten: So wie ich in der Fremde äußerlich fremd blieb, mich aber innerlich wohlfühlte, verkehrte sich dieses Verhältnis, wenn ich „daheim" war: Äußerlich fühlte ich mich zu Hause, innerlich dagegen fremd. Als mich ein Bekannter einmal fragte, wo ich mich denn hingehörig fühle, antwortete ich spontan und plakativ: irgendwo im östlichen Mittelmeer. Denn dort war die **Grenzlinie zwischen West und Ost,** zwischen Asien und Europa, jene Linie, wo westliche und östliche Kultur sich treffen und immer getroffen und bekämpft haben.

Und es war an dieser Stelle, dass die **Türkei** – schon lange eines meiner „Lieblingsländer" – eine fast schon symbolische Bedeutung für mich bekam. Das Land auf zwei Kontinenten, offiziell laizistisch (Laizismus = „Trennung von Staat und Kirche"), de facto islamisch (was einander widersprechende Kulturgrößen sind!), an den Küsten griechische Ruinen und westliches Urlauberleben, in Anatolien Hackpflug, *yörüks* (Nomaden) und Kopftuch. Das Land, über dessen Identität man streiten kann, ja das sich selbst nicht einig ist, ob es nach Osten oder nach Westen gehört. Das Land, in dem die anatolischen Bauern jede Neuerung mit Argusaugen beobachten, während die Politiker und Yuppies der Istanbuler Börse nach Europa wollen. Wo die Ersteren vom Muezzin, die Letzteren vom Handy gelenkt werden. Eines der schönsten Länder der Welt – und eines der zerrissensten.

Besessen von meinem janusköpfigen Pendant bereiste ich nicht nur das Land, sondern auch seine Vergangenheit. Ich kannte jeden Feldzug, jeden Sieg und jede Niederlage der Osmanen. Unter den osmanischen Sultanen stellte dieses Land die **letzte islamische Offensive gegen Europa** und insofern auch die letzte Infragestellung der sich entwickelnden westlichen Weltkultur dar. Offenes gegen geschlossenens, vernunftgläubiges gegen theokratisches System, linearer Fortschritt gegen gottgewollte Beharrung: Mit dem Sieg der Ersteren ging die jahrhundertelange Periode der relativen kulturellen Gleichgewichtigkeiten zu Ende. Das Land, das die letzte Speerspitze und eines der mächtigsten Reiche des Islams gewesen war, vollzog „als kranker Mann am Bosporus" unter *Atatürk,* der Sultan und Kalif gleichermaßen vor die Tür setzte, den **Übertritt zum ehemaligen Gegner.** Es war ein Übertritt der Vernunft, nicht des Herzens, es war ein Sprung in eine Zukunft, die bei vielen Dorfbewohnern jenseits des Taurus bis heute noch nicht angekommen ist. Sicher, in Istanbul, Izmir und Antalya scheint die westliche Lebenskultur Fuß gefasst zu haben, aber nur wenige Kilometer weiter erreicht man eine andere Zeit, in der das Leben kreist und nur die Abwanderung der jungen Leute anzeigt, dass auch hier die Moderne – indirekt – eingebrochen ist.

Die Neigung zu einer fremden Kultur stellt wohl immer auch eine Selbstaussage dar. Das Gefühl, dass dieses Land, die Türkei, gerade in seiner kulturellen Widersprüchlichkeit für mich einen kaum mehr zu überbietenden Reiseraum symbolisierte, führte dazu, dass ich – vorsichtig und mit Vorbehalten – zum ersten Mal nach Orten der Ankunft Ausschau hielt. Auch hier gäbe es Vieles und durchaus Konträres zu notie-

Teegarten bzw. Teehaus – das „Wohnzimmer" der Männer

ren, aber ich will nur den mir wichtigsten und schönsten herausgreifen: den **Teegarten** bzw. das **Teehaus.** Die Türkei verfügt über eine besonders breite Palette dieser himmlischen Institutionen: Das Grundmodell, das in jedem Dorf anzutreffen ist, besteht aus einem einfachen, nackten Raum, vor dessen Tür ein paar Stühle, Hocker und vielleicht ein oder zwei Teetischchen stehen. In der Luxuskategorie rangieren zum Beispiel die Teegärten des prachtvollen Karaalioglu-Parks hoch über der Bucht von Antalya oder – in Istanbul – der kleine besinnliche Teegarten der Kütschuk Aya Sofya, wobei sich „Luxus" nicht so sehr auf die etwas gehobenere Ausstattung, sondern allein auf das herrliche Ambiente bezieht.

Ein türkischer Teegarten serviert den Rize-Tee vom Schwarzen Meer immer in Tulpengläsern – Tassen gibt's im Touristencafé –, und er ist, wie ein Sprichwort sagt, zumindest in seiner ursprünglichen Reinkultur das uneingeschränkte **„Wohnzimmer der Männer".** Sind Frauen dennoch anwesend, so handelt es sich entweder um den Aile-Bereich (Familienbereich, in dem Männer ohne weibliche Begleitung nicht zugelassen werden) eines klassischen Teegartens oder um ein gehoben modernes Szene-Etablissement, das in aller Regel nur in den westlichen Regionen und Städten des Landes vorkommt und von bärtigen, gestandenen Tee-Trinkern gemieden werden wird. Denn abseits der Küste und großen Städte ist der Teegarten – wie schon gesagt – der ausschließliche Mußeraum der Männer; man unterhält sich, spielt *tavla*, raucht, dreht den *tespih* (islamischer Rosenkranz), oder man tut nichts von alledem, beobachtet die streunende Katze oder den vorbeifahrenden Wagen, sitzt und schaut, bis der Tag – oder wenigstens die Stunde – rund ist.

Das ist eine äußerliche und somit mangelhafte Beschreibung dessen, was der Türke *keyif* nennt. *Keyif*, in etwa mit Muße zu übersetzen, ist der Garant für einen gelungenen Tag, sozusagen sein stiller Höhepunkt. Denn es passiert nichts oder nur wenig. Womit die türkischen Teegärten das verzweifelte, in riesengroßen Lettern an eine Wand geschriebene Motto einer modernen internationalen Umweltkonferenz seit Jahrhunderten vorbildhaft implementiert haben: „Tun Sie einmal was für die Umwelt und das Klima – tun Sie nichts!"

Im Ernst: Einen friedlicheren Himmel auf Erden werden Sie nirgendwo finden. Wohin man auch von hier geht – nach Hause zu den Frauen, an die Arbeitsstelle, zum Einkaufen oder gar nach Deutschland –, es ist ein Abstieg, ein Zurückgehen in die treibende Hektik der Halbzustände, in die Sorgen des Besorgens, in das Dasein für das Morgen und Übermorgen. Der Teegarten bzw. das Teehaus ist der Ort der Freiheit von all dem, er ist eine Chiffre gelungener Ankunft, ein **bescheidenes, irdisches, allerdings männliches Paradies.**

Einmal, nur ein einziges Mal habe ich an diesem bescheidenen türkischen Tempel auf Erden und seiner Größe gezweifelt – womit ich zu der Anekdote komme, die auf das eingangs erwähnte Haus zurückführt.

Es war vor Jahren, dass ich in diesem Land, dem *Atatürk* die westliche Zivilisation per Dekret diktiert hatte, in einer der religiösesten Städte Anatoliens meinen abendlichen Heimweg ins Hotel antrat. Ich war schon seit Tagen in Konya, der Stadt des großen Mystikers *Mevlana Celalledin Rumi,* dessen Grabstätte im gleichnamigen Derwisch-Konvent jeden Tag nicht nur die Busse der Touristen, sondern auch Massen von Gläubigen anzieht. Während Letztere die auch heute noch ungebrochene religiöse Attraktivität des Ordens dokumentieren – trotz der jahrzehntelangen säkularen Politik der türkischen Regierung –, kommen Erstere meist wegen des mysteriösen Rufs, den die „Tanzenden Derwische" weltweit genießen.

Dieser mystische **Tanz der Derwische** trägt deutlich astrale Züge: Mehrere Tänzer umkreisen – wie die Sterne die Sonne (das göttliche Licht) – in ritueller Form einen zentralen Tänzer, um sich in Ekstase zu versetzen. Ekstase heißt hier: Welt-entrückung und Vereinigung mit dem göttlichen Prinzip. Der von der *ney* (Langflöte) und verschiedenen Trommeln begleitete Kreistanz zielt somit – und das sollte mir später am Abend in umgekehrter Form wieder in den Sinn kommen – auf Verwirklichung durch Ent-wirklichung, soll heißen: auf das Absterben der äußeren, ohnehin nur scheinhaften Welt.

Auch für mich hatte dieser Tag mit Musik begonnen, nämlich mit einem Besuch bei *Zafer*. Sein Teppichladen stand unweit des Mevlana-Konvents, und er hatte mich zu einer kleinen Vorstellung eingeladen. Im geräumigen Kellergeschoss seines Geschäftes, das normalerweise als Vorführraum für Teppichverkäufe genutzt wurde, hatten sich zwei junge **Saz-Spieler** eingefunden, sozusagen traditionell orientierte Musikstudenten, die auf ihrer Langhals-Laute übten und dabei gern das kleine Publikum unterhielten. Wir waren nicht mehr als sieben Personen – alle Männer –, die sich in lockerer Atmosphäre auf den kissenbedeckten Bänken um die Musiker gruppiert hatten. Natürlich gab es Tee, aber gesprochen wurde wenig, da alle den flirrenden Fingern der Saz-Spieler folgten.

Danach schlenderte ich gemütlich über die Mevlana Caddesi, die Hauptstraße Konyas, in Richtung Zentrum; ich hatte nichts Besonderes mehr vor, ein Zustand, den ich mir besonders gerne für den letzten Tag in einer Stadt aufbewahre, kann man so doch ziellos durch die Straßen flanieren und in aller Ruhe die kleinen alltäglichen Szenen beobachten, die der zielgerichteten Eile oft entgehen.

Natürlich landete ich am Nachmittag in einem der schattigen Teegärten des Alaeddin Tepesi. Der kreisrunde kleine Park stellt so etwas wie die grüne Oase im geschäftigen Zentrum dar; er ist einer der beliebtesten Anlaufpunkte all derjenigen, die *keyif* betreiben wollen. Gern schloss ich mich der träg entrückten Atmosphäre an, verdöste meine Zeit beim Tee und ließ mich von türkischer Musik in unbestimmte Welten des Innen und Außen schaukeln. Schaukeln – das ist das richtige Wort, denn die **türkische Alltagsmusik** hat melodisch etwas Kreisendes, wie es beim oben bereits erwähnten Kreistanz der Derwische angesprochen worden ist. Für kulturell weit entfernte Ohren mag es sich nervtötend anhören – wie oft sagten mir westliche Mitreisende oder Bekannte, wie entsetzlich sie das „immer gleiche Gejaule" fänden –, für mich ist es eine der beruhigendsten und farbenreichsten Musikformen überhaupt. Selbst in der flachen Arabesk-Musik (schwülstige Schlagermusik) – deren Schwulst und Schwermut in der Türkei von höchster politischer Ebene offiziell bekämpft wurde, würde es die Menschen doch zu Fatalismus, ja Selbstmordgedanken treiben! – findet man jene orientalische Grundstruktur der Harmonie, die ich als ein „Runden" und „Kreisen" bezeichnen würde. Gesang wie Instrumente durchlaufen bzw. bilden schillernde „Klangarabesken", die sich um zentrale Läufe ranken, die immer wieder die gleichen Leitern auf- und absteigen. So ist der Hörer – trotz der auf den ersten Blick überbordenden Vielfalt tonalen „Schmucks" – vom ersten bis zum letzten Ton in einem homogenen, geschlossenen „Tonraum" eingebunden. Und selbst ungeübte Ohren werden nach einigem Zuhören zugeben, dass die Auf- und Abwärtsbewegung gut mit dem Gang des Dromedars verglichen werden kann, jenes kreisende, etwas „ovale Schaukeln" des Wüstenschiffs, das stetig auf- und niedergeht und in seinen Wellen etwas von zeitloser, mindestens aber großräumiger Harmonie mit sich trägt. Diese Musik reflektiert den weiten, aber gleichbleibenden Raum, oder korrekter gesagt – sie kommt aus ihm, seinem Fühlen, seiner erlebten Realität. Sie illustriert, verziert diesen Raum, aber sie sprengt ihn nicht. Und so wie keyif nichts anderes als das Muße-Zimmer dieses Raums ist, so ist das für Europäer so fremd und lang-weilig klingende orientalische Tongewirr mit seinen Halb- und Vierteltönen seine Seele.

Welch ein herrlicher Tag!

Es dämmerte schon, als ich mich restlos entspannt von meinem Hocker erhob, um in die Welt und zum Hotel zurückzukehren. Ich war schon wieder auf der Hauptstraße, der Mevlana Caddesi, als mir einfiel, dass ich auf diesem Weg an dem Laden von Selim vorbeikommen würde. Selim, der immer vor der Tür seines kleinen Geschäftes saß, hatte mich bereits drei Mal zu einem Tee eingeladen, und drei Mal hatte ich ihn vertröstet und erklärt, dass ich beim nächsten „Vorbeikommen" garantiert bei ihm einkehren würde. Eine vierte **Absage,** das war mir klar, konnte ich mir nicht leisten, ohne ihn zu beleidigen. Schon beim letzten Mal hatte sein Gesicht meine Ausflüchte und Vertröstungen mit einem etwas säuerlichen Ausdruck quittiert; und in der Tat, wer in diesem gastfreundlichen Land drei Mal eine ausgestreckte Hand nicht annimmt, hat die Oberkante des Vertretbaren erreicht und läuft Gefahr, für unfreundlich gehalten zu werden. Ich hatte also allen Grund, mich für mein Verhalten etwas zu schämen; aber genau dieses Eingeständnis ließ nun keine großen Gelüste in mir aufkommen, den bisher so leicht dahinschwebenden Tag mit dem Begleichen einer „Schuld" zu beenden. Und da ich Selim nicht beleidigen, mich aber auch nicht aus der schweigenden Muße vertreiben lassen wollte, entschuldigte ich mich innerlich bei Selim und schlug äußerlich einen Haken nach links, um auf einer kleinen, engen Nebengasse meinem Ziel zuzusteuern. Allah, der Allwissende und alles Sehende, muss mein Kneifen bemerkt haben, denn in dieser Gasse wartete ein Donnerwetter auf mich.

Es war mittlerweile fast ganz dunkel geworden, und da der stellenweise ungeteerte Weg kaum erleuchtete Geschäfte besaß, mussten die Straßenunebenheiten mit den wenigen Lichtern der Wohnhäuser vorsichtig ausgelotet werden. An einem dieser Häuser war ich fast schon vorbei, als ich plötzlich wie angewurzelt stehen blieb, ja geradezu festgehalten wurde: Ich hörte zum dritten Mal an diesem Tage Musik, aber es waren Klänge – nicht zu laut, aber deutlich –, die ich anfangs überhaupt nicht zuordnen konnte, ja die mich völlig verwirrten. Sie waren mir bekannt, sehr bekannt, aber ich musste erst einen anderen „Film" einlegen, irgendetwas fundamental Grundsätzliches in mir umdrehen, das Kreisen des Tages in eine ansteigende Linie zwingen, um zu erkennen, dass aus dem Haus hinter mir die **Klänge der Neunten Symphonie von Beethoven** kamen. Ich starrte in Raum und Zeit verwirrt ungläubig, ja fassungslos auf das flache, höchstens einstöckige Haus, an dem das Licht zweier kleiner Fenster einen hellen, etwas unregelmäßigen Putz erkennen ließ. *Beethovens* Neunte in Konya! Wer musste dort wohnen? Sicherlich ein überzeugter Kemalist, der die nicht ganz zweckfreie Vorliebe *Atatürks* für Klassik und *Goethe* als selbsterzieherisches Vorbild ansah; oder aber ein Alevit, ein Vertreter jener den Schiiten nahe stehenden muslimischen Minorität, die für ihren größeren Individualismus bekannt ist und den religiös-kulturellen Fatalismus (das „Kreisen" im *kismet* = Schicksal) der sunnitischen Mehrheit naserümpfend ablehnt; oder vielleicht auch beides. Ich zögerte; sollte ich an die Tür klopfen und lachend sagen, dass ich einen einheimischen Fremden aus meiner Kultur getroffen hätte? Er hätte mich – da bin ich mir sicher – mit türkischer Freundlichkeit ins Haus gebeten, um mir vielleicht zu erklären, dass jene Türkei, die der Derwische und des *keyif,* die versunkene, mindestens aber versinkende Fremde sei, der er keine Träne nachweine. Und er wäre entzückt gewesen, mir beweisen zu können, wie nahe die moderne Türkei der zivilisatorischen Heimat – meiner Kultur! – schon gekommen sei. Er würde mich als Freund, als kulturellen Bundesgenossen im Kampf um die türkische Identität begrüßen, als selbstverständlichen **Verehrer Beethovens und des Fortschritts,** als Vertreter des gelobten Landes, in das *Atatürk* seine Kinder führen wollte.

Ich klopfte nicht, starrte aber noch immer auf das Haus. Niemand war zu sehen, es gab weit und breit keines jener Geräusche, die sonst einer türkischen Stadt ihr heimisches Flair geben: keine hupenden Autos, keine versteckt klagende Arabesk-Musik, keine Kebab-Gerüche, nicht der Ruf des Muezzins, nicht einmal schnarrende Gitter, die das Ende des Arbeitstages verkündeten. Es war unnatürlich still, so als ob im Umkreis dieses Hauses eine andere Zeit, ein exterritoriales Vakuum mit anderen Gesetzen herrschte. Natürlich weiß ich heute, das das unmöglich ist, dass ein Taschenspielerstück des Zufalls all meine Sinne auf einen Punkt schrumpfen ließ, der eher meinem Innen als dem Außen entsprach, aber damals kam es mir wirklich so vor: **Ich war nicht mehr in der Türkei.** Der gleichmäßige Alltagszauber eines kreisenden Tages war zerbrochen.

Das Adagio, der mir liebste, weil friedlich perlend fließende Teil der Neunten, war verklungen, und es hoben – leise drohend, dann stolz anschwellend und schließlich marschierend, ja marschierend! – die Akkorde jenes Finalsatzes an, dem wie ein Deus-Ex-Machina das Programm entspringt: „O Freunde, nicht diese Töne, sondern lasst uns freudenvollere anstimmen". Plötzlich drehte ich mich um, ich hatte keine Lust, auf „diese Töne" zu warten, und stolperte ganz in undeutlichen Gedanken zum Hotel zurück.

Erst als ich auf dem Bett saß, gelangten die Eindrücke des Außens wieder zu mir, aber sie waren so **fremd,** so weit weg von jedem vorher verspürten Gefühl von Angekommen-Sein: die geschmacklose, an einigen Stellen abstehende, ja zerrissene Tapete erschien mir plötzlich unsäglich hässlich, die dürftige Inneneinrichtung – ein schiefes Bett, ein wackliger Stuhl, die nackt offenstehende Kommode – erschreckend ärmlich, die beiden Bilder an der Wand – das größere eine Werbefotografie der Tuffpilze von Göreme (touristisches Pilgerziel in Anatolien), das kleine eine vergilbte Nachzeichnung des Mevlana-Klosters – lieblos platziert und nichtssagend. All das wurde von der nackten, viel zu schwachen Birne in das fahle Licht unaufgeklärter Rückständigkeit gekleidet.

Seltsam, die Hässlichkeit dieses für mich völlig „normalen" Zimmers war mir vorher niemals so aufgefallen. Hätte mich jetzt jemand gefragt, **was ich hier mache** und vor allem warum ich es mache, ich hätte ihm – und mir selbst – kaum eine plausible Antwort geben können.

Frustriert verfiel ich auf eine Idee: Ich sprang auf, die Treppe hinunter und auf die Straße, um dort sofort die **erste kleine Teebude anzusteuern.** Meine türkischen „Alltagsgeräusche" waren zwar nun wieder da, aber sie kamen überdeutlich kantig, „widerständisch", eben einfach fremd daher. Die bärtigen, stumpfen Gesichter der Männer, der ergeben schlurfende Gang des Kellners, das plötzlich einbrechende Knackgeräusch der Moscheelautsprecher mit der langgezogenen, dröhnenden Rezitation des *ezan* (Gebetsruf), in dessen näselnder Harmonie und kraftvollen Würde ich mich sonst immer mit allen vereinigt fühlte – alles war verfremdet; die Dinge waren außerhalb von mir, oder ich war nicht in ihnen. In meinem Kopf summte es: „Freude, schöner Götterfunke, Tochter aus Elysium, wir betreten feuertrunken, Himmlische, dein Heiligtum." Nein – das hier, die Tee-Bude mit ihren simplen Plastikhockern und – jetzt sah ich es – dem schmierigen Tulpenglasrand, das war kein Heiligtum, kein zukünftiges Elysium, das war ein **armseliges Gestern** irgendwo zwischen fataler Resignation und uranatolischer Bescheidenheit.

Was war los? Sollte ich mich in meinem Teegarten-Paradies getäuscht haben? War es denn möglich, dass eine Hymne, nur weil sie in linearer

Dramatik eine globale Verherrlichung der menschlichen Vernunft vorgaukelte, ja sie überschwänglich beschwöre, eine **ganze Kultur verdunkeln,** ja un-ansehnlich erscheinen lassen konnte? Und wenn ja, woher kam dieser himmlische Schein, der Anatolien und all meine Teegärten so irdisch entzauberte? Und vor allem: War das Wahrheit oder Einbildung? Vorsichtig in die anwesenden Gesichter der Älteren spähend, versuchte ich mir vorzustellen, wie diese in ihrem Raum eingebetteten Menschen, sollten sie plötzlich *Beethoven* hören, wohl reagieren würden. Und ich war mir sicher, dass sie wohl ob der seltsam stürmischen Klänge erstaunt aufschauen, aber kaum von ihnen ergriffen und schon gar nicht fortgetragen werden würden. Sie müssten erst lernen, an den Westen zu glauben, um jenseits ihrer uralten melodischen Kreise „andere Töne anzustimmen".

Ich habe lange über diese Begegnung mit Beethoven in Konya nachdenken müssen. Wäre sie nicht so unverhofft gekommen, wäre sie in Istanbul, Ankara oder an der Touristenküste im Theater von Aspendos erfolgt, sie hätte wohl kaum jene **kulturelle Kluft** aufspringen lassen können, zwischen der sich für mich der widersprüchliche Zauber all meiner Reisen – und meiner Teegärten – spannte. Und es sollte noch einige unwillig verbrütete Nächte dauern, bevor ich wieder einigermaßen dicht in anatolischen Räumen und Klängen lebte. Noch Tage danach ertappte ich mich während des Teetrinkens in meinen geliebten – alten, klapphockrigen, verrauchten – Teegärten bei dem Experiment, dass ich mir innerlich die Neunte vorsummte, und das Resultat war immer gleich: **Beethoven und die Atmosphäre meiner Teegärten waren inkompatibel!** Sie sprachen von verschiedenen Welten und Zeiten, und sie pflegten eine unterschiedliche Erde und einen noch unterschiedlicheren Himmel. Da wo der eine war, konnte der andere nicht sein! Wer mit Gewalt und con allegro den Durchbruch des Neuen, den lauten Jubel auf Erden beschwört – und sei's nur als „Gesamtkunstwerk" –, wird den, der bescheiden das kleine Glück des Tees schlürft und gebunden im ewig gleichen Raum den Namen Allahs preist, sicherlich an Pepp und Pomp übertreffen, schwerlich aber an stillem Glück.

Heute würde mich Beethoven nirgendwo mehr überraschen, da ich weiß, dass ihm bald und immer mehr die **ganze Welt** zuhören wird – und zwar, wie zum Beispiel Japan beweist, auch jener (wohlhabende !!) Teil, der aus historisch gänzlich anderen Harmonien kommt. „Seid umschlungen, Millionen, diesen Kuss der ganzen Welt." Sicher bin ich mir aber auch darin, dass dieser „Kuss" – vor 200 Jahren ein zweifellos von allen „fortschrittlichen Geistern" aufrichtig proklamiertes Aufbruchsignal globaler Hoffnung – nicht die Rettung der kulturellen Pluralität, sondern

vielmehr ihre Vernichtung, soll heißen: Nivellierung, bedeuten wird. Denn wenn Kultur die jeweilige Besonderheit der menschlichen Gemeinschaft in ihren geografischen, sozialen und religiösen Räumen darstellt, dann wird das vor Jahrhunderten begonnene „Projekt der Zivilisation" – nota bene: der westlichen Zivilisation – die reale **Andersartigkeit der Kulturen nicht bewahren, sondern beseitigen.** Die westliche Zivilisation muss dies tun, weil die vor, durch und hinter Beethoven mitmarschierenden Armeen der geistigen, materiellen und vor allem wirtschaftlichen Kräfte gar nicht anders können, als überall die Räume mit ihren Inhalten zu besetzen und Grenzen zu übertreten, wo immer sich diese auftun. Begriffen hat das nicht nur *Kemal Atatürk,* der – den *fes* (alte türkische Kopfbedeckung) verbietend und mit geschwenktem Panamahut winkend – die 250-jährige Kette türkischer Niederlagen dadurch beendete, dass er die Türkei in das kulturelle Lager des ehemaligen Erzfeindes führte. Auch die anderen Asiaten, die Afrikaner, die Indianer Amerikas durften und dürfen, von diesen Armeen „beglückt", „befreit" und „entdeckt", **an unserem Zivilisationsprojekt teilhaben.** Denn wir sind es, die wissen, wie eine Gesellschaft politisch auszusehen hat, wir wissen, welche Wirtschaftsform die beste ist, wir sind es, die die „Menschenrechte" definieren, wir haben die Mittel, auf dem Globus alle Ressourcen zu fördern. Und wir sind es, die – in naher Zukunft – Ordnung in das genetische Chaos bringen und zudem ins All fliegen können, um – ist der Planet trotz unserer großartigen Anstrengungen erst einmal verhunzt – auch alle anderen potenziellen Welten mit unserer Kultur zu befruchten.

Kurz: Wir sind das evolutionäre Ziel dieser Welt und zugleich das revolutionäre Mittel, das diese Welt immer mehr zum „Himmel" macht.

Das Fernsehen – einer der größten Raumvernichter – hat bis in die letzten Winkel der Welt die Präsenz der neuen schönen Kultur verbreitet und diese ihre Lebensweise **als Vorbild, als die Zivilisation schlechthin** gepredigt. Sie suggeriert, dass allen Gesellschaften und Kulturen dieses Glück zukommen kann, so man nur politisch, wirtschaftlich und technisch alles richtig – also so wie wir – macht.

Und genau hier, an dieser Stelle, beginnt die Lüge, der Widerspruch in sich selbst, denn diese **Kultur des Überflusses ist nicht „globalisierbar"** – bei Strafe des Untergangs. Würden so viele Türken, Inder, Chinesen und all die anderen auf dieselbe Weise den Massentourismus betreiben wie wir, würden diese Länder eine ähnliche Verkehrsdichte und Mobilität erzielen wie wir, würden sie soviel Wasser, Kohlehydrate, Chemikalien usw. konsumieren und produzieren – der Globus, der einzige Raum, den wir haben, wäre am Ende, gesprengt von einer Spezies, die in ihren Bedürfnissen ins Unendliche wuchert.

Die von der Weltbank eingestandene Wahrheit ist, dass ein Sechstel der Menschheit – die zivilisierten (sic!) Länder des Westens und einige ihrer wichtigsten Rohstofflieferanten – über vier Fünftel des Welteinkommens verfügt, während der Rest hoffnungslos dem Traum der Fülle hinterherhechelt. Die Wahrheit ist, wie von einer UN-Konferenz erst kürzlich erneut bestätigt, dass der **Abstand zwischen den Reichen und den Armen** nicht nur nicht abnimmt, sondern sogar wächst, dass die wenigen reichen Länder die vielen armen als Rohstoff- und Arbeitskraftlieferanten benutzen, und dass der Hunger zunimmt, wenn ca. 1,2 Mrd. Menschen von weniger als einem Dollar täglich leben müssen.

Natürlich gab es zu allen Zeiten in allen Kulturen Reiche und Arme; aber keine andere Kultur ist jemals auf den Gedanken gekommen zu behaupten, dass Zivilisation der Zustand sei, in dem alle reich werden könnten oder sollten. Fakt ist eher, dass die Reichen durch die Propagierung und Idealisierung ihrer (räuberischen!) Lebensweise sich selbst entschuldigen, indem sie sich zur Richtschnur stilisieren. Gleichzeitig warnen sie vor dem **„Sozialneid",** wenn die international wie national vor der Tür Stehenden zu heftig daran klopfen und die eben noch gepriesene zivilisierte Lebensform – zu Recht! – für sich reklamieren.

Aber auch innerhalb der reichen Länder kommt man niemals an. Auch hier **streckt sich jeder nach dem Mehr,** das immer der eine dem ande-

Auf ostanatolischen Dorfplätzen ist westliche Hektik unbekannt

ren voraushat und vorlebt; es ist eine Spirale ohne Ende und Ankunft, ohne Frieden und Ruhe, ohne Teegarten mit Holzhockern, aber mit Hollywood als Droge, und Bill Gates als Zahlenidol.

Ich habe die schüchternen, aber beobachtenden Augen der Kellner und Türsteher an der türkischen Urlaubsküste gesehen. Aus ihren Dörfern kamen und kommen sie, von den schon „fortgeschrittenen" Städtern als *kiro* (unbedarfter Dorftrottel) verspottet, **angelockt von den Versprechungen des Fernsehens** und des Nachbarjungen, der in der Stadt oder an der Küste schon sein Glück gemacht hat. Und tatsächlich! Es ist alles so, wie man es ihnen erzählt hat. Schöne, gut gekleidete Menschen leben in großen, luxuriösen Hotels, geben in einer Woche in teuren Geschäften soviel Geld aus wie sie in einem halben oder gar ganzen Jahr, kaufen und schlemmern, ohne anscheinend aufs Geld achten zu müssen. Mag der *yabanci* (Ausländer) mit seinen Shorts und seiner aufreizend gekleideten Freundin auch anfangs bestaunt und belächelt werden, er wird doch das beneidete Vorbild und die Zielnorm seiner Umgebung, in der die jungen Türken bald alles begehren, was der Westen als begehrenswert vorlebt. Findet der *kiro* übrigens keinen (schlecht bezahlten!) Job, so kehrt er missmutig in sein Dorf zurück, um dort wenigstens vom modernen Märchenland zu träumen oder zu erzählen.

Und die, die über die Barackensiedlung in die Stadt kommen, durchlaufen die gleichen **sozialen Mutationen,** die in Europa Jahrzehnte vorher stattgefunden haben: die Auflösung der sozialen Bindungen, der Wechsel von Groß- zur Kleinfamilie, die steigende Anzahl der Scheidungen, und die ständig steigenden Hoffnungen auf ständig steigenden materiellen Wohlstand.

Nichts interessiert die jungen chinesischen und afrikanischen Studenten meines Sprachkurses mehr als die Lebens- und Einkommensverhältnisse in Europa. Weder Konfuzius, Mao Tsetung noch die zurückgelassene Ungleichzeitigkeit des afrikanischen Dorfes stehen im Zentrum ihrer **Bemühungen und Sehnsüchte,** sondern der Wille, hier, in dieser Kultur, anzukommen und zu bestehen. Nicht dass diese Privilegierten, die hier studieren können, allesamt emigrieren wollten; fast alle wollen zurück, zu ihren Familien, in ihren „wärmeren" Kulturkreis. Aber sie werden als Botschafter der „Zivilisation" heimkommen, mehr wissen als vorher und mehr verändern, als sie selbst vielleicht wollen. Als ich sie fragte, welche Musik sie mögen, stellte immerhin rund ein Drittel von ihnen den jeweiligen heimatlichen Klängen Mozart und Beethoven zur Seite.

Das würde auch *Yussuf* tun, wenn er nur ein **Visum für Deutschland** bekäme. In Tarabulus, dem libyschen Tripolis, hatte ich ihn getroffen. Er, der arme palästinensische Flüchtling, hatte mich, den reichen Sendboten des Westens, zwei Tage lang als Gast behandelt. Hier war er zu Hause, also der Gastgeber; ich würde dann drüben mich doch ähnlich verhalten, oder? Am Abend, vor dem Abschied, standen wir beide an der *mina* (Hafen) und schauten aufs Meer; dort drüben lag Italien, der Vorhof zum Elysium. Er sei Fischer, erklärte mir *Yussuf,* und er habe sechs Kinder und seine Frau in Palästina lassen müssen. Ob es in Deutschland auch Fischer gäbe? Ich nickte, fügte aber schnell hinzu, dass es nur wenige seien. Er war begeistert; dann bräuchten wir ja Fischer. Alles was er wolle, sei in Deutschland als Fischer zu arbeiten, ein Boot und ein Netz zu haben, um dann seine Frau und seine Kinder holen zu können. Das müsse doch gehen, oder? Ich wendete ein, dass es in Deutschland kalt sei und dass es nur große Fischerboote gäbe und dass überhaupt alles ganz anders sei, als er es sich vorstelle. Das mache nichts, wenn er erst einmal da sei, würde es schon gehen. Er wisse, dass er illegal einreisen müsse, in der Botschaft hätten sie ihn noch nicht mal vorgelassen. Aber wenn er mit seinem Boot erst mal Geld verdiene, würde er bestimmt bleiben dürfen. Er könne vielleicht ein Visum für die Türkei bekommen, von da sei es doch nicht mehr so weit und schwer, oder? Und ob er beim Grenzübergang seinen alten Pass lieber wegwerfen solle? Ich nickte resigniert, ja, er solle ihn wegwerfen.

Es gibt Millionen Yussufs auf der Welt; streng genommen besteht drei Viertel der Welt aus wirklichen oder potentiellen Yussufs, die von einem Leben im restlichen Viertel, dem Elysium, träumen. Bei uns werden die Yussufs „Parasiten" oder **„Wirtschaftsflüchtlinge"** genannt, denn sie haben nicht begriffen, dass im Elysium kein Platz mehr ist. Es ist voll.

Was nicht verhindert, dass sie alle legal oder illegal, reell oder ideell an den Grenzen der reichen Welt stehen und so oder so Einlass begehren. **Denn nicht wir werden wie sie, auch wenn wir reisen, sondern sie werden wie wir, auch wenn sie nicht reisen.** Und kommt der westliche Traum nicht zu ihnen (egal unter welcher Regierungs- und Wirtschaftsform!), so kommen sie zu ihm, also zu uns.

Der Sieg der westlichen Kultur, d. h. die Bereitschaft der „Besiegten", den alten Göttern abzuschwören, ist an nur *eine* Bedingung gekoppelt: an den Segnungen der neuen Kultur gleichberechtigt und reell teilzuhaben. Und wehe, der Westen kann sie nicht umsetzen, weil seine neuen Götter doch nur die von wenigen sind! Sein globaler Eroberungszug – er hat niemals gefragt, ob er willkommen ist – wäre ein Pyrrhussieg, der statt der hehren Gleichheit die **weltweite Verpflanzung von Neid und Ungerechtigkeit** betriebe. Und der dann nicht mehr nur seine Grenzen, sondern auch seinen glänzenden Turmbau zu Babel zu schützen hat, wie das Menetekel des 11. September zeigt. „Wehe denen, die das Maß verkürzen, die, wenn sie sich von den Leuten zumessen lassen, volles Maß verlangen, wenn sie ihnen jedoch zumessen oder zuwägen, weniger geben." (Koran, 83. Sure)

Aber selbst wenn, im äußerst fragwürdigen Konjunktiv, die obige Feststellung falsch wäre und durch die wunderbare Kraft einer zukünftigen Ökotechnik und einer sich durchsetzenden globalen Gerechtigkeit der westliche Lebenstraum doch **generalisierbar** wäre, also alle Menschen Amerikaner werden könnten, selbst dann muss bezweifelt werden, ob in einer solchen Vision ein Fortschritt zu sehen wäre. *Beethoven* selbst hätte sich – da bin ich mir sicher – schaudernd abgewandt ob einer solchen **Weltkultur des Konsumglücks:** Immer während er Fun macht noch lange keinen Sinn. Sinn – eine Ressource, an der der Westen ausnahmsweise einen akuten Mangel hat und den auch die Spaßgesellschaft nicht befriedigen kann. „Es beherrscht euch das Streben nach Mehr, bis ihr die Gräber besucht. Fürwahr, ihr werdet wissen. Wiederum: fürwahr, ihr werdet wissen, wie töricht ihr wart. Fürwahr, wüsstet ihr's doch mit Gewissheit! Wahrlich, sehen werdet ihr den Höllenpfuhl. Wiederum: Wahrlich, sehen werdet ihr ihn mit dem Aug' der Gewissheit. Alsdann werdet ihr wahrlich an jenem Tage gefragt nach der Wonne des irdischen Lebens." (Koran, 102. Sure)

Ich wünsche allen Selims, Yussufs und Djamals, die aus einer kargen Vergangenheit in die glänzende Moderne streben, dass sie dort ankommen, wo sie hin wollen. Sie haben mich, der ich aus der Gegenrichtung kam, in ihren kleinen, aber großherzigen alten Räumen gastfreundlich behandelt und – was noch wichtiger ist – sie haben mir gezeigt, dass in diesen alten Räumen **Werte und Schönheiten** gedeihen, die sie, das weiß ich, erst am Ende ihrer umgekehrten Reise in den Westen erkennen werden. Vielleicht muss man ja durch die Moderne durch, um zu wissen, dass hier keineswegs alles, was glänzt, Gold ist.

Für **meine geliebten Teegärten** wird dergleichen Einsicht auf jeden Fall zu spät kommen; sie werden Beethoven und seine nicht so begabten poppigen Nachfolger nicht überleben. Die neue Sinfonie des Glücks wird andante oder alla marcia (marschierend) wenigstens die Holzhocker gegen kissenbestückte Korbstühle austauschen, vielleicht auch einen Internet-Anschluss installieren und durch eine Tischdecke samt Blumen die Ankunft des Dekors einläuten. Historisierend wird außer westlicher manchmal kreisende Musik erklingen, an den Wänden werden Bilder der alten Türkei hängen, während der Fernseher die Börsenkurse der ganzen Welt abspult. In der Ecke, neben der fesch gekleideten Touristin mit dem Handy, wird ein junger Türke sitzen, der sich neben der Financial Times die Bücher des Reise Know-How Verlags aus dem Internet-Kulturarchiv geholt haben wird, um über den einstigen Kulturschock früherer Türkeireisender zu schmunzeln. An einigen Stellen wird er staunen und der fesch Gekleideten eine Geschichte vorlesen, die für ihn genauso weit weg ist wie für sie. Den Autor würde man in diesem Teegarten allerdings nicht mehr sehen, denn warum sollte ein Kulturinteressierter noch Tausende an Kilometern reisen, wenn es dort keine andere Kultur mehr gibt?

Bis es aber soweit ist, genieße ich noch meinen Teegarten – am besten den jenseits der taurischen Berge. Und sollte – was ihm angesichts der anatolischen Erdigkeit und Sturheit nicht leicht werden wird – Beethoven vor der Tür stehen, so rutsche ich mit meinem Holzhocker schnell zwei Tagesreisen nach Osten. Vielleicht kommt der ein oder andere Bauer ja mit. Und es findet sich irgendein Nest – utopia felix –, das vom Westen nicht für befreiungs- und eroberungswürdig gehalten wird.

Inshallah!

Der Autor

Manfred Ferner, Jahrgang 1955, studierte Anglistik und Philosophie an der Universität Düsseldorf. Ausgedehnte Reisen führten ihn mittlerweile in über 60 Länder.

Die Türkei bereiste er mehrfach; neben seiner Tätigkeit als Sprachlehrer für deutsche Firmen verfasste er einen kulturellen Leitfaden (unveröffentlicht) für in der Türkei arbeitende Expatriates.

Im Jahr 1995 begann er, für verschiedene deutsche Verlage Reisebücher zu schreiben. Seine profunden Kenntnisse über die türkische Kultur fanden in dem 2001 im Reise Know-How Verlag, Bielefeld, erschienenen Band „KulturSchock Türkei" ihren Niederschlag.

Heute ist er als freier Reisejournalist und Sprachlehrer an Privatschulen tätig.

Barbara Löwe

KULTURKOMPETENZ VERSUS KULTURSCHOCK – BEISPIEL RUSSLAND

Man geht nicht mit den eigenen Regeln in ein fremdes Kloster.

(Russisches Sprichwort)

Kultur und Kulturschock

„Kultur" und „Kulturschock" sind heute in aller Munde, werden jedoch unterschiedlich verstanden, sowohl in der Allgemeinsprache als auch in verschiedenen Fachdisziplinen.

Im vorliegenden Kontext wird **„Kultur"** als die Gesamtheit der Konventionen und Normen definiert, die das Verhalten von Angehörigen einer Gesellschaft „regelt". Kultur ist demnach das, was man wissen, kennen, können und empfinden (können) muss, um sich in einer Gesellschaft erwartungsgemäß zu verhalten.

Wer primär in eine Kultur hineingewachsen ist (*en*kulturiert wurde) und ihr angehört, hat (praktische) Kulturkompetenz, d. h. er beherrscht sie in ihren Elementen und ihrer Gesamtheit, ist sich ihrer einzelnen Konventionen und Normen jedoch keineswegs bewusst, es sei denn, er hat sich damit professionell beschäftigt.

Beim Kontakt mit einer fremden Kultur (einer Fremd- oder Sekundär-kultur) werden deren Elemente bzw. ihre Gesamtheit im allgemeinen ebenso unbewusst nach den Maßstäben der eigenen Kultur wahrgenom-men und interpretiert. Eine solche **unbewusste Kompetenz** in einer, zwei oder mehr Kulturen ist häufig anzutreffen und und für manche Zwecke vielleicht ausreichend. Die unbewusste Kulturkompetenz ist je-doch unzureichend, wenn man mit und in einer Sekundärkultur leben will. Hierzu bedarf es einer **bewussten Kompetenz** sowohl in der Primär- als auch in der Sekundärkultur.

Allerdings wird eine Sekundärkultur auch bei bewusstem Kennenler-nen immer über die eigene, die Primärkultur wahrgenommen und inter-pretiert, da die **primäre Kulturprägung unaufhebbar** ist, da die Eigen-kultur immer Vergleichsbasis bleibt (sogenannte Kulturgebundenheit). So unterscheidet sich die Kompetenz in einer Sekundärkultur quantitativ und qualitativ immer von derjenigen in der Primärkultur.

Es erweist sich also, dass es nicht möglich ist, in einer Kultur, in die man nicht primär enkulturiert wurde, eine Kompetenz zu erlangen, die mit jener der Angehörigen dieser Kultur identisch wäre.

Gleichzeitig erlaubt die **sekundäre *Akkulturation,*** die Anpassung an eine Fremdkultur, in dieser eine sehr umfangreiche, vielfältige, für ver-schiedene Zwecke einsetzbare bewusste Kulturkompetenz zu erlangen. Und diese hinwiederum kann dazu beitragen, den sogenannten Kultur-schock verständlich zu machen und mit ihm zu leben.

„Kulturschock" nennt man jenen unvermeidlichen und vielfältigen Prozess, der bei der Aufnahme von Kontakten zwischen Angehörigen verschiedener Kulturen abläuft. Vor allem (aber nicht nur) das erste Erle-ben einer fremden Kultur hat auf die psychische und physische Verfas-sung starke Auswirkungen.

Am Anfang steht in der Regel eine Phase der Euphorie, der ausschließ-lich positiven Sicht der Sekundärkultur. Darauf folgen der Absturz in die Unsicherheit, das Gefühl der Verlorenheit, der Trennung von Gewohn-tem, der Verlust der Orientierung an vertrauten Verhaltensmustern und der funktionierenden Strategien zur Bewältigung von Lebenssituationen. In dieser Phase kann es zu tiefer Verstimmung, zum Gefühl des Versa-gens, zu psychischem und physischem Unwohlsein oder Zusammen-bruch kommen.

Die nachfolgende allmähliche Neuorientierung nimmt unterschiedli-che Richtungen. *Meistens* kommt es zu einer partiellen Akkulturation an die Fremdkultur bei gleichzeitiger Verstärkung der Identifikation mit der eigenen Kultur, *manchmal* zur völligen Identifikation mit der Fremdkultur, *nicht selten* zu einer völligen Ablehnung der Fremdkultur.

Kulturkompetenz

Voraussetzung für eine bewusste Kulturkompetenz ist ein hohes Maß an kulturellem Wissen, Kennen und Können, das unterschiedlichen Disziplinen entstammt. Es kann in mehreren aufeinanderfolgenden Phasen erlangt werden.

Zum **kulturellen Grundwissen** gehören Kategorien bzw. Fragestellungen wie: Individuum – Gesellschaft, Individuum – Staat, Parakultur – Diakultur – Idiokultur; Wertvorstellungen; Hierarchie, Autorität, Verhältnis der Generationen, der Geschlechter; Tabus; öffentliches – privates Verhalten; Körpersprache; Wohnen, Essen und Trinken, Arbeit, Freizeit; Stellenwert kultureller Phänomene; Selbstverständnis der Gesellschaft, kollektives Gedächtnis, Traditionen der Selbstdarstellung, Stereotype, Verhältnis zu anderen Gesellschaften, zu Fremden; Erkennen von kultureller Prägung (Kulturgebundenheit); Gesetzmäßigkeiten des Kulturschocks.

Dieses Grundwissen soll Einblicke in kulturtheoretische Betrachtungsweisen einer Gesellschaft geben sowie eine erste Bewusstmachung der Mutterkultur (Primärkultur) ermöglichen: **Kompetenz in Kultur.**

An zweiter Stelle steht ein systematischer Überblick über die **Grundzüge der Entstehung und der heutigen Gestalt der Fremdkultur** (und der Region, in der sie gilt). Hierzu gehören die geographisch-demographischen Grundtatsachen, die Institutionen von Staat, Politik und Gesellschaft, von Verwaltung, Wirtschaft, Rechtswesen, Bildungswesen, Alltagskultur. Eine zentrale Stelle nehmen die Hauptstränge von Geschichte, Geistesgeschichte, Literatur, gegebenenfalls auch bildender und darstellender Kunst ein.

Dabei erweist sich das **deduktive Vorgehen,** das vom Zusammenhangswissen zum Einzelphänomen gelangt, als überlegen. Der umgekehrte Weg, der von aktuell interessierenden Einzelphänomenen ausgeht und sie schlussendlich zu einem Fazit zusammenfasst, bringt zwar momentan motivierende Déja-vu- und Aha-Erlebnisse, ist letztlich jedoch langwieriger und weniger effizient.

Es scheint empfehlenswert, sich diesen Überblick über die Fremdkultur anfangs in der sogenannten **Fremddarstellung** zu verschaffen, also nicht aus der Sicht eines Angehörigen dieser Fremdkultur, sondern aus der Sicht der eigenen Kultur. Hierbei sollte aber schon berücksichtigt werden, dass Angehörige der Fremdkultur andere Sichtweisen haben können.

Der systematische Überblick soll erste sach- und fachorientierte Information zur Fremdkultur geben, zu einer weiteren Bewusstmachung der

Mutterkultur führen und in die interkulturellen Grundkompetenzen des **Perspektivenwechsels** auf der Basis der **Kontrastivität** einführen: **Kompetenz in und zwischen Kulturen.**

Zum darauf aufbauenden **exemplarischen Vorgehen** gehören Kategorien bzw. Fragestellungen wie: Geschichtsbilder, nationale Symbole, orts- und datenbezogene Erinnerungsorte, Patriotismus und Nationalgefühl; Religion, Riten und Rituale; große Dichtung und ihre Bedeutung für die nationale Identität, Sprichwörter und ihre Rolle in der Alltagssprache, Rolle des geschriebenen Worts, des Redens, des Schweigens; Bildungsziele und -kanon, Lehr-, Lern- und Arbeitsverhalten; Zeit- und Raumvorstellungen; zentrale Fragen von Politik, Wirtschaft und Gesellschaft auf nationaler und internationaler Ebene; Verhandlungsstile und -taktiken, Höflichkeitsregeln, Kleidung, Körpersprache; Humor; Gast und Gastgeschenke; Geschichte und Wahrnehmungen der Begegnungen zwischen Primär- und Sekundärkultur, Fremdenrolle des Ausländers.

Die Themen sollten aufgrund von **Fremddarstellung und Selbstdarstellung** betrachtet und durch die analytische Lektüre von älteren und neueren Publikationen zu interkulturellen Begegnungen und Wahrnehmungen ergänzt werden (vgl. Lektüretips).

Das exemplarische Vorgehen soll zum kontrastiven Denken, zum bewussten Perspektivenwechsel in Einzelfragen und in größeren Zusammenhängen, zum Problembewusstsein und damit zur kritischen Analyse unterschiedlicher Wahrnehmung befähigen: **Kompetenz zwischen Kulturen.**

Mit den vorgenannten maximalistisch, generalistisch und an der urbanen Mittelschicht orientierten Wissensgrundlagen ist es möglich geworden, die verwirrende Vielzahl von Einzelphänomenen zu überschaubaren Größen zusammenzufassen, die Wechselbeziehungen zwischen Zusammenhängen und Einzelphänomenen zu erkennen (auch wenn Einzelphänomene nicht immer monokausal oder in direkter Linie zu erklären sind) sowie die Art und den Umfang des nötigen **speziellen Kulturwissens** zu bestimmen.

Zur Kulturkompetenz gehören, per definitionem, neben der Komponente **Wissen,** auch die Komponenten **Kennen, Können und Empfinden.** Die Komponenten sind nicht gleichrangig, sondern müssen **nach individuellem Bedarf und nach Situation** unterschiedlich gewichtet werden. Man muss also jeweils neu differenzieren zwischen dem, was man aktiv wissen muss, dem, was man passiv (er)kennen muss, dem, was man selbst aktiv vollziehen (können) muss, sowie dem, was man empfinden (können) muss. Generell gilt, dass das Wissen in Hierarchie und Abfolge vor dem (Er)kennen, vor dem Können sowie dem Empfinden rangiert.

So kennt die russische Kultur in ihrem traditionell sehr engagierten Verhältnis zur (eigenen?) Literatur das sogenannte literarische Pathos, das sich in typischen Situationen in verschiedenen verbalen und nonverbalen Formen äußert, die in der deutschen Kultur eher als überschwänglich oder exaltiert charakterisiert würden. In der Regel beruhen die verschiedenen Formen dieses Pathos auf entsprechenden Empfindungen. Wer z. B. einmal in der zur Gedenkstätte umgestalteten Datscha des Schriftstellers *Boris Pasternak* war, hat erlebt, mit welcher gefühlsintensiven Verehrung russische Besucher sich diesem Ort nähern. Wenn nun der deutsche Besucher weiß, dass es dieses literarische Pathos gibt, wenn er seine Formen und Bedeutungen (er)kennt, ist er **situationsgerecht kulturkompetent.** Keinesweg muss er die Formen dieses Pathos „können" oder die Emotionen teilen, die für Russen mit diesem Stück literarischer Kultur einhergehen. Hinzu kommt, dass ein Mitvollzug russischer Verhaltensweisen auf russischer Seite durchaus Irritationen auslösen kann (sogenannte „Fremdenrolle", vgl. unten).

Zusammenhang und Einzelphänomen

Fremdes Land vermehrt den Verstand.
(Russisches Sprichwort)

Wenn man heute etwas liest, soll es kurz sein und vom Heutigen handeln.
Aber ein historischer Überblick ist unvermeidlich.
(Aleksandr Solženicyn)

Kulturen sind weder statisch noch einheitlich. Trotzdem lassen sich im Sinne von Beispielen einige Stränge und Merkmale nennen, deren Kenntnis zur Grundlage bewusster Kulturkompetenz gehört und anhand deren sich verdeutlichen lässt, wie Einzelfragen in Zusammenhänge eingebunden sein können.

Weite und Unbegrenztheit

Russland hat eine gewaltige Ausdehnung und in den mittleren Breiten relativ unstrukturierte Ebenen ohne ragende Gebirge oder scharfe Konturen, was ein Lebensgefühl der Weite, Unbegrenztheit, Größe (in mehrfacher Bedeutung) vermittelt. Gleichzeitig ist das Land von klimatischen Extremen und Unberechenbarkeiten gekennzeichnet, von kurzen Sommern und strengen, lang anhaltenden Wintern.

●Die Menschen mussten ihre Bemühungen nie auf einen Bereich und auf die Optimierung seiner Möglichkeiten konzentrieren, mussten nie einem Terrain – im wörtlichen und im übertragenen Sinne – langanhaltende Aufmerksamkeit zuwenden, sondern konnten es einfach verlassen, wenn es verbraucht war und nicht mehr das zu bieten schien, was sie erwarteten. Sie konnten das extensive dem intensiven Wirtschaften vorziehen und sich an einen nachlässigen Umgang mit der Natur gewöhnen. Für das Arbeiten ergab sich ein unausgewogen erscheinender Wechsel von kurzem, intensivstem Einsatz zu ausgedehnter Entspannung. Raum und Zeit, „bald" oder „in der Nähe", werden unbegrenzt, flexibel und weitausgreifend verstanden. Dem „Unabänderlichen" wird mit Geduld begegnet.

Staat

Der erste russische Staat, die Kiever Rus', der sich um die Mitte des 9. Jahrhunderts am Flusssystem des Dnepr zwischen Novgorod und Kiev gebildet hatte, war polyzentrisch konzipiert, hatte vor der ersten Jahrtausendwende das Christentum byzantinischer Prägung angenommen, war ethnisch und religiös weitgehend homogen und hatte sich als Teil der christlich-abendländischen Völkerfamilie verstanden, mit deren Staaten und Herrschaften er engen und vielfältigen Kontakt hatte.

Diese integrierte Entwicklung des Mittelalters lockerte sich mit dem Auseinanderdriften und der letztlich vollzogenen Spaltung zwischen der römisch-abendländischen und der byzantinischen Kirche und ging in der Mitte des 13. Jahrhunderts zu Ende, als mit der aus Asien kommenden Eroberung Russlands durch die Mongolen-Tataren die Gesamtstaatlichkeit zerbrach und eine rund 240-jährige tributheischende Fremdherrschaft begann. Die Wiedererrichtung einer russischen Gesamtstaatlichkeit ging, in enger Verbindung mit der russisch-orthodoxen Kirche, von Moskau aus, das dann auch bald begann, in einer großen Gegenbewegung expansiv nach Asien auszugreifen. Staatliches Denken und Handeln waren fortan nicht mehr nur von der byzantinischen Welt, sondern auch von tatarischen Herrschafts- und Lebensformen mitgeprägt. Insgesamt ergaben sich deutliche hierarchische Strukturen, in denen Oben vor Unten, Staatsraison vor individueller Wohlfahrt, Prachtentfaltung vor Elendsbekämpfung, die Gemeinschaft vor dem Einzelnen standen. Russland war bereits multiethnisch und multireligiös geworden, gleichzeitig autokratisch sowie monozentrisch und bürokratisch ausgerichtet. Nach außen pflegten Staat und Kirche eine deutliche Abschottung bis hin zum Isolationismus, vor allem gegenüber dem Westen und seinen geistesgeschichtlichen Entwicklungen wie Renaissance, Reformation und Aufklärung.

Seit dem Ende des 17. Jahrhunderts forcierte Russland seine koloniale Expansion durch Sibirien bis an den Pazifik, brachte im 18. und 19. Jahrhundert auch den osmanischen Schwarzmeerraum sowie Mittelasien unter seine Herrschaft und dehnte sich in die im Westen angrenzenden Staaten Ostmitteleuropas aus. An der Wende zum 20. Jahrhundert war das russische Imperium eine territoriale Großmacht geworden, die zwar von ethnischer und religiöser Vielfalt bzw. Zersplitterung geprägt war, aber zentralistisch mit russischer Leitkultur regiert wurde.

Die Tradition des Kontinentalkolonialismus wurde in sowjetischer Zeit ungebrochen fortgeführt bis zum verspäteten Zerfall des Kolonialimperiums im Jahre 1991, mit dem Russland sich auf territoriale Gegebenheiten früherer Zeiten zurückgeworfen sah.

●Russland hat seit dem ausgehenden Mittelalter sein staatliches Selbstverständnis mit territorialer Expansion verbunden, da es nur durch diese und den Zugang zu den Meeren der Gefahr der „Einkreisung" habe begegnen können.

●Staat und russische Bevölkerung betrachteten sich gegenüber den östlichen Ethnien Russlands immer als zivilisatorisch, religiös und kulturell überlegen und zur „Missionierung" verpflichtet. So stoßen der Zerfall der Sowjetunion und die Bildung selbstständiger Staaten auf Unverständnis: *Was sie an Kultur haben, verdanken sie doch uns – und nun wollen sie „mitreden" oder „selbstständig" sein?!*

●Der Zentralismus hat zu tiefgreifenden Gegensätzen zwischen den strahlenden Metropolen und der vernachlässigten Provinz geführt, auch in den Denk- und Verhaltensweisen.

●Die geographische Reduzierung sowie der Verlust des Großmachtstatus haben Russland und seine Menschen außerordentlich empfindlich gemacht gegenüber jeden tatsächlichen oder angenommenen Überlegenheitsäußerungen von außen. Mehr noch als traditionell üblich, fordert Russland für sich eine besondere Rolle oder Sonderrolle auf der Bühne Europas und der Welt ein.

Russisch-orthodoxe Kirche

Die anfangs unter byzantinischer Führung stehende, dann autokephal gewordene russisch-orthodoxe Kirche handelte traditionell im Sinne des engen Zusammenwirkens und der Interessengemeinschaft mit dem Staat („Symphonia"). Seit der Eroberung von Byzanz durch die muslimischen Türken sah sich Moskau (nach Rom und Byzanz) als „Drittes Rom", als einzigen Staat, in dem geistliche und weltliche Macht noch im rechten Glauben (Orthodoxie) wirkten, dem bei der Verteidigung des christlichen Abendlandes eine bedeutende Rolle zufalle. Das glaubens- und staatstragende Verständnis der Kirche, nur für die Jahrzehnte der Sowjetherrschaft außer Kurs gesetzt, gilt auch in der Gegenwart.

●Kirche und Staat wehren gemeinsam andere Konfessionen ab, stehen der Ökumene der christlichen Kirchen ablehnend gegenüber, mehr noch irgendeinem religionsübergreifenden Dialog; Antisemitismus hat Tradition.

●Während westliche christliche Tradition den Weg zum Reich Gottes stärker unter der Perspektive der Veränderung dieser Welt hin zu mehr Menschlichkeit, Gerechtigkeit und Freiheit sucht, wird nach östlicher christlicher Tradition die unabänderliche irdische Drangsal durch das Reich Gottes geheiligt: westliche „Aktivität" und östliche „Passivität".

Slavophile und Westler

Die westlichen Denkweisen, die sich seit der Aufklärung entwickelt haben und die sich u. a. in Begriffen wie Individuum, Fortschritt, Zielgerichtetheit, Eigenverantwortlichkeit, später auch Gleichheit, Selbstbestimmung und -verantwortung, Trennung von Staat und Kirche benennen lassen, haben in Russland erheblich weniger Bedeutung gewonnen als in westlichen Ländern. Aber trotz der traditionellen Abschottung durch Staat und Kirche kam Russland, nicht zuletzt aufgrund seiner Westexpansion, im späten 18. und im 19. Jahrhundert mit diesem Gedankengut in Berührung. So entwickelte sich eine Fragestellung, die, zurückschauend und vorausblickend, zu einer grundsätzlichen Auseinandersetzung führte: Ist Russland etwas Eigenes mit besonderen Werten, oder ist es ein Teil des Westens, oder ist es beides? Welche Rolle hat es in der Geschichte und woran will es sich künftig orientieren? Die Verfechter eines besonderen russischen Wesens und Weges nannten sich Slavophile, die des (auch) westlichen Denkens und Handelns Westler. Diese Frage ist nie endgültig beantwortet worden, ist im Prinzip bis heute aktuell und führt zu manchen Orientierungswechseln im Denken und Handeln der Menschen, auch in der Politik, obwohl die Begriffe des 19. Jahrhunderts hierfür nicht mehr verwendet werden.

Hierarchische Strukturen

Die russische Gesellschaft ist von jeher hierarchisch strukturiert. Die Umbrüche des letzten Jahrzehnts haben zwar einige Hierarchien auf den Kopf gestellt, die Grundtendenz aber nicht außer Kurs gesetzt. Vor allem eine Tradition scheint erhalten geblieben zu sein: das *načal'nik*-Denken. Da in der hierarchisch aufgebauten Gesellschaft jedermann zwangsläufig einen *načal'nik*, einen Chef oder Vorgesetzten, hat, ist die verbreitete Haltung entstanden, Verantwortung anderen zuzuschieben, – dem Chef für Entscheidungen, dem Staat für Wohlfahrt, dem Untergebenen für Misserfolge. Die Nicht-Initiative und das Abschieben von Verantwortung wurden durch das sozialistische Kollektiv, in das der Einzelne von klein auf eingebunden war, verstärkt. Hierarchie und *načal'nik*-Denken lähmten im öffentlich-beruflichen Bereich jegliche Eigeninitiative bei Entscheidungen und bei der Wahrnehmung von Aufgaben. (Im privaten Umfeld war und ist man umtriebig und erfindungsreich.)

Die wiedererrichtete Christ-Erlöser-Kirche in Moskau

●So werden auch heute in der Regel nicht vorgegebene Arbeiten nicht erledigt, selbst wenn sie sozusagen auf der Hand liegen: Wer für das Servieren zuständig ist, räumt nicht nebenbei auch Geschirr ab, wer Vorlesungen hält, tippt nicht Manuskripte etc.

●Wer, abweichend von dieser Tradition, die in den letzten Jahren entstandenen Möglichkeiten der individuellen Lebensplanung und Eigenverantwortlichkeit nutzen will, stößt auf erhebliche Hindernisse, von seiten der Behörden und der Mitmenschen.

●Eng verbunden mit dem hierarchischen System ist die traditionell hohe Wertschätzung, die Titel, Ränge und Würden in Russland erfahren. Die Beachtung der jeweils richtigen Rangordnung und des entsprechenden Protokolls waren und sind ein wesentliches Element für den Erfolg einer Verhandlung, eines Vorhabens oder eines Berufslebens. Russen sind in diese hierarchische Ordnung hineingewachsen, Kulturfremde aus egalitären Gesellschaften pflegen aufzulaufen.

Öffentlich und privat

Staatliche und gesellschaftliche Strukturen haben dazu geführt, dass Russen generell einen deutlichen Unterschied zwischen öffentlichem und privatem Verhalten machen. In der Öffentlichkeit ist man eher zurückgenommen, in gewisser Weise verdeckt, im Privaten offen und intensiv. So ist z. B. ein Ausländer, der aus seiner Kultur diesen Unterschied nicht kennt, nach einer herzlichen und vertrauten Begegnung im privaten Umfeld sehr erstaunt, wie zurückhaltend die Begrüßung ausfällt, wenn er seinen Gastgeber danach zufällig in der Öffentlichkeit trifft.

Schamkultur

Die russische Kultur wird zu den sogenannten Schamkulturen gerechnet, in denen „Kontrolle" von außen und öffentlich stattfindet. Die westlichen Länder gehören in der Regel zu den sogenannten Schuldkulturen, in denen „Kontrolle" vorwiegend durch innere Normen vom Individuum selbst ausgeübt wird. So können westliche Eltern durchaus irritiert sein, wenn ihre Kinder, die als Gäste russische Kindergärten oder Schulen besuchen, bei schlechten Leistungen oder Fehlverhalten „schamorientiert" getadelt werden: Man stellt sie vor die Gruppe oder Klasse, zählt ihre Fehler auf oder lässt die Kinder diese selbst aufzählen, zeigt ihre Hefte etc.

Lächeln und Blickkontakt

Westliche Ausländer vermissen in Russland oft das reagierende Lächeln und den Blickkontakt, die nach ihrem Verständnis Liebenswürdigkeit, Höflichkeit, Aufmerksamkeit und Interesse zum Ausdruck bringen. Sie klagen über die gleichsam stumme Miene und den abgewandten Blick russischer Menschen in der Öffentlichkeit, zwischen Passanten auf der Straße, in Verkehrsmitteln, auf Ämtern, in öffentlichen Situationen, bei Verhandlungen und Gesprächen. Von russischer Seite werden das Lächeln und der direkte Blickkontakt eher als unbescheiden und aufdringlich verstanden. Vor allem junge Mädchen und Frauen, die sich in traditioneller Weise korrekt, d. h. auch feminin, verhalten wollen, vermeiden beides ebenso wie den begrüßenden oder verabschiedenden Händedruck, der, wenn er dennoch gegeben werden muss, sehr zögernd und weich ausfällt.

Im kulturtheoretischen Kontext wird dieser Sachverhalt mit einer Art Grenze zwischen der römisch-katholischen bzw. protestantischen Welt auf der einen Seite und der orthodoxen und auch der islamischen Welt auf der anderen Seite erklärt. Die unterschiedliche Entwicklung dieser Welten und ihrer Denk- und Lebensweisen, vor allem die Rolle des Individuums betreffend, habe derart prägend gewirkt, dass diese Grenze sich auch in areligiöseren Zeiten nicht verwischt habe und auch nicht verwischen werde. Wenn Russen in ihren Metropolen mit westlichen Ausländern beruflichen, vor allem geschäftlichen Kontakt unterhalten, versuchen sie, sich westlichen Gewohnheiten anzupassen.

Körpernähe, Berührung

Gleichzeitig gilt die russische Kultur als eine Kultur der Körpernähe und der Berührung, die deutsche als eine der Körperdistanz. Russen und Deutsche halten unbewusst kulturtypische Abstände ein, beim Schlangestehen, beim gemeinsamen Betrachten eines Bildes im Museum, beim Gespräch mit einem Gegenüber. Russen halten in der Regel einen kleinen Abstand – oft nur einen halben Meter – und haben auch nichts gegen eine sich daraus ergebende Berührung. Ganz automatisch verkleinern sie die von anderen eventuell gehaltenen größeren Abstände. Dementsprechend ist es für sie durchaus üblich, in Verkehrsmitteln, in Sitzreihen eines Saales, in Lokalen, auf Bänken sofort dicht aufzuschließen. Deutsche stehen meistens auf einer Distanz von etwa einem Meter. Wenn dieser Abstand unterschritten wird oder es zu Körperkontakt kommt, fühlen sie sich außerordentlich unbehaglich und irgendwie angegriffen, sie versuchen ganz unbewusst, wieder Distanz und Kontakt-freiheit herzustellen. Beim Sitzen versuchen sie, so lange wie irgendwie möglich einen größeren Zwischenraum zu lassen.

Auch dieser Unterschied wird mit der traditionellen Einstellung der jeweiligen Religion zum Körperlichen erklärt: Während der orthodoxe Christ Leib und Seele als Einheit betrachte und gegebenenfalls beide zum Kontakt mit Mitmenschen einsetze, habe der katholische oder der evangelische Christ traditionell mehr Achtung vor dem privaten Raum, aber auch eine gewisse Körperfeindlichkeit.

Touristenmagnet Moskauer Kreml

Begegnungen, Wahrnehmungen, Stereotype

Zwischen Deutschen und Russen ist alles möglich,
nur keine Gleichgültigkeit.
(Petr Bulygin)

Von außen sieht man klarer.
(Russisches Sprichwort)

Von jeher fühlen sich Russen den östlichen Völkern, deren Lebensräume sich Russland einverleibt hat, zivilisatorisch und kulturell überlegen (vgl. oben), nehmen sie heute vielfach als Irritation und Sündenböcke wahr und drängen sie im besten Falle in die Folklore ab. Dagegen haben sie zu westlichen Völkern und Gesellschaften, die Russland im Zuge seiner Westexpansion inkorporierte und die in der Regel einen vergleichsweise höheren zivilisatorisch-kulturellen Entwicklungsstand hatten, eher heterogene Gefühle und Einstellungen. Hier mischen sich von jeher Furcht und Ablehnung, Bewunderung und Neid, ein latenter Minderwertigkeitskomplex und die Angst vor dem Verlust der eigenen Identität mit einem bisweilen hochschießenden Überlegenheitshabitus. Dieser findet von jeher seine zusätzliche Begründung in dem besonderen Wesen und dem besonderen Weg Russlands, die auch für das Schicksal des Westen entscheidend seien. Vor diesem historischen Hintergrund sind auch die Begegnungen, die Wahrnehmungen und die Stereotype zwischen Deutschen und Russen (bzw. umgekehrt) zu betrachten.

Deutsche und Russen begegnen einander seit Jahrhunderten, im historisch-politischen und im philosophisch-kulturellen Bereich, in der Emigration nach Deutschland, in der Ansiedlung (Kolonisten, Deutsche, Deutschländer) in Russland sowie in der Aussiedlung (sogenannte Russlanddeutsche) nach Deutschland. **Begegnungen** und ihre **Wahrnehmungen** werden durch das meistens unbewusste **kollektive Gedächtnis** ergänzt. So haben, wie in anderen Kulturen auch, Angehörige von D bestimmte Vorstellungen von D, Angehörige von R bestimmte Vorstellungen von R. Weiterhin haben Angehörige von D auch bestimmte Vorstellungen von R, ebenso Angehörige von R bestimmte Vorstellungen von D. Hinzu kommt, dass D bestimmte Vorstellungen davon hat, wie R zu D steht, R bestimmte Vorstellungen davon hat, wie D zu R steht. Die jeweiligen Vorstellungen müssen weder mit der Realität noch mit den Vorstellungen des jeweils anderen übereinstimmen. So kommt es zu einer höchst komplizierten Überlagerung von Realität, Auto- und Heterostereotypen.

●**Stereotype** sind in Jahrhunderten entstanden und nur in langen Zeit-
räumen veränderbar, denn sie enthalten, trotz ihrer vereinfachenden Ba-
nalität oder Überspitzung, sehr viel Wahrheit. Sie zu leugnen oder zu ignorieren widerspräche jeglicher Kulturkompetenz. Es gilt vielmehr, die
Stereotype zu (er)kennen, sich bewusstzumachen, von ihrer Entstehung
zu wissen und sie zuerst einmal zu akzeptieren: ein zuverlässiger Weg
zur Selbsterkenntnis, zur Erkenntnis des Anderen, zum darauf aufbauenden Verstehen und, nicht zuletzt, zum bewussten Umgang mit dem Kulturschock.

Zum Phänomen der Stereotype gehört auch, dass die gastgebende
Kultur und ihre Menschen erwarten, dass Ausländer eine bestimmte Rolle spielen, die so genannte **Fremdenrolle.** Demnach sollten bei Deutschen, wie bei Angehörigen anderer Kulturen, Elemente der Fremdheit
beibehalten werden, denn sie ermöglichen es den Russen, die Fremden
in der als nötig empfundenen Distanz zu halten, gegenüber ihren kultur-
spezifischen Verhaltensfehlern, sofern diese nicht auf Arroganz beruhen,
Großmut zu zeigen u. ä. m. So kann ein deutscher Ausländer – der, meis-

tens gutgemeint, aber nicht gut – versucht, die Fremdenrolle abzustreifen, aus den auf ihn bezogenen Stereotypen herauszutreten und sich „ganz und gar russisch" zu verhalten, Irritationen und Ablehnungsreflexe auslösen. Russen erwarten von deutschen wie von anderen Gästen, dass sie in allem etwas zurückhaltender, etwas ruhiger, etwas leiser, etwas weniger lustig, etwas weniger traurig sind als sie selbst.

•Aus der Vielzahl der tradierten interkulturellen Stereotype zwischen Deutschen und Russen lassen sich ganz unterschiedliche **Beispiele** anführen. Aus der **wissenschaftlich-philosophischen Welt** Deutschlands und Russlands stammen Vorstellungen von einer *schicksalhaften Komplementarität,* von *Wahlverwandtschaft,* von *Aufeinanderangewiesensein auf Leben und Tod,* davon, dass eine Verbindung von *russischer Maßlosigkeit und deutschem Maß* jene Harmonie eintreten lassen könnte, welche die Welt erretten würde. Solche euphorisch-emotionalen und abgehobenen Feststellungen zum Verhältnis zwischen Deutschen und Russen werden bei offiziellen politischen, wirtschaftlichen und kulturellen Begegnungen wie Beschwörungsformeln wiederholt.

•Für das praktische Miteinander sollte man allerdings auch die allgemeineren, **alltagsbewährten gegenseitigen Stereotype** kennen.

Der Russe liebt das Vielleicht, das Ungefähr und das Irgendwie.
(Russisches Sprichwort)

Als **Konstanten des russischen Nationalcharakters** gelten in deutschen wie in anderen ausländischen Vorstellungen die vielzitierte breite Natur mit ihrer Neigung zu Extremen, die physische und psychische Belastbarkeit, die Warmherzigkeit und Hilfsbereitschaft, die Schwermut, die Gleichgültigkeit gegenüber dem Begriff Zeit.

Zu den Stereotypen über Russen gehört auch, dass sie literarisch hochgebildet seien; dass ihre Geschichtswahrnehmung von einem übersteigerten und rückwärtsgewandten Patriotismus geprägt sei; dass sie auf das Kollektiv und auf hierarchische Strukturen fixiert seien; dass sie ein zwiespältiges Verhältnis zum technisch-zivilisatorischen Fortschritt hätten.

Auf einer Bank in Moskau wartet ein Mann auf seinen Freund. Der kommt schließlich angeeilt und entschuldigt sich für seine Verspätung. Sagt der Wartende: Schon gut, schon gut - wir sind doch keine Deutschen!

Auch ein Stereotyp – die Schwermut der russischen Weiten

Neben der vielgenannten Pünktlichkeit zählen zu den eher positiven **Stereotypen über die Deutschen** Fleiß, Sauberkeit, Ordnungsliebe, Disziplin, Organisationstalent, Professionalität, technische Begabung, Ehrlichkeit, Offenheit, Selbstbeherrschung, Zuverlässigkeit, hohes zivilisatorisches und kulturelles Niveau.

Ein Deutscher wird sich nun gelobt fühlen. Er sollte aber wissen, dass Russen diese Züge oft auch belächeln oder als störend empfinden: Die Deutschen führten kein richtiges Leben, sie hätten einen Lebensplan; sie seien das Volk der Städte, der engen Begrenzungen, der Verordnungen; ihr Arbeitseifer sei wohl auch ein Mangel an seelischer Tiefe. Ähnliches kommt in manchem russischen Sprichwort zum Ausdruck: *Der Deutsche hat für alles ein Instrument.* Oder: *Beim Deutschen sind die Beine etwas kurz geraten und die Seele etwas dünn.*

Zu den eindeutig negativen Stereotypen, die durchaus einmal im Widerspruch zu den positiven stehen können, gehören die Kleinbürgerlichkeit, d. h. das spießige, kleinliche, egoistische Denken mit dem Hang zu überzogenem Individualismus, zu Besitz und Abschottung, die Neigung zu Scheinheiligkeit, Heuchelei und Besserwisserei, die Humorlosigkeit. Weitere Negativstereotype sind der Hang zum Wunschdenken, zu Illusionen, die in Verbindung mit den an sich positiven Zügen Fleiß und Organisationstalent zu gefährlichem Verhalten führen könnten, sowie die Neigung zur Gewaltanwendung, Autoritätshörigkeit und Obrigkeitsdenken, der historische „Drang nach Osten".

Manche sehr zwiespältige Wahrnehmungen, die durch Wiederholung vielfach zu Stereotypen geworden zu sein scheinen, gibt es über junge Deutsche, besonders Studenten: Sie seien einerseits sehr engagiert und selbstständig, aktiv, kooperativ und hilfsbereit. Andererseits hätten sie keine wirkliche Bildung, denn sie kennten weder ihre eigenen Schriftsteller noch die russischen. Sie seien überhaupt recht uninformiert über Russland und wollten oft gar nicht informiert werden. Sie dächten ahistorisch, zeigten wenig Nationalgefühl. Sie nähmen nur das Negative wahr, sowohl Deutschland als auch Russland betreffend. Sie hätten keinen Respekt, weder vor einer Autorität, noch vor dem Alter. Sie verletzten Tabus. Sie redeten gern, bevor wie wüssten. Sie verhielten sich oft unhöflich und kämen ungepflegt daher, vor allem die Mädchen. Ihre Körperbewegungen und -haltungen seien häufig demonstrativ undezent. Die kollektiven Lachsalven und das trompetenhafte Schneuzen erschreckten jeden ...

Negativstereotype führen oft zu jener schockartigen Selbsterkenntnis, die im Sinne einer positiven Nutzanwendung sehr heilsam sein kann.

Besondere Aspekte

Wissen ist Macht – auch über den Kulturschock.

Alle Phasen des Kulturschocks hängen in ihren Details, ihrem zeitlichen Rahmen und in ihrer Intensität von verschiedenen Faktoren ab:

- Es scheint erwiesen, dass, neben guter Kultur- und Sprachkompetenz, eine funktionierende, angesehene berufliche Tätigkeit mit eigenständigem Wohnen, mit Partner aus der eigenen Kultur und festgelegtem Enddatum des Aufenthalts die Voraussetzungen sind, aufgrund deren man am leichtesten mit dem Kulturschock leben kann. Besonders günstig erscheinen dabei Berufe, welche die Kultur, die Sprache und die Lebenstatsachen Russlands zum Thema haben. Gleichzeitig ist es hilfreich, wenn man sich immer wieder ungezwungen im eigenen Kultur- und Sprachmilieu bewegen kann. Die ungünstigsten Voraussetzungen für den Umgang mit dem Kulturschock haben mitgenommene Partner ohne eigene berufliche Tätigkeit. Partnerschaften, bei denen einer der beiden der aufnehmenden Kultur angehört, sind außerordentlich belastet. Leichter haben es Partner gleicher Primärkultur in einer Sekundärkultur sowie Partner unterschiedlicher Primärkultur in einer Tertiärkultur: Sie erfahren die gleiche Portion Fremde und Fremdsein.

- Wesentliche Hilfe für ein Leben mit dem Kulturschock ist die akzeptierte eigene kulturelle Identität. So ist es kein Zufall, dass, entgegen weitverbreiteter Annahme, identitätsbewusste Menschen wesentlich leichter mit dem Fremdsein leben und von der gastgebenden Kultur akzeptiert werden können als identitätslose. Wer seine Identität akzeptiert, hat jenes Fundament, von dem aus er von der eigenen Person abstrahieren, Unbehagen aushalten und zeitweiliges Versagen zulassen kann. Schlechte Karten für den Umgang mit dem Fremdsein wird derjenige haben, der seine Sozialisation ohne gesetzte Grenzen, ohne zeitweilige Deprivation, ohne eingeübte Frustrationstoleranz, ohne Bemühung und Eigenverantwortung, mit Wertebeliebigkeit, Konsensseligkeit und „Spaß" erlebt hat. Wachsende Schwierigkeiten wird erleben, wer mit sich und der Welt generell Probleme hat und diese auf dem Wege des Fremdseins lösen will. So ist es auch kein Zufall, dass das intensive Betroffensein vom Phänomen der Fremde und des Fremdseins oft von Menschen artikuliert wird, die, vielfach jünger, vielfach zeitgeistbedingt, sich ihrer eigenen kulturellen Identität nicht bewusst sind, nicht bewusstwerden wollen oder sie ablehnen und stattdessen eine nebulose übergeordnete Identität in

Fremdkulturen suchen, sich als „Kulturschmetterling" oder „Culture hopper" apostrophieren.

●Die umfangreichen Migrationsbewegungen der letzten Jahre haben zu der Vorstellung geführt, dass für „bikulturelle" Migranten der Umgang mit der Sekundärkultur besonders leicht sei. Dies ist jedoch nur dann der Fall, wenn sie vom stabilen Fundament ihrer Primärkultur und einer entsprechenden eindeutigen und bewussten kulturellen Identität ausgehen können. Da viele Migranten jedoch unbewusst zwischen zwei Sekundärkulturen und deren Konventionen und Normen leben und denken, bleibt ihnen das notwendige Erkennen unterschiedlicher Perspektiven und der sich daraus ergebende bewusste Perspektivenwechsel in der Regel verschlossen. Häufige Folgen sind, wie bei vielen ausgesiedelten Russlanddeutschen, Identitätslosigkeit, Desorientierung, Entwurzelung und eine Pidginisierung von Kultur.

●Der Umgang mit dem Phänomen Fremdsein wird wohl primär die Aufgabe dessen bleiben, der (aus welchen Gründen auch immer) mit und in der fremden Kultur leben will, die aufnehmende Kultur kann nur kleinere Hilfestellungen geben.

●So gilt innerhalb Russlands, wie in anderen Ländern auch, ganz selbstverständlich die russische Kultur als Leitkultur, auch für Angehörige anderer Kulturen, die in und mit der russischen Kultur leben wollen. Dieser Gesamtrahmen bedeutet jedoch keineswegs, dass der fremdkulturelle Gast seine Identität aufgeben müsste, er muss nur anerkennen, dass in diesem Fall die russische Kultur mit ihren Konventionen und Normen gegenüber den anderen eindeutig Vorrang hat. Innerhalb dieses Rahmens wird, auch angesichts der räumlichen Größe Russlands, fremdkulturelle Identität toleriert, Parallelgesellschaften allerdings nicht. (Innerhalb der zur Russischen Föderation/Russland gehörenden ethnisch begründeten Republiken, wie Tatarstan oder Tschetschenien, hat, zumindest theoretisch, die Kultur der jeweiligen Titularnation Vorrang.)

●Auch im Falle einer partiellen Akkulturation werden bei längerem Leben mit und in der Fremdkultur immer wieder Schübe kulturbedingter Irritationen auftreten, die sich mit der Länge des Aufenthalts sogar verstärken können. Das rührt u. a. daher, dass mit der Dauer des Aufenthalts und mit wachsendem Lebensalter auch die Identifikation mit der eigenen Kultur wächst, und zwar auch bei den Menschen, die ohne bewusste kulturelle Eigenidentität in die Fremdkultur gegangen waren.

•Die Probleme des Fremdseins in einer Kultur, die relativ geringe Distanz zur eigenen Kultur aufweist, werden häufig unterschätzt. Tatsächlich jedoch können gerade die unauffälligen und unerwartet zutagetretenden Irritationen sehr belastend sein. So bedarf der Umgang mit dem Fremdsein in einer nahen Kultur häufig einer besonders präzisen bewussten Kulturkompetenz.

•Nach längerem Aufenthalt in der Fremdkultur bringt auch die erste Zeit nach der Rückkehr in die eigene Kultur einige kulturbedingte Irritationen mit sich. Sie verlaufen umgekehrt proportional zu den Problemen, die durch das Leben mit und in der Fremdkultur aufgetreten waren: Wer sich also partiell akkulturiert hatte und gleichzeitig seiner Eigenidentität bewusst (geworden) war, wird problemlos in seine Kultur zurückfinden und gleichzeitig einige Elemente fremdkultureller Denk- und Lebensweise mitbringen und diese als Bereicherung empfinden. Wer sich völlig mit der Fremdkultur identifiziert hatte, wird schwere Identitätsprobleme entwickeln. Wer die Fremdkultur völlig abgelehnt hatte, wird seine eigene Kultur kritiklos als den Nabel der Welt sehen.

•Übrigens: Nach seiner kulturellen Identität befragt, wird ein Russe zuerst die russische Literatur und die russische Sprache nennen. Was wird ein Deutscher nennen?

Fazit

Fremde und Fremdsein sind keineswegs neue Phänomene, sondern historische Normalität. Freiwillig (im Sinne der Entdeckung, der Neugier, der Expansion, der Suche nach anderen und besseren Lebenschancen) oder notgedrungen (auf der Flucht vor Auseinandersetzung und Krieg, vor gesellschaftlicher, religiöser oder politischer Einengung und Unterdrückung, vor wirtschaftlicher Not) haben sich Einzelne, Gruppen, Stämme, Völkerschaften seit eh und je über die Grenzen ihres angestammten Umfelds hinausbegeben. In allen Fällen kam es zu Erfahrungen des Fremdseins, das allerdings unterschiedliche reale Formen hatte und unterschiedlich wahrgenommen wurde, je nachdem, ob es auf gewachsene, bereits ausgeprägte Kulturen stieß oder sich in kulturell relativ unausgeprägtem Neuland abspielte, ob es sich zwischen Kulturen mit größerer oder kleinerer Distanz vollzog, ob es auf Zeit oder Dauer angelegt war, ob die Fremden von den aufnehmenden Kulturen als Bereicherung betrachtet werden konnten oder als Last empfunden werden mussten.

Die Wahrnehmung von Fremde und Fremdsein hat sich im Laufe der Geschichte verändert. Jahrhundertelang wurden sie schlichtweg als Tatsache begriffen und nicht in ihrer Nowendigkeit negiert. So nahmen die Betrachter fremder Kulturen ihre Beobachtungen ohne Rückbezug auf die eigene Kultur vor, trotz aller Kulturgebundenheit, deren sie sich in der Regel nicht bewusst waren. Später begann man, sich für den möglichen Umgang mit Fremde und Fremdsein zu interessieren, betrachtete jedoch den „gesunden Menschenverstand" und die „Offenheit" als hinlängliche Voraussetzungen. In jüngerer Zeit verlagerte sich das Gewicht auf die bewusste Wahrnehmung von Unterschieden, vor allem im Bereich der Alltagskultur und der Mentalitäten (in der Sowjetunion, notabene, ein absolutes Tabu). Heute scheint das eigene Befinden in den Vordergrund zu rücken – wohl ein Versuch, mit den Irritationen durch Fremde und Fremdsein besser fertigzuwerden.

Man mag es drehen und wenden – Fremde und Fremdsein waren, sind und bleiben unabdingbarer Bestandteil menschlicher Existenz. Dieser Tatsache lässt sich jedoch die Schärfe nehmen – mit intellektueller Redlichkeit, ein wenig Distanz zur eigenen Person und viel Kulturkompetenz.

Lektüretips

- *Craig, G.:* **Über die Deutschen.** 83.–85. Auflage, München 1991.
- *Baumgart, A.; Jänecke, B.:* **Rußlandknigge.** 2. Auflage, München/Wien 2000.
- *Gorski, M.:* **Gebrauchsanweisung für Deutschland.** 3. Auflage, München/Zürich 2001.
- *Huntington, S.:* **Kampf der Kulturen.** 2. Auflage, München/Wien 1998.
- *Löwe, B.:* **KulturSchock Russland.** 3. Auflage, Bielefeld 2002.
- *Margolina, S.:* **Rußland: Die nichtzivile Gesellschaft.** Reinbek 1994.
- *Olearius, A.:* **Vermehrte Newe Beschreibung der Muskovitischen und Persischen Reyse.** 1647. Neu hrsg. von *Lohmeier, D.,* Tübingen 1971.
- *Soric, M.:* (Hrsg.): **Was denken Russen über die Deutschen?** Aus der Hörerpost der Deutschen Welle, Köln 1999.
- *Tibi, B.:* **Internationale Moralität und kulturübergreifender Brückenschlag.** In: *Herzog, R.:* Wider den Kampf der Kulturen, New York 1999, S. 139–169.
- *Ders.:* **Leitkultur und innere Sicherheit.** In: DIE WELT, 15.4.2002.

Die Autorin

Geboren 1934, Diplom-Dolmetscherin für Russisch und Französisch, Aufbaustudien in Slavistik, Osteuropäischer Geschichte, Politischer Wissenschaft, Vergleichender Kulturwissenschaft. Tätigkeit als Dozentin an der Russischen Abteilung des Instituts für Übersetzen und Dolmetschen an der Universität Heidelberg sowie als Translatorin (Übersetzerin, Dolmetscherin und Regionalexpertin) in Deutschland und in der Sowjetunion/in Russland. Studien- und Forschungsaufenthalte in der Sowjetunion/in Russland. Publikationen zur Kulturkompetenz von Translatoren, zur deutsch-russischen interkulturellen Wahrnehmung. Vortragstätigkeit.

Sie hat also in vielen Jahrzehnten die Kultur Russlands studiert, gelehrt, beschrieben, und nicht zuletzt erlebt – beruflich und privat, privilegiert und ganz und gar alltäglich. Durch ihre international lebende und arbeitende Familie hat sie außerdem intensive Kontakte zu weiteren Kulturen, auch von Entwicklungs- und Schwellenländern.

Erika Chugh

INDIEN:
EINE UNENDLICHE INDIENREISE

Die Vorgeschichte

Da liegt er nun, der Kaufvertrag für das neue Haus in **Schweden.** Wieder ein neues Land. Vielleicht genügt es meinen Ansprüchen. Keiner hat sich bisher nach mir und meinem indischen Mann und unserem indischen Pflegekind umgedreht. Bis jetzt haben sie uns nicht einmal beachtet. Sie waren leicht distanziert, aber freundlich. Kein aufgeregtes „ach, wie süß", auch keine geringschätzigen Blicke. Die Schweden sprechen häufig gutes Englisch, manchmal auch deutsch. Ich habe mich bisweilen mit ihnen unterhalten, über Gott und die Welt. Noch hat niemand gefragt, warum ich einen Inder geheiratet und ein ausländisches Pflegekind habe. Ich hoffe, meine zukünftigen Nachbarn werden auch nicht versuchen, mein Unkraut auszuziehen, meine Bäume abzusägen oder meinen Weg zu fegen, wie ich es in Norddeutschland in einer kleinen Provinzstadt erlebt habe.

Und es ist so angenehm, **nicht mehr angestarrt zu werden,** wie ich es in Indien im Übermaß ertragen musste. Ich habe es noch nicht vergessen: Die Leute blieben direkt vor mir oder neben mir stehen und starrten mich aus großen Augen und mit offenem Mund an. Wehrlos war ich diesem Verhalten ausgeliefert.

Meine Heimatlosigkeit begann mit einem halben Jahr Kalifornien, kurz nach Abschluss meiner kaufmännischen Ausbildung.

Drei Jahre später, vor rund 25 Jahren, folgte ein **halbes Jahr Indien.** Nichts Außergewöhnliches. Für Indien bekam ich unbezahlten Urlaub. Den hatte ich beantragt, weil andere ihn auch bekommen hatten und ich mich benachteiligt fühlte. Wollte ich eigentlich wirklich dorthin? Meine Kenntnisse von diesem Land waren gering. Ich kannte die üblichen Schlagzeilen in den Zeitungen. Über den Buddhismus wusste ich ziemlich viel, über den Hinduismus wenig, auch nicht, dass es in Indien überwiegend Hindus gibt. Mit anderen Worten, die überwiegend hinduistische Kultur und Religion waren mir völlig fremd.

Was ich dort in Indien wollte und erwartete? Jedenfalls nicht das, was ich dann erlebte. Lange Zeit lehnte ich dieses Land und seine Bewohner ab. Bisweilen hasste ich sie. Aber irgendwann begann ich mich an sie zu gewöhnen, sie sogar manchmal zu lieben. Nach vier Monaten hatte ich sie **ins Herz geschlossen.** Als ich in Frankfurt auf dem Bahnhof stand und von einem Bundesbahnbeamten angemault wurde, wollte ich wieder zurück. Und jetzt bin ich zutiefst unzufrieden, wenn ich nicht einmal im Jahr dieses seltsame chaotische Land besuchen kann.

Bei einer Lektüre über Erfahrungen mit Wallfahrten wurde ich an Indien erinnert: Man verlässt alles Bekannte. Das alltägliche Leben bleibt zurück. Man ist auf sich allein gestellt, vielleicht in einer kleinen Gruppe Gleichgesinnter. Unterwegs bereitet man sich vor. Es ist mühsam und ungewohnt. Das Erlebnis am Wallfahrtsort gewinnt dadurch eine enorme Intensität. Als ein **verwandelter Mensch** kehrt man in seine Heimat zurück.

Ich machte noch eine weitere Erfahrung: den **Verlust des Heimatgefühls.** Nicht zu wissen, wo man hingehört, hindert am Leben. Wie soll eine Pflanze wachsen und gedeihen, wenn sie in einem Topf hin- und hergetragen wird und nicht irgendwo Wurzeln schlagen kann?

Eine Rundreise in einem fremden Land

Die erste Indienreise begann abenteuerlich. Es war Dezember. Schneestürme waren angesagt. Nur Aeroflot flog. Mit vielen Unterbrechungen, vielen Stunden in einem Luxushotel im damaligen Leningrad. Eine schöne Stadt, nur durften wir uns leider nicht allein bewegen. Vier oder fünf

Tage später kamen wir in **Kalkutta** an. Erstes Ziel war die Heilsarmee. Im Flugzeug hatten wir uns zu dritt zusammengefunden. Ein Priester fragte uns beim Verlassen des Flughafens nach unserem Ziel, nickte und hielt ein Auto an. Er fragte den Fahrer, ob er uns mitnehmen könne. Mit freundlichem Lächeln wurden wir ins Auto gepackt und vor der Heilsarmee abgesetzt, mit Telefonnummer und einer Einladung zum Essen. So einfach war das hier?

Dann die ersten Eindrücke: die großen, kräftigen und lauten englischen Heilsarmeemitarbeiter und die kleinen, dünnen einheimischen Bediensteten. Welch ein Kontrast. Hin und wieder eine Kakerlake, nachts eine dicke Ratte im Papierkorb und immer wieder ein paar mutige Affen im Zimmer.

Auf der Straße **Menschengewühl.** Überfüllte Busse, wie ich sie aus dem Fernsehen kannte. Es gab sie also wirklich, die Leute, die sich noch außen am Bus festklammerten. Eine Alternative war die Straßenbahn, auch voll, aber ich passte noch irgendwie mit hinein. Hier war ich eindeutig ein Fremdling, eine junge Frau, noch dazu allein. Neugierige Blicke, Versuche von schwitzenden Körpern, sich so eng wie möglich anzuschmiegen. Völlig unerträglich alles. Ein paar Tage hielt ich durch, fuhr täglich zur Mitarbeit in ein Krankenhaus, aber dann gab ich auf. Ich ertrug das Gedränge in der Straßenbahn nicht mehr. Und dieses Krankenhaus auch nicht. Die Stadt konnte ich auch zu Fuß erkunden.

Das **Krankenhaus** war für meine Vorstellungen viel zu chaotisch und unprofessionell. Schließlich kam ich aus einem „entwickelten" Land und hatte feste Vorstellungen, wie die Arbeit in einem Krankenhaus effektiv und zum Wohl der Patienten auszusehen hatte! Dass es verschiedene richtige Blickwinkel geben könnte, wusste ich damals noch nicht.

In diesem Dezember war es in Kalkutta sehr kalt. Dazu regnete es teilweise heftig. Ein Freund hatte mir vorsorglich einen dicken Parka mitgegeben, der jetzt sehr hilfreich war. Aber da waren noch die anderen auf der Straße. Morgens sah ich sie nebeneinander liegen. **Ausgemergelte Körper,** manche unter einer Plastikfolie. Nach einer besonders kalten Nacht auch die ersten leblosen Körper.

Wo war ich gelandet? Diese **Szenerie war unerträglich.** Ich war hilflos. Zorn packte mich. Diese Stadt war entsetzlich. Ich hatte noch fast sechs Monate Indien vor mir. Ich musste weg von Kalkutta. Weg aus dieser Hölle!

Ich erstand eine **Fahrkarte** nach Madras. Dieses Unternehmen nahm damals noch mindestens einen halben Tag in Anspruch und war eine ungeheure nervliche Belastung für den Indienneuling. Heute gibt es Bahnhöfe, wo man nicht länger als in Deutschland auf seine Fahrkarte wartet, manchmal weniger. Damals war man noch völlig der Willkür der Bediensteten ausgeliefert, und diese waren nicht bereit, ihr Teetrinken und ihre Zeitungslektüre wegen einer immer größer und lauter werdenden Gruppe Ausländer zu unterbrechen. Die konnten doch auch zu Hause bleiben, wenn es ihnen nicht passte, oder am nächsten Tag wiederkommen. Völlig genervt hielt ich nach vielen Stunden Wartezeit meine Fahrkarte in der Hand.

Die **Bahnfahrt** schien unendlich. Der Körper war von einer rötlichen Staubschicht überzogen, überall war der Staub: im Mund, zwischen den Zähnen, in den Ohren, in der Nase ... Zum Glück fuhren wir zu zweit. Meine Begleiterin war Französin. Sie hatte wenig Geld und war unglaublich genügsam. Ihr schien die Fahrt nichts auszumachen. Sie war für einen Aufenthalt in dieser Kultur offensichtlich besser geeignet als ich. Selbstmitleid kam auf – wie so oft während der nächsten Wochen. Hätte ich dieses Land doch nie betreten. Die indischen Mitreisenden waren freundlich und sehr neugierig. Sie fragten nach unseren Familienverhältnissen und unseren Indienplänen. Verstehen konnten sie nicht, warum junge Frauen allein in einem fremden Land reisen. Aber sie waren nett zu uns, ließen uns an ihren Mahlzeiten teilnehmen und taten ihr Bestes, dass es uns gut ging und wir unterhalten wurden.

Madras. Spät abends kamen wir nach zwei Tagen in dieser Stadt an. Angenehme Wärme umgab uns. Kein Regen mehr, keine Menschen unter Plastikfolien, keine Angriffe auf meine Weltsicht. Ich verbrachte die erste Nacht meines Lebens in einem Schlafsaal, da meine Reisegefährtin darauf bestand. Billig war es und eine Erfahrung für sich. Die meisten Zimmergenossen waren Franzosen, wenige Frauen. Die Luft im Zimmer war durch die vielen Joints unerträglich. Ich wachte völlig gerädert auf. Nach einer weiteren Nacht wusste ich es: Sparen war unangebracht. Ich bezog das Dachzimmer, ganz allein. Welch ein plötzlicher Luxus. Ich begann zu ahnen, dass Indien mit der genügenden Menge Geld und einem Mindestmaß an Komfort sehr angenehm sein konnte. Zum ersten Mal begann ich, **Sympathien für dieses Land** zu entwickeln. Zusammen reisen war angenehm. Ich brauchte den Austausch und die Möglichkeit, meinen Frust loszuwerden, aber genauso wichtig war mir meine Unabhängigkeit. Madras gefiel mir.

Die zweite Krise kam Weihnachten. Dieses Jahr war ich Weihnachten zum ersten Mal ohne richtige Freunde und Familie, und rechtzeitig zum Heiligen Abend stellte sich Heimweh ein. Mit einigen flüchtigen Bekannten ging ich essen. Sehr vornehm und teuer. Das lenkte ab. Am nächsten Tag besuchte ich den **katholischen Gottesdienst** im Dom. Ich brauchte dringend etwas Vertrautes. Der Priester, der meine feuchten Augen beim Hinausgehen bemerkte, musterte mich streng von oben bis unten. Die Frage, warum ich nicht zu Hause geblieben sei, stand ihm auf dem Gesicht geschrieben. Auch die anderen Gottesdienstbesucher sahen mich kühl und ablehnend an. Waren das dieselben Inder, die bisher so freundlich und hilfsbereit gewesen waren? Diese Blicke waren neu. Ich hatte mich sehr schnell auf heitere, meist freundliche Mienen eingestellt. Hatte ich kein Festkleid an? Gewiss, meine Gardrobe war einfach. Lag es daran? Was hatte ich an diesem Ort erwartet? Die einzigen mir als Protestantin halbwegs vertrauten Riten waren offensichtlich nicht für Touristen wie mich gedacht. Ich war auf merkwürdige Art sensibel. Wut und Enttäuschung kamen hoch. Wie schon in Kalkutta, packte ich meine Sachen und floh.

Der Bus nach **Kanchipuram** kam gerade recht. Kanchipuram, die Stadt mit den vielen Tempeln, ist ein wichtiger Hindu-Wallfahrtsort. Schon im Bus – welch eine Erleichterung: eine heitere, gelockerte Stimmung. Die Einheimischen sprachen wieder mit mir. Sehr freundlich. Name, Familienstand und das Motiv für mein Reisen. Diese Standardfragen, die mir bisweilen durchaus auf die Nerven gingen, heiterten mich auf. Eine verkehrte Welt.

In einem kleinen Hotel fand ich ein nettes Zimmer. Ein **junger Bediensteter** half mir mit dem Gepäck und erkundigte sich nach meinem Wohlbefinden. Lange unterhielten wir uns. Er nahm sich viel Zeit, mir die vielen Tempel zu beschreiben und mir – obwohl Nicht-Hindu – ans Herz zu legen, welcher Tempelbesuch für mein Seelenheil wichtig sei. Er stand kurz vor seiner Heirat und nahm seine Rolle als zukünftiger Ehemann sehr ernst. Seiner Auffassung nach mussten Frauen beschützt werden – ob sie wollten oder nicht! Auch fremde Frauen, besonders die Alleinreisenden. Er bat mich, die Restaurants zu meiden, da das Essen überall schlecht sei. Ich könnte krank werden. Reines Essen, ein mir zu diesem Zeitpunkt noch fremder Begriff, konnte nur zu Hause bereitet werden, und zwar von seiner Mutter. Er gab mir Zeit, mich von der langen Busfahrt zu erholen, und ließ zwischenzeitlich seine Mutter das Abendessen für uns beide bereiten. Dieses nahmen wir zu zweit ein, ganz ungezwungen. Dann wies er mich an, schlafen zu gehen. Nach den Tagesstrapazen und dem ausgiebigen Mahl war ich auch zu nichts anderem in der Lage.

Am nächsten Morgen weckte er mich sehr früh mit einem Frühstück von seiner Mutter – worüber ich gar nicht so glücklich war – und ließ mich wissen, welche Tempel ich zu besichtigen hätte! Sein Tonfall hatte sich geändert. Dies war kein Ratschlag, sondern ein Befehl. Es dauerte eine Weile, dieses Verhalten zu begreifen. Aber es war klar: Als Mann sah er sich in seiner Rolle als Beschützer und Versorger, gleichzeitig aber auch als Befehlsgeber. Und nur ja keinen Widerspruch! Zum Essen sollte ich zurücksein. Mutter würde kochen. Er war enttäuscht, als ich mich nun doch zur Wehr setzte. Beim späten Zurückkommen wurde ich heftig getadelt. Energisch machte er mir klar, dass seine Mutter für den Rest meines Aufenthalts die Mahlzeiten bereiten würde. Um des Friedens willen lenkte ich ein. Nach einer Auseinandersetzung war mir nicht zumute.

Auch kennen lernen musste ich die Mutter. Eine sehr nette Frau, die zwar kein Wort Englisch konnte, mich aber immer wieder freundlich anlächelte und dabei mehrfach neugierig von oben bis unten musterte. So sah also eine allein reisende Frau aus. Als ich einige Tage später Kanchipuram verließ, wusste ich, dass ich **mehr auf Distanz achten** musste.

Dann wurde ich **ernsthaft krank.** Zuerst holte ich mir einen heftigen Sonnenbrand. Dazu kam nach dem Genuss eines nur ungenügend gewaschenen Salates eine heftige Darminfektion. In Kanya Kumari ging es mir so schlecht, dass ich in einem katholischen Pfarrbüro um Unterkunft und Unterstützung bat. Ich war mit meinen Kräften am Ende. Immer noch ging ich davon aus, dass mir Angehörige der gleichen Religion helfen müssten. Stattdessen bekam ich viele Vorwürfe zu hören, dass ich allein in einem fremden Land herumreiste. Ich wäre ja selbst schuld. Ich sollte gefälligst zurückfliegen nach Deutschland, wo ich hingehörte. Das hätte ich liebend gerne gemacht, war allerdings vorläufig zu schwach. Meine Kraft war gerade ausreichend, mir vorzunehmen, zukünftig alle derartigen Einrichtungen zu meiden.

Verstanden habe ich dieses Verhalten bis heute nicht. War es das unsichere Verhalten einer Minderheit? Zeigten die geistlichen WürdenträgerInnen auf diese Weise einfach nur ihre Missbilligung über ein ihrer Meinung nach anstößiges Verhalten einer jungen Frau? Zumindest hätten sie einem kranken Menschen – ich war innerhalb weniger Tage völlig abgemagert – doch helfen müssen. Erklärt hat mir niemand dieses Verhalten.

Ein paar Tage konnte ich mein Bett in einer armseligen Unterkunft am Stadtrand, die man mir im Pfarrbüro dann doch zugewiesen hatte, kaum verlassen. Ein Arztbesuch war unmöglich in meinem Zustand. Ich schaffte es gerade, mich zum nächsten Getränkeshop zu schleppen. Essen ging nicht, nur Cola, immer wieder Cola. Offensichtlich tat ich instinktiv das richtige. Unwillkürlich kam der **Gedanke ans Sterben** auf. Und das

hier – bei diesen unfreundlichen Menschen? Nein! Ganz bestimmt nicht! Dann lieber im Bus oder in der Bahn. Dort gab es wenigstens freundliche Leute und sehr wahrscheinlich einige Touristen. Diese fehlten jetzt am meisten. Ich wollte jemand zum Reden und Fürsorge. Ich hatte Angst und musste aufpassen, dass die Panik mich nicht überwältigte.

Ich weiß nicht mehr wie, aber irgendwie gelangte ich zum Busbahnhof und in den Bus nach **Kovalam.** Zwei junge deutsche Frauen halfen mir und waren rührend um mich bemüht. Zu dritt mieteten wir uns am Strand in einer Hütte ein. Und das Wunder geschah: Nachdem meine Weggefährtinnen eine Flasche sehr hochprozentigen Rum besorgt hatten, ging es mir plötzlich besser. Ein paar Tage später konnte ich sogar wieder essen.
    Langsam wurde ich **gesund** und konnte mit einigem Abstand auf das Erlebte zurückblicken. Die Abweisung dort, wo ich es am wenigsten erwartet hatte, war sehr schmerzhaft gewesen. Das Alleingelassen-werden in einer Situation, in der ich ernsthaft ans Sterben dachte, war fast unerträglich. Warum war Vertrautes plötzlich so abweisend und feindselig geworden? Ich dachte zurück an Kanchipuram. Mir absolut fremdes und als aufdringlich empfundenes Verhalten schien aus der Entfernung plötzlich ungeheuer positiv.

Die vorzügliche Küche Keralas, das tägliche Bad und das ungezwungene Strandleben taten mir gut. Zurück blieben nur die vielen unbeantworteten Fragen und Gedanken der letzten Zeit. Dieses Land mit seinen Bewohnern war mir genauso fremd wie am ersten Tag. Was wollte ich hier? Wie sollte ich ein halbes Jahr durchhalten? Das Strandleben begann mich zu langweilen. Hier waren fast nur Touristen. Eine Zeitlang war das nett, aber **ich wollte mehr.** Noch hatte ich die Illusion, dass es möglich und erstrebenswert ist, Land und Leute verstehen zu lernen. Dass das entspannte Genießen auch dazugehören könnte, kam mir noch nicht in den Sinn. Keine normalen Inder würden unter derartigen Anstrengungen andere Länder und Sitten kennen lernen wollen!

Goa war das nächste Ziel. Diese Busfahrt ist bis heute unvergessen. Spätabends stoppte der Bus in **Gokarna,** einem Hindu-Wallfahrtsort. Eine Begründung gab es nicht, jedenfalls nicht für mich. Es war dunkel, nur in einigen Shops Kerzen. Ja – und wo sollte ich bleiben? Offensichtlich gab es damals nur eine Herberge – zumindest fand ich kein Hotel – und dort wollte man keine Touristen. „Hindus only" stand am Eingang. Ich weiß nicht, mit wie vielen Leuten – Männern – ich redete, weil ich eine Übernachtungsmöglichkeit brauchte. Keiner wusste Rat oder wollte helfen. Hilflos und erschöpft kamen mir die Tränen. Und siehe da: **Eine Frau ließ man nicht weinen.**

Erst in den folgenden Jahren lernte ich, dass Frauen mit Tränen fast alles erreichen können. Tränen und lange Gespräche über das Leben in Indien haben mir später manche Tür geöffnet. Noch besser sollen Selbstmorddrohungen wirken. Diesen Tipp von einem Indologen habe ich bis jetzt noch nicht auf seine Wirksamkeit überprüft.

Meine Tränen lösten bei den Umherstehenden deutliches Unbehagen und eine lange Diskussion aus. Das Ergebnis war ein Zimmer in der „Hindu-Herberge". Sehr viel später wurde mir klar, dass ich den Menschen große Probleme bereitet haben musste. Damals wusste ich noch nichts über rituelle Verunreinigungen durch Nicht-Hindus. Vielleicht haben die Betreiber der Herberge ein aufwändiges und teures Reinigungsritual wegen mir in die Wege leiten müssen. Ich hoffe, sie haben es mir vergeben.

Goa empfand ich ähnlich wie Kerala als Touristenparadies. Ich lernte, mich erfolgreich gegen **indische Hobbyfotografen** zu wehren. *„Madam, may I make a picture?"*, brachte meinen Adrenalinspiegel sehr schnell nach oben. Manchmal fragten sie nicht einmal. Nicht selten blickte man plötzlich, nichts Böses ahnend, in eine gezückte Kamera. Mein Verhalten war auch nicht von der feinen Art. Harmlos waren meine teilweise wüsten Beschimpfungen. Ein einfaches „Nein" half selten. Im Nachhinein peinlich sind mir meine Drohgebärden, und erschreckend fand ich die geheimen Mordgelüste. Wo kamen die her? Das war doch nicht ich? Bis zu diesem Zeitpunkt hatte ich die Illusion, ein sanfter und friedlicher Mensch zu sein.

Verstanden die Fotografen überhaupt, warum ich mich so aufregte? Offensichtlich nicht. Im Gegenteil, sie fanden das reichlich unpassend. Schließlich war ich doch das exotische Fotomotiv und sollte mich über ihr Interesse freuen. Am erstrebenswertesten war es für die Inder, sich zusammen mit einer **Bikinifrau** fotografieren zu lassen. Das war bestimmt gut für die Männerrunde daheim. Solch ein Bild tat dem Prestige sehr gut. In meiner Fantasie malte ich mir die Geschichten aus, die sie zu Hause erzählen würden. Erst spät dämmerte es mir, dass man sich in einem Land, wo die Frauen im Sari ins Wasser gehen, nicht im Bikini an den Strand legt.

Bei unserem letzten Goa-Urlaub hatte ich selbst mit meinem Mann viel Spaß, als wir indische Männer mit ihren Kameras aus dem Bus stürzen sahen, um Schnappschüsse von Frauen mit und ohne Bikini zu machen. Die **Fototouristen** kamen aus Madras. Im Hotel erzählte man uns, dass diese Art von Tourismus zur Zeit sehr in und ein sehr lukratives Geschäft sei. Man geht eben nicht zollfrei einkaufen, sondern Touristinnen fotografieren. Dafür sitzen die Männer stundenlang im Bus, erdulden unendliche Unbequemlichkeiten – aber anscheinend werden sie dafür belohnt. Für ein Hotel reicht das Geld oft nicht. Man kann ja im Bus schlafen. Einen tollen Film oder Superfotos gibt es allemal. Und Gesprächsstoff für viele Monate. Und wenn man das Verhältnis zu der Schönen auf dem Foto offenlässt oder ein bisschen hinzufantasiert, steht man ganz oben in der Achtung der anderen, fantasierte mein Mann weiter. Er musste es wissen, war er doch oft genug als mein Liebhaber eingestuft worden.

Dass die Inder nichts anderes machen als die westlichen Touristen, die das öffentliche Privatleben einer armen Bevölkerungsschicht für das Fotoalbum oder für Veröffentlichungen verewigen, vergisst man häufig oder verdrängt diesen Gedanken. Solche Bilder wirken auch gut eingerahmt. „Sieht der alte Mann nicht schön aus?", wurde ich gefragt. Stimmt, er hat ein schönes Gesicht. Aber hat er sich gefreut, beim Rasieren fotografiert zu werden? Hat er einfach nur etwas hingenommen, wogegen er sich nicht wehren konnte?

Unzählige Male habe ich mit **westlichen Frauen** über dieses Thema diskutiert. Genervt waren die meisten. Einsicht zeigten nur wenige. Bemerkenswert waren Kommentare dieser Art: „Warum können die Inder *uns nicht wenigstens einen Strand überlassen, dass wir dort nackt baden können, ohne dass sie uns beobachten? Sie haben doch so ein großes Land ...*" Den Fragestellerinnnen war offensichtlich nicht klar, dass sie als Gast in einem anderen Land und einer anderen Kultur waren. Welch ein Aufsehen und wie viele Fotos wären wohl an einem deutschen Strand die Folge, wenn eine Inderin dort im Sari baden ginge? Und wie viele Fotos und zynische Bemerkungen?

Die **indischen Frauen** lachten meist, wenn ich mich über das Verhalten der indischen Fototouristen beklagte. Meine Entrüstung teilten sie selten. Es herrschte vielmehr die Einstellung vor, dass wir Westlerinnen uns ja am Strand nicht ausziehen müssten. Einer Inderin käme das nicht in den Sinn. Es gehöre sich eben nicht, verstoße gegen den Anstand. Welch ein unendliches Regelwerk für das alltägliche Leben gilt, lernte ich Jahre später während meines Indologiestudiums und dann in meiner Schwiegerfamilie. Dort sah man mir mein Fehlverhalten zum Glück meist nach. In den großen Städten ändert sich dieser Verhaltenskodex mittlerweile. Als ich die ersten indischen Frauen in Goa im Bikini am Strand sah, schaute auch ich sie interessiert und völlig ungeniert mit großen Augen an. Die Globalisierung hat eben ihre Folgen ...

Vierzehn Tage Goa waren genug. Mit dem Schiff erreichte ich **Bombay**. Eine wunderschöne Fahrt, obwohl es eng und unbequem war. Begann ich mich zu entspannen? In Goa war ich noch voller Aggressionen gewesen. Im Zug nach Delhi erlebte ich dann wieder die **umsorgende Seite der indischen Männer.** Ein ziemlich betrunkener indischer Tourist versuchte handgreiflich zu werden. Ich bat ein paar einheimische Mitreisende um Beistand. Nach kurzem Zögern wurde ich in ihre Männerrunde eingeladen. Sie nahmen mich in ihre Mitte. Ich wurde gespeist und unterhalten. Derweil versuchten einige, den Betrunkenen zu beruhigen.

An einer der nächsten Bahnstationen bestieg eine Gruppe Soldaten unser Abteil. Ich geriet in Panik. Das konnte doch nicht gut gehen. Sie wurden sofort von dem Vorfall unterrichtet. Dann das Unglaubliche: Diese Soldaten entschuldigten sich unentwegt für das Fehlverhalten ihres Landsmannes und setzten ihn kurz entschlossen am nächsten Bahnhof hinaus. Immer wieder fragten sie besorgt nach meinem Wohlergehen. Ich bekam kleine Geschenke, Götterbilder, Süßigkeiten ... Aufmerksamkeiten, die eigentlich für die Lieben zu Hause bestimmt waren. Rührend wurde ich umsorgt. Ich begriff die Welt nicht mehr. Jeder wollte mein Bruder sein und verhielt sich überraschenderweise auch so. In dieser Nacht kam ich nicht viel zum Schlafen. Es waren einfache Leute, aber wir haben sehr intensiv miteinander geredet, über die verschiedenen Lebensformen, über unsere Familien, über religiöse Themen. Und wir hörten einander zu. Es war ein unglaublicher Austausch. Faszinierend war die Offenheit der Leute. Für kurze Zeit fühlte ich mich in eine Gemeinschaft integriert, wenn auch eine Männergemeinschaft. Diese Nacht gab genug Kraft für die nächste Zeit. Heute erscheint mir dieses Erlebnis eher unwirklich. Es passt überhaupt nicht zu den Erlebnissen anderer Indienreisenden.

Delhi war für mich eine Hauptstadt wie andere auch. Nach einem Gespräch mit europäischen Buddhisten entschloss ich mich zur Weiterreise nach Dharmsala, um die Exiltibeter um den Dalai Lama zu besuchen.

Die aufregende Busfahrt führte auf schmalen, holprigen Straßen durchs Gebirge. Kurz nach der Ankunft in **Dharmsala** setzte heftiger Schneefall ein. Am nächsten Tag war die Straße unpassierbar. Die Busfahrten wurden eingestellt. Ich war gefangen. Glücklicherweise fand ich bald ein tibetisches Restaurant, wo man nicht nur den Luxus einer heißen Dusche genießen, sondern auch die meisten der Touristen treffen konnte. Diese waren unendlich wichtig: zum Unterhalten, Jammern und zum Loswerden des ganzen Frusts. Ich wollte nicht allein sein. Keine neue Krise!

Die **Tibeter** machten es uns leicht. Sie waren sehr freundlich, heiter und umgänglich. Sie waren nicht von derselben Neugierde und Aufdringlichkeit, die mich unterwegs so oft irritiert hatte. Auch die Mehrzahl der Touristen unterschied sich deutlich von denen, die mir bisher begegnet waren. Sie nahmen die buddhistische Lehre überwiegend ernst. Hier traf ich auf eine Glaubens- und Lebensform, die ich aus Büchern kannte. Damit konnte ich umgehen. Ich wurde ruhiger. Meine „vorindische Gelassenheit" kam zurück. Und ich fühlte mich trotz der Kälte wohl. Auch das Klima war mir vertrauter. Schließlich komme ich aus dem kalten Norddeutschland und bin an eher niedrige Temperaturen gewöhnt.

Alles, was mich bisher so schockiert und genervt hatte, fehlte hier: die extreme Armut, das abweisende Verhalten gegenüber Niedrigkastigen und Kastenlosen, die überall in den Tempeln und Straßen präsente Erotik, das extreme Verhalten religiöser Gruppen, die Wechselduschen von absoluter Zurückweisung und vereinnahmender Beschützerrolle mir gegenüber. Und diese mich zu unkontrollierten Wutausbrüchen treibende Distanzlosigkeit. Nichts, gar nichts konnte ich tun, ohne dass mich irgendwo ein paar große Augen anstarrten, anglotzten. Irgendwo in mir schlummerten immer noch diese Mordgedanken, die sich in Goa so heftig gemeldet hatten.

In Dharmsala fühlte ich mich **wie im Paradies.** Es ging mir gut. Ich mochte die Buddhisten und fand dieses Indien völlig in Ordnung.

Wieder ins chaotische Hinduland zurückzukehren, widerstrebte mir, aber ich entschloss mich doch weiterzuziehen. Mir waren die **heiligen Hinduorte Rishikesh und Hardwar** am Ganges empfohlen worden. Die Fahrt war wie immer anstrengend und unbequem, Zug und Bus waren voll, und es gab die üblichen Standardfragen. Ich wurde entschädigt durch eine reizvolle Landschaft und angenehme Temperaturen.

Dann begegnete ich einem neuen Phänomen, dem der **Ashrams** und Gurus. In hinreißender Lage gab es für jeden Geldbeutel eine verwirrende Anzahl Ashrams, wo man Yoga und Meditation lernen konnte, sich in Askese üben oder einfach nur das Leben genießen konnte. Die meisten Ashrams gehören großen hinduistischen Gruppierungen. Das Ganze wirkte nicht uninteressant.

Ich suchte mir ein Quartier und begann, die **Gurus** und ihre Anhänger unter die Lupe zu nehmen. Das Angebot war groß. Ich war offen für Gespräche und stellte fest, dass offenbar jeder hier mein Guru werden wollte. Unter ihnen gab es die verschiedensten Charaktere: Wahrheitssucher, Abenteurer, Aussteiger ... manche intelligent, andere einfach nur dumm. Schwierig war es, die Gurus mit religiöser Erkenntnis zu finden, denn die

wollten meist keine neugierigen Westler um sich haben. Nett waren die meisten. Es war eine angenehme, teilweise sehr lockere Atmosphäre.

Manche verwechselten auch den Begriff Guru mit Lover. Mein Zimmernachbar z. B., ein außergewöhnlich schöner und attraktiver Inder, war von einer Schar amerikanischer Jugendlichen, überwiegend Frauen, umgeben. Er verband offensichtlich **spirituelle mit sexuellen Übungen.** Seine Anhängerinnen hatten es nicht einfach, aber die Überwindung der Eifersucht gehörte eben zum Programm, war in Wirklichkeit Überwindung des Ego. Vorsichtige Fragen nach Einschränkung oder Überwindung sexueller Lust wurden vom Guru und den Anhängern abgewehrt. Schließlich sei die sexuelle Verbindung doch für die Frauen eine besondere Gnade des Gurus. Es kam eben auf den Blickwinkel an.

Ich nahm mir viel Zeit und traf die verschiedensten Charaktere. In dieser Zeit bekam ich den ersten **positiven Eindruck vom Hinduismus.** Ein wenig lernte ich das Chaos zu verstehen. Meine Gesprächspartner waren Hindus und Westler. Bei den Hindus lernte ich etwas über ihre Religion und ihre Bräuche, meinesgleichen brauchte ich zur Diskussion des Gehörten und Erlebten. Sie teilten eine mir vertraute Gedankenwelt.

Ich kaufte mir die ersten Bücher über den Hinduismus. Eine Engländerin, die schon viele Jahre hier am Ganges lebte, wurde mir eine gute Freundin. Sie lebte bei ihrem Guru, einer bemerkenswerten Persönlichkeit. Er lebte sein religiöses Wissen und seine Erfahrungen. Wir verbrachten viel Zeit miteinander. Sie schafften es mit unendlicher Geduld und Liebe, mir, einer eingefleischten Protestantin, die Unmenge an Göttern und Göttinnen näher zu bringen. Ich baute meine Abneigung dem Hinduismus gegenüber ab und begann, mich auseinanderzusetzen. Ganz langsam entwickelte ich den Wunsch, mich näher mit indischer Kultur und Religion zu befassen. Und ich begriff die Notwendigkeit, mein über Jahre entwickeltes Überlegenheitsgefühl zu hinterfragen.

Aber diese Gegend am Ganges war, ähnlich wie Dharmsala, eine Ausnahme in Indien. Auch hier hatte sich eine große Anzahl von Westlern einquartiert, die größtenteils auf einer Art religiösen Suche war. Manche waren extrem eigenartig. Es war spannend, mit ihnen zu diskutieren. Einige waren allerdings auch verrückt geworden. Ich fand Freunde. Ich begann, **mich in Indien einzuleben,** mich mit manchen aus meiner Sicht absonderlichen Riten und Verhaltensweisen anzufreunden. Voller Energien und ein bisschen traurig brach ich einige Wochen später auf, um mich langsam dem Endziel meiner Reise zu nähern.

Meine Einstellung dem indischen Volk gegenüber hatte sich geändert. Auf meiner Weiterreise konnte ich viele Ratschläge umsetzen. Ich ließ unangenehme Fragen unbeantwortet. Häufig ignorierte ich die Frager einfach. Auch **mein Auftreten** hatte sich geändert. Ich achtete darauf, dass meine Kleidung sauber war und ich vom Image des Hippie-Touristen wegkam. Ich lernte die Vorzüge der einheimischen Kleidung kennen. Selbstverständlich sah ich im Sari besser aus als in alten Jeans. Bequemer war es auch. Mein herzhaftes lautes Lachen auf ein zurückhaltendes Lächeln umzustellen, vergaß ich meist. Auf Blickkontakte wollte ich auch nicht verzichten. Das machte dann den Leuten bisweilen Mut zu Annäherungsversuchen. Aber das waren kleine Rückschläge, mit denen ich umgehen konnte. Das Leben war leichter geworden. Ich wurde gelassener und regte mich nur noch selten auf.

Jetzt bekam ich auch erstmals engeren Kontakt mit indischen Frauen. Sie luden mich zu sich nach Hause ein. Ich bekam einen Einblick in ihr tägliches Leben. Nicht, dass ich die Inder nun so viel besser verstand. Dahin war es noch ein weiter Weg. Aber ich begann, **Fremdes mehr zu tolerieren,** einiges zu begreifen. Meine eigene Kultur war mittlerweile in weite Ferne gerückt. Meine Kontakte zu den westlichen Touristen wurden weniger. Ich brauchte sie jetzt seltener.

Dann kam das Rückflugdatum näher. Als ich **wieder in Kalkutta** ankam, hatte sich die Stadt verändert. Es war heiß und stickig geworden. Keine Leute unter Plastikfolien in der Kälte mehr. Die Stadt hatte für mich ihre Schrecken verloren. Ich fand sie plötzlich interessant, fast schön. Das bunte und fröhliche Treiben faszinierte mich. Noch ausstehende Behördengänge schaffte ich spielerisch, mit freundlichen und interessierten Gesprächen und immer einer Tasse Tee dabei. Es war einfach nett. **Hatte ich mich verändert oder die Inder?**

Der **Heimflug** war ein Schock. Diese großen bleichen Menschen auf den russischen Flughäfen. In Moskau starrte mich ein Beamter bei der Passkontrolle minutenlang an. Das sei doch nicht mein Foto? Angst kam in mir hoch. Dann fragte er mich aus und ließ mich weitergehen.

In Frankfurt erwartete mich grauer deutscher Himmel und unfreundliche Bahnbeamte. Die Zeit, wo mir die Leute freundlich den Zug zeigten, war vorbei. Hier hieß es: *„Gucken Sie doch selbst, wo der Zug fährt!"* und *„Können Sie nicht lesen?"*

Lange hatte ich Schwierigkeiten, mich wieder **einzugewöhnen.** Ich vermisste die Freundlichkeit und Hilfsbereitschaft im alltäglichen Leben. Die Sprache war nicht mehr blumig und ausschweifend, sondern kurz und direkt. In den Geschäften wurde ich nicht mehr umworben, sondern meist eher als Störfaktor behandelt. Kein ausgiebiges Geplauder mehr, alles musste schnell gehen. War der Zeitmangel das Geheimnis? Bei meinen letzten Indienbesuchen schien es jedoch so, dass auch in Indien – zumindest in den Großstädten – mit der unendlichen Menge an Zeit etwas geschehen ist. Zeitknappheit und Stress scheinen sich dort eingeschlichen zu haben. Der Umgangston beginnt sich zu ändern.

Während meines **Indologiestudiums** lernte ich Sprache, Kultur und Religion zu verstehen, weniger den Umgang mit den Menschen. Achtung vor dem fremden Land und anderen Anschauungen wurde nur von wenigen gelehrt. Einfacher war es anscheinend, auf die anderen herunterzusehen. Ein Selbstschutz?

Meine **Eheschließung mit einem Inder** traf auf viel Unverständnis. Allerdings nicht nur in Deutschland, auch während unserer Reisen in Indien gerieten wir bisweilen in merkwürdige Situationen. Allgemein wurde mein Mann für meinen Liebhaber gehalten. Kein Kind dabei – das konnte nur der Liebhaber sein. Außerdem waren unsere Namen verschieden, er hatte einen indischen, ich einen deutsch-indischen Doppelnamen. Das war gegen die Regeln. Das konnte nicht in Ordnung sein.

Eine ganz neue Erfahrung wird Indien zusammen mit unserer **indischen Pflegetochter** werden. Werden wir auch wieder wie ein Weltwunder angestarrt? Oder werden wir wie andere Familien behandelt?

Hin- und hergerissen im indischen Alltag

Die eigentliche Problematik ist längst klar geworden. Die Erwartungshaltung eines Reisenden ist in der Regel am eigenen Land ausgerichtet. Das fremde Land kennt man aus **Büchern, Filmen, Zeitungen.** Es hat den Vorteil, dass man es im Sessel, vielleicht bei einem Glas Wein, genießen kann. Es stinkt nicht, ist nicht laut, keine Moskitos stören. Alles ist angenehm weit weg. Niemand löst sich von der Leinwand und hält die Hand auf. Kein bleibendes schlechtes Gewissen stellt sich ein und zwingt zur Hinterfragung der eigenen Welt und ihrer Werte. Nichts Aufdringliches. Keine verkommene Kinderhorde, die uns Westler mit Steinen bewirft und wo man an schlechten Tagen am liebsten mit Steinen zurückwerfen würde. Der krasse Unterschied zwischen Arm und Reich ist weit weg. Die grenzenlose Neugier der Menschen mit ihrer unglaublichen Distanzlosigkeit, die andere Kultur mit ihrem Wertesystem bleiben unsichtbar. Und man ist in seiner eigenen angenehmen Welt, sobald man die Literatur zur Seite legt oder einfach nur per Knopfdruck.

Selbstverständlich **empfindet jeder die Fremde anders,** je nach Alter, Geschlecht und Sozialisation. In der Regel wird der Norddeutsche, dem man nicht umsonst Kontaktschwierigkeiten nachsagt, es sehr schwer haben mit einem Volk, dass derart Anteil an seinem privatesten und intimsten Leben nimmt. Der westliche Mann wird anders vereinnahmt als eine Frau. Ihn wird niemand beschützen oder bevormunden wollen. Selten wird er zum begehrten Fotomotiv. Ich traf viele männliche Reisende, die aufblühten in den indischen Männerrunden. Hier war die Welt noch in Ordnung – ihrer Meinung nach.

Manche Westler schätzen auch die billigen Arbeitskräfte. Plötzlich können sie sich mit Dienern umgeben, täglich mit dem Taxi fahren. Zu Hause können sie sich einen derartigen Luxus meist nicht leisten. Ich erinnere mich an einen Bekannten, der mir mit leuchtenden Augen erzählte, dass er für jedes seiner zwei Kinder ein Kindermädchen habe.

Am schlimmsten empfand ich die **Neugier und die damit verbundene Distanzlosigkeit.** In der Neugier war das einfache Volk unschlagbar. Unzählige Augenpaare, die mich überall hin verfolgten, selbst auf die Toiletten oder durch das Schlüsselloch eines Hotelzimmers. Konnte es sein, dass sich diese Westler auf andere Art entleerten? Wie wuschen sie sich? Jemand behauptete, letzteres täten sie gar nicht. Sie sähen doch immer schmuddelig aus. Es gab Zeiten, in denen ich mich ständig beobachtet fühlte. Manchmal fühlte ich mich wie ein Tier im Käfig, das von allen Seiten begafft wird und sich nicht dagegen wehren kann.

Dieses Verhalten der Inder brachte mich bisweilen zur Raserei, zum Brüllen. Den einen oder anderen bedrohte ich auch mit den Fäusten. Einmal sprang ich auf jemanden zu und wollte ihn packen. Entsetzt stürzte er davon. Wie ein blutrünstiges Wesen aus einer der anderen Welten mag ich manchen Leuten vorgekommen sein. Ich benutzte Worte, die mich heute noch rot werden lassen. Teils in Englisch, bisweilen auch in Deutsch. Besonders unangenehm war es, als wir uns zu dritt in wüsten Ausdrücken über die indischen Männer ergingen und dann von einem Inder auf deutsch darauf angesprochen wurden. Rot sind wir geworden, alle drei, aber hatten wir denn nicht recht?

Allerdings hatte die Distanzlosigkeit auch eine positive Schwester. Diese traf ich im Zug von Bombay nach Delhi. Sie hieß **Nähe und Geborgenheit.** Ich habe sie nur sehr selten getroffen. Am Ganges bei der Engländerin und ihrem Guru war sie auch zu Hause. Nicht oft habe ich mich Menschen so nah gefühlt. Die Kinder in Indien erleben diese Nähe häufig in ihrer Mutterbeziehung. Beneidenswert. Die Distanz zu den übrigen Erwachsenen wiederum lehrt Respekt.

In den gebildeteren Schichten wird ein privates Eigenleben der Familienmitglieder meist eher toleriert. Obwohl meine Erfahrung ist, dass die Männer es vielfach einfacher haben. **Indische Frauen** stehen häufiger unter Aufsicht. Ihr Verhalten wird strenger beobachtet. Nicht nur die Besorgnis um sie führt zum Kontrollverhalten. Der Ruf der Familie ist gefährdet, wenn Frauen sich regelwidrig verhalten. Und aus unerfindlichen Gründen traut man dem weiblichen Geschlecht eher anstößiges Benehmen zu, neigt aber dazu, dieses bei Männern zu tolerieren oder wegzusehen.

Selbst westlich orientierten Familien fällt es schwer, ihre Frauen allein etwas unternehmen zu lassen. Wie schwierig ist es immer noch, meiner Schwiegerfamilie klar zu machen, dass ich auch manchmal allein sein möchte. Wirft man einen Blick in die einschlägige Literatur, wird manches verständlich. Heißt es doch, dass Mädchen und junge Frauen, selbst ältere Frauen auch im eigenen Haus nichts unabhängig machen sollen. In der Kindheit haben sie sich nach dem Vater zu richten, nach der Eheschließung nach dem Gatten, nach dessen Tod nach den Söhnen ... (z. B. Gesetzbuch des Manu, V, 147ff). Das klingt uns gar nicht so fremd, sind doch auch in westlichen Ländern noch Spuren dieser einst weit verbreiteten Ansichten vorhanden. Und dass Fröhlichkeit, Sauberkeit und Sparsamkeit idealerweise zu den Qualitäten der Frauen gehören, ist auch nichts Neues.

Meist erlebte ich **Frauen- oder Männergruppen,** selten waren sie gemischt. Und bei Besuchen unterhalten sich selbstverständlich Frauen untereinander und Männer ebenso. Die Frauen haben offenbar auch kaum den Wunsch, dieses Verhaltensmuster zu ändern. Warum sollten sie sich mit der Männerwelt auseinandersetzen? Sie hätten doch ihre eigene Welt. Männer hätten ihre Themen, sie die eigenen.

Westliche Frauen haben einen Sonderstatus, bei ihnen wird einiges Verhalten toleriert, was für Inderinnen tabu ist. Dafür müssen sich westliche Frauen häufiger gegen Annäherungsversuche wehren, mit denen Inderinnen viel seltener Probleme haben.

Wichtig ist es zu wissen, dass es ein ganzes **Regelwerk für Hindus** gibt. Je nach Geschlecht, Stand und Gegend gibt es große Unterschiede. Der Umgang innerhalb der Familie ist genau geregelt. Dazu gehört nicht nur das Verhalten zwischen den Eheleuten und ihren Kindern, sondern auch der Respekt gegenüber den Älteren, besonders den Eltern und Schwiegereltern. Typisch ist ein meist eher ungezwungenes Verhalten im Geschwisterkreis. An bestimmten Tagen sind bestimmte Riten durchzuführen. Für das Wohlergehen des Ehemannes sollte an manchen Tagen gefastet werden. Ganze Kapitel in den hinduistischen Gesetzesbüchern sind dem alltäglichen Tagesablauf gewidmet. Unzählige Mythen und die zwei fast allen Hindus bekannten Epen Mahabharata und Ramayana berichten von tugendhaften Männern und Frauen, die gewissenhaft ihre Pflichten erfüllen.

Will man als Westler integriert werden, kommt man nicht umhin, sich mit diesen Regeln auseinanderzusetzen und sich zu einem großen Teil anzupassen. Ein gepflegtes Äußeres gehört ebenso dazu wie das entsprechende Auftreten in der Öffentlichkeit.

Für westliche Frauen, die sich mühsam ihre Unabhängigkeit erkämpft haben, ist Indien schwierig. Dort **im Kreise der Schwiegerfamilie** zu leben, würde zwangsweise in vielen Fällen zu einem zumindest teilweisen Identitätsverlust führen. Das kleinere Übel wäre eine ständige Gratwanderung zwischen Eigenständigkeit und Abgabe der Verantwortung an den Ehemann und dessen Familie. Andererseits wird man befreit von vielen unliebsamen Verpflichtungen und kann sich bei einem genügenden finanziellen Polster eigenen Sachen widmen.

Und das Versorgt- und Beschütztwerden als Frau hat auch angenehme Seiten. Das habe ich unterwegs oft genug zu schätzen gewusst und genieße es auch jetzt, wenn ich mit meinem Mann unterwegs bin.

Ein weiteres großes Problem waren für mich die **extremen sozialen Unterschiede** und die sozialen Randgruppen. Ganz unerträglich waren – und sind – die zerlumpten, fast unmenschlichen Wesen auf den Abfallhalden. Immer wieder kommen sie in meinen Gedanken zum Vorschein. Ich habe es noch nicht geschafft, sie aus meinem Hirn zu löschen. Mir sind viele Menschen begegnet, die diesem Konflikt einfach dadurch aus dem Weg gingen, dass sie die sozialen Probleme ignorierten: entweder zu Hause bleiben oder in einem Luxus-Resort einen Hotelurlaub mit Swimmingpool genießen. Das ist freilich einfacher, aber nicht notwendigerweise besser. Es ändert nichts an der Situation. Die Existenz dieser Randgruppen ist real. Man kann sie nicht wegleugnen.

Bei mir hat die Auseinandersetzung mit den Problemen des indischen Alltags zur **Hinterfragung der eigenen Kultur** und der eigenen Persönlichkeit geführt. Tragen wir nicht dazu bei, dass diese Ungleichheit besteht? Selbstverständlich wollen wir die billigsten Artikel im billigsten Laden kaufen, obwohl uns irgendwo im Kopf bewusst ist, dass diese Preise nur gehalten werden können bei Minimallöhnen und billigster Kinder- und Frauenarbeit. Auch der Verdienst der Männer lässt häufig genug nicht viel Spielraum zum Überleben. Wer wundert sich dann, wenn die Kinder und Bettler hinterherlaufen und um einen Bakschisch bitten? Oder auch ganz normale Menschen nach Geld und Geschenken fragen?

Oder die Korruption ungeheure Ausmaße annimmt? Nicht, dass es in den reichen Industrieländern, wo man es eigentlich nicht nötig hat, keine Korruption gibt!

Fast unlösbar schien mir der **Umgang mit den Bettlern.** Gab ich einem etwas, war ich plötzlich von einer Heerschaar umgeben. Schenkte ich einem Kind eine Banane, wuchsen aus dem Boden sofort 20 andere und wollten auch eine. Noch schlimmer empfand ich die jungen Frauen mit ihren Kleinkindern.

Am einfachsten waren die Tempel-Bettler zu verkraften. Man geht zum Geldwechsler und gibt dann jedem eine Münze. Die ganze unendliche Reihe lang. Diese Gabe, eher ein Ritual für den Tempelbesuch, kann man auch unterlassen mit der Gewissheit, dass andere Menschen die Münzen zuwerfen werden.

Was macht man mit dem Rest? Sie einfach ignorieren, wie die Einheimischen es häufig vorleben? Natürlich beglückt uns ein strahlendes Kindergesicht. Aber was macht man mit den anderen enttäuschten oder gar wütenden Kindergesichtern? Man muss sich klar darüber sein, dass mit einem Geschenk keine Not gelindert werden kann. Vielleicht vergrößert man das Elend sogar, wenn z. B. die Münze sofort in Alkohol umgesetzt wird. Oder wenn ein größeres Kind kommt und dem kleinen die Banane wegreißt. Also – gar nichts geben oder geben, wenn man Freude bereiten möchte? Ich habe mich mittlerweile für die letzte Variante entschieden. Manchmal ist mir ein fröhliches Gesicht wichtig. Auch wenn dieser Ausdruck nicht lange bleiben oder das Geld sinnlos ausgegeben wird.

Es ist ein sehr langwieriger, harter, vielleicht nie endender Lernprozess, dem Blick derer, die leer ausgehen, standzuhalten. Besser weicht man ihm aus. **Wirkliche Hilfe** geht nur über bewährte Organisationen oder man ruft selbst ein entsprechendes Projekt ins Leben.

Im religiösen Bereich hat der Gedanke des Broterwerbs bisweilen merkwürdige Blüten getragen. Bei uns heißt es, ein Übel der indischen Gesellschaft seien die vielen Gurus und Brahmanen, die den Touristen und Einheimischen das Geld abnehmen. Das habe ich noch in der Schule gelernt. **Geld gegen Wahrheit.** Oder wie komme ich zu einer besseren Wiedergeburt. Ganz krass erlebten wir es in Puschkar. Wir diskutierten lange mit einem Asketen. Er wollte Geld für einen Tee. Als Gegenleistung bot er seine Lehre an. Wir luden ihn ein und unterhielten uns mit ihm. Seine sehr konfuse Lehre, eine seltsame, unstimmige Mischung hinduistischer Anschauungen, wollte er uns verkaufen. Zu diesem Zeitpunkt hatte ich mich schon eingehend mit dem Hinduismus auseinandergesetzt. Irgendwann gab er sich geschlagen. Dann begann er zu erzählen. Er hatte als ungelernter Arbeiter im Straßenbau härteste Knochenarbeit geleistet. Das war sehr mühsam und minimal bezahlt. Er entschloss sich, auszusteigen und Asket zu werden. Da er den finanziellen Erfolg seiner Berufsgenossen sah, die Touristen und religiös Suchenden ihr Wissen verkauften, schlug er denselben Weg ein. „Kundschaft" gab es genug.

Zum Zeitpunkt unseres Gesprächs hatte er seine Diener, war sauber gekleidet, wohl genährt, und es fanden sich immer wieder Westler, die ihm Geld gaben. Seine Lehre verstand er eigentlich selbst nicht, aber er unterrichtete das, was er bei anderen aufgeschnappt hatte. Ob er sich nicht schlecht damit fühle, ein schlechtes Gewissen habe. Erstaunt schüttelte er den Kopf. Warum denn, die Westler hätten genug Geld. Wer seine Regeln befolge, werde auf alle Fälle zu einer besseren Wiedergeburt kommen. So einfach war das. Im Westen ist das materielle Paradies, aber die wahre Lehre gib es nur in Indien.

Aus seiner Sicht hatten wir alles Materielle, und es war völlig in Ordnung, etwas an ihn abzugeben. Sicherlich hatte er auch gelernt, dass Asketen ein Anrecht auf Almosen haben. So steht es in vielen traditionellen Texten. Unzählige Mythen berichten von reich beschenkten Asketen und der Strafe der Geizhälse.

Ganz anders ist dagegen der Ansatz bei Ram Sharanam, einer hinduistischen Gruppierung in Delhi. Ich verbrachte viel Zeit mit den Anhängern und dem Oberhaupt dieser Gemeinschaft, um Material und Informationen für meine Magisterarbeit zu sammeln. Die Leute waren von größter Freundlichkeit und Großzügigkeit. Auch als Nicht-Hindu war ich willkommen. Lehre im Austausch gegen Geld? Nein, das war undenkbar.

Indien ist für mich ein Land, das ich nur eine bestimmte Zeit lang ertragen kann. Ich bräuchte noch mehrere Leben, um dort ein Heimatgefühl zu entwickeln.

Derweilen wird es Zeit, in Europa ein **Zuhause** zu finden. Schweden mit dem rauen Klima und der fremden Sprache ist eine große Herausforderung, besonders für meinen Mann und das Kind. Eine Art Experiment mit ungewissem Ausgang. Aber wir haben Zeit. Den Kindern fällt die Integration in eine neue Gesellschaft meist am leichtesten. Die Alten können dann nachziehen. Und vielleicht werden wir dort Wurzeln schlagen.

Die Autorin

Erika Chugh wurde 1952 in Neu-
münster geboren. Nach ihrer kaufmännischen Ausbildung hatte sie
die Möglichkeit, mehrere Monate
in den USA zu verbringen und drei
Jahre später ein halbes Jahr durch
Indien zu reisen. Die dort gesam-
melten Erfahrungen weckten ihr Interesse an der indischen Kultur und
Sprache. Später studierte sie Indologie, Sinologie und evangelische
Theologie. Ihr Hauptinteresse galt
dem Religionsvergleich. Während
des Studiums lernte sie ihren indischen Mann kennen. Seit dem Jahr
2000 lebt ein indisches Pflegekind
in ihrer Familie.

Erika Chugh fährt fast jedes Jahr für einige Wochen nach Indien. Sie
gehört zu denen, die durch den Einfluss einer anderen Kultur ihre eigene
Kultur sehr in Frage gestellt sehen.

Seit Juni 2002 wohnt sie in Mellerud, Schweden. Dort arbeitet sie zur
Zeit an einer Veröffentlichung zu einer neohinduistischen Religionsge-
meinschaft in Nordindien. Geplant ist auch die Aufzeichnung ihrer Erfahrungen als Immigrantin in Schweden.

Rainer Krack

THAILAND: ASSIMILATION DES LANGZEIT-„EXPATS" – DIE DREI PHASEN DER EINGEWÖHNUNG

Kulturschock und Eingewöhnung

Reisen bildet – den Wahrheitsgehalt dieser Binsenweisheit kennen wir wohl alle. Noch mehr als das Reisen – auch da sind wir uns wohl einig – bildet der **Langzeitaufenthalt in einem fremden Land,** sei dieser aus beruflichen oder sonstigen Gründen. Viele „Expats", vor allem solche, die lange Jahre in verschiedenen Ländern verbracht haben, könnten ganze Bücher mit ihren Erfahrungen füllen – und nicht wenige tun dies auch, wie hier unzweifelhaft demonstriert wird.

Anders als der Reisende, der einen kurzen, vielleicht auch heftigen Kulturschock erlebt (bzw. durchleidet), unterzieht sich der „Expat" einer ganzen **Serie von Schocks,** kleinen als auch größeren. Diese Schockserie ebbt jedoch mit der Zeit ab und macht bald einem natürlichen Gewöhnungsprozess Platz. Dieser **Gewöhnungsprozess** beinhaltet zahlreiche Höhen und Tiefen – Ekstase und Verzweiflung wechseln sich ständig ab, um es einmal ein wenig dramatisch auszudrücken. Das Ausmaß dieser Höhen und Tiefen hängt weitgehend vom Land ab: In einem Land wie Indien schlägt das Pendel wilder aus als im relativ milden Thailand oder dem gar so westlich anmutendem Singapur (nur um ein paar Länder zu nennen, mit denen der Autor besonders vertraut ist).

Nach dem anfänglichen „Schock", der Verwunderung und dem Unverständnis über das fremde Land beginnt der allmähliche Prozess der Gewöhnung – logisch. Was zu Anfang befremdlich, unverständlich oder gar erschreckend wirkte, wird im Laufe der Jahre zunehmend als „normal" empfunden. Es findet so etwas wie eine „mentale Einbürgerung" statt. Manche Langzeit-„Expats" fallen sogar einem Verhalten anheim, das in britischer Kolonialzeit etwas spöttisch als **„to go native"** („zum ‚Eingeborenen' werden"; „es den Einheimischen nachmachen") genannt wurde: Sie streifen ihre alten Denk- und Handlungsmuster ab und übernehmen die der neuen Heimat. Dabei werden so manche „Expats" sogar einheimischer als die meisten Einheimischen. Ich denke zum Beispiel an Westler, die in Indien als Sadhus herumziehen, in der einen Hand einen Dreizack, das Symbol Shivas, und in der anderen einen *lota,* ein kleines Wassergefäß – da staunt selbst der indische Durchschnittsbürger. In anderen Ländern bieten sich landesspezifisch andere Wege zum „going native" an.

Das „going native" setzt selbstverständlich voraus, dass die betreffende Person eine große Affinität für ihre neue Wahlheimat hegt oder zumindest für zahlreiche Aspekte derselben und sich dort aus freien Stücken aufhält. Leute, die aus beruflichen Gründen ins Ausland versetzt werden und ihren Aufenthalt dort eher als Strafe empfinden, werden wohl weit seltener dem „going native" anheimfallen. Unmöglich ist aber auch das nicht, denn aus Abneigung kann Liebe für ein Land werden.

Gelegentlich kann das „going native" in **„going troppo"** [1] übergehen, dem Ausflippen, dem kulturellen Tropenkoller – ganz gemäß dem alten Gassenhauer von *Noël Coward: „Mad Dogs and Englishmen Go out in the Mid-Day Sun"* („Verrückte Hunde und Engländer gehen in der Mittagssonne spazieren") [2]. Die Gewöhnung an das Fremde mag so manchen emotional oder intellektuell überfordern und über die Stränge schlagen lassen. Oft sind die Grenzen zwischen „going native" und „going troppo" verschwommen.

Aber zurück zur ganz **„normalen" Eingewöhnung.** Aus eigener Erfahrung verläuft der Eingewöhnungsprozess in drei deutlich unterschiedlichen Phasen, die alle mehrere Jahre andauern. In diesen Phasen ändert sich die Haltung sowohl gegenüber dem Gastland als auch der eigenen Heimat oft in ganz dramatischer Weise.

Die Eingewöhnung ist ein **kontinuierlicher Lernprozess,** in dem der „Expat" nicht nur die fremde, sondern auch die eigene Kultur mit ständig neuen Augen sieht. Vor allem aber lernt er/sie eine ganz bestimmte Person besondern intensiv kennen: sich selbst! Die Konfrontation mit dem Neuen zwingt zur Überprüfung der eigenen Werte, und da kann es mental so manches Mal ganz schön rappeln! Langzeitaufenthalte in einem fremden Kulturkreis sind immer auch eine **Entdeckungsreise in die eigene Psyche,** eine Konfrontation mit sich selbst.

Oft bemerkt man erst im Ausland, wie „deutsch" (hier lässt sich auch jede beliebige andere Nationalität einsetzen) man eigentlich ist. Wenn zum Beispiel die Autos vor der roten Ampel in der Dritte-Welt-Metropole erst einen Meter hinter dem weißen Haltestreifen stoppen, da mögen so manches Mal Gedanken aufkommen wie „Keine Disziplin die Leute hier! Bei uns bekämen die einen Strafzettel!" – und da hat man sich dann mal wieder als **deutscher Ordnungsbürger** (oder zumindest Bürger der so genannten „Ersten Welt") enttarnt! Guten Morgen, Herr Krack! Heute schon Sauerkraut gegessen und die Gartenzwerge geputzt?

Doch zurück zur Drei-Phasen-Theorie: Die „Symptome", die der Langzeit-"Expat" in diesen Phasen durchlebt, mögen von Fall zu Fall selbstverständlich variieren; wie erwähnt, beruhen die folgenden Ausführungen auf jahrelanger **Eigenerfahrung** sowie der **Beobachtung von westlichen „Expats",** die eine ähnlich lange Zeit im Ausland (in diesem Falle Thailand) verbracht haben wie der Autor. Für empirische Genauigkeit kann keineswegs garantiert werden!

Zuerst exotisch, dann total abzulehnen – die Sicht auf Erscheinungen im Gastland kann sich während der Eingewöhnung radikal ändern

Außerdem verläuft der Eingewöhnungsprozess sicherlich unterschiedlich, je nachdem, ob jemand **aus freien Stücken** in einem Land lebt, dem gegenüber man ohnehin schon immer positiv eingestellt war, oder ob man dorthin nolens-volens versetzt worden ist. Wir beschäftigen uns hier mit der ersten Kategorie. Personen, die gegen ihren Willen in einem fremden Land leben müssen, werden es möglicherweise ohnehin nicht so lange aushalten und kaum Langzeit-„Expats" werden. Falls ihnen dennoch aus irgendeinem Grunde nichts anderes übrig bleibt, werden sie sich wohl meist zu notorischen Nörglern und Menschenhassern entwickeln.

Hier also die Krack'sche Theorie:

Die Theorie der drei Phasen der Eingewöhnung

Phase 1

Grundstimmung: Alles ist herrlich, „exotisch" und faszinierend in der neuen Heimat, zumindest aber hochinteressant. Jeder Tag ist ein kleines Abenteuer. Die Menschen in der neuen Heimat sind gut, irgendwie viel netter und umgänglicher als daheim. Die neue Heimat scheint vieles von dem zu bieten, das man zu Hause vermisst hat. Der Wechsel in die neue Heimat wird als **durchweg positiv** betrachtet. Negative Aspekte, die man bemerkt, werden romantisiert oder gar gänzlich verdrängt. Nichts soll den Glauben stören, dass in der Wahlheimat wirklich alles besser ist.

Phase 2

Grundstimmung: Es ist bei weitem nicht alles Gold, was (anfänglich) glänzte. Die einstige vermeintliche „Exotik" ist dem Alltag gewichen. Vieles, was zuvor fasziniert hat, ist selbstverständlich geworden, es wird gar nicht mehr wahr genommen. Viele Aspekte der neuen Heimat stoßen gar auf, werden abgelehnt; **Frust** macht sich breit. Zahlreiche Illusionen, die man sich über das betreffende Land gemacht hat, scheinen zerstört. Es stellt sich die Frage, ob der Umzug in die neue Heimat richtig war. Alternativen werden überdacht – vielleicht zurück in die alte Heimat? Oder ein anderes Land ausprobieren?

„Die Exotik ist dem Alltag gewichen."

Phase 3

Die Wogen des Aufbegehrens gegen viele Aspekte des Landes haben sich geglättet, die neue Heimat wird in fast jeder Hinsicht **akzeptiert.** Das zuvor fremde Land ist nun tatsächlich das neue Zuhause geworden, die **pychologische Integration** ist perfekt. Zwar ist offensichtlich, dass vieles in der neuen Heimat im Argen liegt, dennoch wird es als „normal" hingenommen, toleriert. Schließlich ist nichts und niemand perfekt, schon gar nicht man selber und beileibe auch nicht das eigene Land. Besuche in der alten Heimat lösen einen umgekehrten Kulturschock aus; sie vermitteln das Gefühl, dass man dort wahrscheinlich nicht wieder leben möchte – vielleicht auch gar nicht mehr könnte. Man ist zum Fremden im eigenen Land geworden.

Die drei Phasen in der Praxis

So in etwa verlief der Eingewöhnungsprozess bei mir selbst und möglicherweise auch bei vielen anderen „Expats" in einer ähnlichen Situation. Alle folgenden Beispiele für den Fall Thailand lassen sich mit etwas Fantasie wohl auch auf andere Länder übertragen.

Phase 1

Ich erinnere mich noch allzu gut an meine Phase 1, die **1986 in Bangkok begann.** Ich hatte mir Bangkok als Standort ausgesucht, um von dort Süd- und Südostasien zu bereisen und Bücher und Zeitungsartikel zu schreiben. Es war eine faszinierende Zeit: Bangkok, dieser Moloch aus Beton und Autoblech, brodelte vor Menschen, Hitze und fremdartigen Gerüchen. Die goldverzierten Tempel, die das Stadtbild prägen, gaben der Stadt einen Hauch einer **Märchenstadt** – eine Märchenstadt, in der man allerdings auf keine der Bequemlichkeiten der modernen Zeit zu verzichten brauchte, ganz anders als zum Beispiel in den großen Metropolen Indiens, mit denen ich so gut vertraut war. Bangkok wurde zum Synonym für Charme, Ästhetik, Dynamik, Annehmlichkeit und Sanftheit, das Ganze gewürzt mit der richtigen Portion von Chaos, denn so aufgeräumt und „steril" wie im Westen sollte es ja nun doch nicht sein, richtig? Liebe oder Sympathie zu einem Land führt wohl oft zu dem Gedanken sich dort nieder zu lassen und dann so gut wie möglich zu integrieren.

Zur Integration gehört in erster Linie das **Erlernen der Sprache;** das ist nicht immer leicht, aber machbar. Dann folgt die Akzeptanz und Übernahme von (zumindest einem großen Teil) der **Traditionen, Gebräuchen und Wertvorstellungen** des Gastlandes, was schon etwas schwieriger ist. Das Teilhaben an landeseigenen Traditionen und die Übernahme von Wertvorstellungen vermitteln das Gefühl „dazu zu gehören".

Dazu ein ganz persönliches Beispiel: In Thailand wird jeden Abend um 18 Uhr aus öffentlichen Laustprechern die **Nationalhymne** gespielt. Während die Hymne abgespielt wird, ganze 45 Sekunden lang, kommt das Leben weitgehend zum Erliegen; Passanten bleiben stocksteif stehen und lauschen stumm, in tiefem Respekt. Sind die letzten Klänge der Hymne verklungen, geht das Leben unvermittelt weiter, so als wäre nichts geschehen. Ich erinnere mich, wie ich es in den ersten Jahren in Bangkok den Thais gleich tat und beim Abspielen der Nationalhymne das stolze Gefühl hatte, Teil einer neuen, „exotischen" und magischen Welt zu sein. Ich gehörte nun dazu. Die thailändische Nationalhymne war plötzlich auch die meine. In Deutschland hätte ich beim Anhören(müssen) der Nationalhymne sicherlich die Augen verdreht und zähneknirschend etwas von tumb-braunem Patriotismus gemurmelt – aber so ändern sich die Werte: Was im eigenen Land strikt abgelehnt wird, wird in der Wahlheimat oft widerstandslos **akzeptiert oder gar romantisiert.**

Dafür gäbe es viele Beispiele. **Korruption** in Deutschland? Schrecklich, was soll nur aus dem Land werden? Ist ja schon wie eine Bananenrepublik, ein echter Saustall! Korruption in Thailand? Ach, geben wir dem Verkehrspolizisten mal 100 Baht, dann vergisst er, dass wir in der falschen Spur gefahren sind und grüßt zudem noch ganz zackig-höflich. Wie gut, dass man hier alles so freundschaftlich regeln kann! Hier besteht noch echte Menschlichkeit, Herzenswärme und Flexibilität! Eine ähnliche Haltung zeigt sich auch oft bei multinational tätigen Firmen, die sich in der westlichen Heimat als Bastionen der Korrektheit präsentieren, in der „Dritten Welt" aber auch schon mal gerne einen Geldkoffer an die richtige Adresse schicken; das erspart oft den Weg durch lange, schwer berechenbare Instanzen. Einstellung: Das ist hierzulande halt so üblich!

Vieles wird in der Anfangsphase in der Wahlheimat romantisiert und idealisiert. Es **fehlt die nötige Reflektion,** die „Ein"-sicht. Als ich in Bombay einen dort seit einigen Monaten lebenden Amerikaner traf, schaute dieser fasziniert einem spindeldürren, schwitzenden Inder hinterher, der mühselig einen schwer beladenen Handkarren hinter sich her zog. Ein paar Sekunden beobachtete er ihn wortlos, dann entlockte es ihm den bewundernden Satz „Hier in Indien steckt so viel Würde in der Armut!" Ach, tatsächlich? Hätte er diese „Würde" auch in einem verlotterten Schwarzen-Ghetto in Los Angeles entdecken können? Oder gar, wenn er selbst in der Situation des Handkarrenziehers gewesen wäre? Wohl kaum. In Phase 1 der Eingewöhnung sitzt die **rosa Brille** oft wie angegossen auf der Nase (zumindest, wenn man, wie erwähnt, aus Sympathie und aus freien Stücken in dem betreffenden Land lebt). Die Glückshormone scheinen im freudigen Übermaß ausgeschüttet zu werden.

Phase 2

Irgendwann aber hat sich die rosa Brille abgenutzt und was zuvor bewunderswert oder gar „ideal" erschien, wird nun mit nüchternem, oft gar negativem Blick betrachtet. Dieser Prozess ist allmählich; bei manchen vollzieht er sich schneller als bei anderen. Vor allem in Dritte-Welt-Ländern kann der **Absturz von der romantisierten Möchtegern-Wahrheit zur grauen „Realität"** (wie subjektiv auch immer) extrem dramatisch sein. Hinter der Fassade des tropischen Urlaubslandes entdeckt der Langzeit-„Expat" – sofern er/sie die Augen nicht gänzlich verschließen will – oft einen hoffnungslosen Sumpf aus Korruption, Kriminalität, Inkompetenz und Laissez-Faire. Dieser Erfahrungs- oder Lernprozess bleibt nicht ohne Folgen: Zwangsläufig machen sich **Desillusion und Enttäuschung** breit. Was zunächst als ein kleiner Abklatsch des Paradieses empfunden wurde, erscheint nun vielleicht – in ebenso starker Verzerrung – als Vorhof der Hölle. Willkommen im Klub der Miesepeter und Nörgler! Die unangenehme Phase 2 der Eingewöhnung hat begonnen.

Es ist durchaus möglich, vielleicht sogar wahrscheinlich, dass die nun eingetretene Desillusionierung und Frustration genauso heftig ausfällt wie die vormalige Romantisierung – das Pendel schlägt zur anderen Seite aus mit derselben Intensität wie zuvor. „The higher they come, the deeper they fall", wie die Engländer sagen. Oder gestern hui, heute pfui.

In dieser Situation ist es nicht verwunderlich, wenn der „Expat" zu überdenken beginnt, ob der Schritt in die Fremde der richtige war; möglicherweise wird die **Rückkehr in die Heimat,** die plötzlich so wunderbar geordnet und gesittet erscheint, in Betracht gezogen. Oder man erwägt den **Umzug in ein anderes Land,** dass nun „nach reiflicher Überlegung" doch geeigneter zu sein scheint als das augenblickliche – möglicherweise wirken in dieser Situation alle Länder attraktiver als das, in dem man gerade lebt. Wer nun nicht richtig aufgepasst und die Lektion nicht gelernt hat, macht vielleicht wieder denselben Fehler und projiziert alle erdenklichen positiven Eigenschaften auf das neu anvisierte Land. Here we go again, Dummkopf!

Es ist nicht verwunderlich, wenn in dieser Phase 2 des Eingewöhnungsprozesses die Ehe oder andere Beziehungen des „Expats" unter seiner Frustration zu leiden beginnen. Dieses gilt umso mehr, wenn er/sie mit einer Person aus seiner/ihrer neuen Wahlheimat verheiratet oder liiert ist. Es besteht die Gefahr, dass er/sie allen **Frust über die Wahlheimat auf dem Partner ablädt,** der ja der augenscheinlichste, immer gegenwärtige Repräsentant des Gastlandes ist – so etwas wie Blitzableiter und

Sündenbock zugleich. Kommentare wie „Hast Du die Zeitung gelesen, was jetzt schon wieder für ein Mist hier los ist? Typisch für dieses hoffnungslose Land und diese nichtsnutzigen Leute!" (Implikation, gewollt oder ungewollt: „Und zu denen gehörst du ja auch!") Derartige Mäkeleien, in allen ihren möglichen Varianten, dürften in Phase 2 recht häufig zu hören sein. Der Beziehung förderlich sind sie sicher nicht. So manche der Ehen zwischen „Expat" und Einheimischen/Einheimischer dürften in dieser Phase bitter zugrunde gehen. Wenn nicht, dann sollte man sich bei allen Göttern bedanken – von nun kann es nur noch aufwärts gehen.

Phase 3

Ich bin nicht sicher, was es ist, das nach einigen Jahren das Pendel wieder ins Lot fallen lässt. Vielleicht ist es reiner **Selbsterhaltungstrieb?** Schließlich kann niemand sein ganzes Leben mit Mäkelei und Unzufriedenheit verbringen. Oder ist es vielleicht einfach die **kühle Ratio,** die Einsicht, dass alles so schlecht nun auch wieder nicht sein kann und dass auch im eigenen Kulturkreis vieles im Argen liegt? Dazu braucht man ja nur mal gelegentlich ein heimatliches Nachrichtenmagazin aufzuschlagen, dann wird dem „Expat" bewusst, welche bedauerlichen Zustände auch im eigenen Lande herrschen. [3]

In Phase 3 der Eingewöhnung nimmt der klare Menschenverstand wieder überhand, die Sichtweise wird realistischer, die Zustände in der Wahlheimat werden entsprechend eingeordnet und relativiert. Nachdem der Langzeit-„Expat" nun alle Höhen und Tiefen des Lebens in der „Fremde" erlebt hat (die „Fremde", die nun endlich keine mehr ist), kann er seine **Wahlheimat mit klareren Augen sehen,** vielleicht zum ersten Mal wirklich „objektiv". Negatives wird ebenso vermerkt wie Positives, und zwischen diesen beiden Polen entwickelt sich ein **dogmenfreies Bild,** zumindest im Idealfall. Man ist an alles „gewöhnt" (es hat ja auch viel Schweiß und Stress gekostet), nichts ist einem mehr fremd oder unverständlich, der Status Quo wird als „normal" akzeptiert. Die neue Heimat ist nun – nach vielen Jahren – wirklich zur Heimat geworden.

Ob das wirklich so ist, zeigt sich wahrscheinlich bei Reisen zurück in die alte Heimat. Wie reagiert man dort? Fühlt man sich als Fremder? Erscheint einem das Verhalten der Einheimischen als merkwürdig, unverständlich, unlogisch? Empfindet man die Zustände in der Wahlheimat als besser, angenehmer oder wünschenswerter? Weiß man nicht mehr genau, wie man sich in bestimmten Situationen zu verhalten hat? Meckert man über vieles in der eigenen Heimat (Phase 1 mit umgekehrtem Vorzeichen!)? Klappt's mit der eigenen Sprache nicht mehr so recht, weil man mittlerweile in einer anderen Sprache denkt? Wird man gefragt, woher man denn stamme, weil man irgendwie so „anders" auftritt und nicht in das Bild eines Einheimischen passt? (In etwa: „Was, aus Deutschland kommen Sie? Das kann ich ja gar nicht glauben! Sie sind so anders!") Falls alle obigen Fragen mit Ja beantwortet werden können, ist man wohl zum **„Ausländer" in der eigenen Heimat** geworden – ein seltsamer Zustand und ein kleines Abenteuer für sich. Eine geistige Gratwanderung zwischen den Welten. Ist man erst einmal in diesem Stadium angelangt, wird es sehr schwer sein, wieder Fuß in der alten Heimat fassen zu können. Viele Langzeit-„Expats" stellen bei Besuchen in der alten Heimat fest, dass sie dort „nie wieder leben könnten". Ob das tatsächlich so ist, steht natürlich auf einem anderen Blatt, denn wie die Drei-Phasen-Theorie zeigt, gewöhnt man sich ja an alles – wahrscheinlich sogar an die so seltsamen Deutschen und ihre bizarren Riten und Rituale.

Bleibt die glückliche Phase 3 der Eingewöhnung nun ein Dauerzustand? Können wir unsere kleine Abhandlung mit dem freudigen Satz beschließen „ ... and they lived happily ever after"? **Ende gut, alles gut?** Kann Wonne ewig wären? Kann die Sonne immer scheinen? Mundet die Tom-Yam-Suppe allzeit gut? Wer weiß. So weit sind wir leider noch nicht. Buddha bewahre, aber vielleicht geht ja irgendwann der ganze Kreislauf wieder von vorne los ...

---

1) *Gone troppo:* australischer Slang (Strine), etwa „vom Leben in der Tropenhitze verrückt oder exzentrisch geworden" – Dachschaden durch ungewohnt starke Sonneneinstrahlung! In seinem Ursprungsland muss der Ausdruck auch als Name für Segeljachten und Cocktails herhalten.

2) Das 1932 von dem Komponisten, Sänger, Dramatiker und Schauspieler *Noël Coward* (1899-1973) geschriebene Lied nimmt die abstrusen Gepflogenheiten der britischen Kolonialgesellschaft auf die Schippe. Der Titel des Lieds wurde zu einer Art selbstironischen Sinnbildes „typisch britischer" Exzentrizität. Der volle Text findet sich auf www.sabrizain.demon.co/uk/malaya/howard.htm.

3) Der Autor möchte sich in diesem Zusammenhang ganz herzlich beim „Spiegel" bedanken, dessen Lektüre ihm immer wieder vor Augen führt, wie hirnrissig, gruselig und schmutzig es auch in Deutschland zugehen kann. Spätestens nach fünf oder sechs zynisch-giftigen Seiten mit Schauernachrichten aus dem vom Untergang bedrohten Germanistan weiß ich: DORT MÖCHTE ICH NIE WIEDER LEBEN! Eine großartige psychologische Stütze für auslandsmüde deutsche „Expats"!

Der Autor

Rainer Krack, geboren 1952, studierte Indologie, bereiste den indischen Subkontinent (bisher) über sechzig Mal und verbrachte dort somit ingesamt über sieben Jahre. Seit 1986 wohnt er in Bangkok, von wo aus er regelmäßig Süd- und Südostasien bereist. Mehr als drei oder vier Wochen ist er selten an einem Stück in Deutschland. Im Reise Know-How Verlag Bielefeld sind von ihm zahlreiche Bücher über Thailand, Indien, Nepal und Sri Lanka erschienen – eine Liste, die ständig erweitert wird. Sein „KulturSchock Thailand" gilt als *das* Buch, um sich mit Thailand und der thailändischen Mentalität vertraut zu machen. Rainer Krack spricht Hindi, Bengali und Thai und – wie immer wieder von Thais erstaunt festgestellt wird – das Thai mit eindeutig indischem Akzent!

Hanne Chen

CHINA UND TAIWAN:
ALS EINE ALTE FRAU ÜBER DIE STRASSE GING

Shanghai, die Eindrücke eines halben Jahres

Sich einem Kulturschock zu stellen, ist eine langfristige und sehr persönliche Arbeit, aber das wusste ich nicht, als ich mit 23 Jahren zum ersten Mal in China landete. Ich hielt ihn für eine Art mentalen Jetlag, der nach einer Woche Ausschlafen vorbei ist. Wir waren 12 **Sinologie-Studenten** aus Heidelberg auf dem Weg nach Shanghai. Die meisten blieben für ein Jahr, ich für ein halbes. Im Nachhinein kommt es mir so vor, als seien die Eindrücke dieses halben Jahres so betäubend gewesen, dass nicht einmal Zeit blieb, den Schock überhaupt zu empfinden.

Wir kamen wenige Jahre nach Ende der Kulturrevolution in ein müdes, graues Land. **Ausländer fielen unglaublich auf.** Menschentrauben bildeten sich um uns, wo wir saßen und standen. So viele Menschen hatten wir noch nie gesehen. Es gab kein lauschiges Eckchen im Park, wo man einmal für eine halbe Minute hätte allein sein können, Menschen überall, sonntags noch mehr als sonst.

Dazu die laufende Kampagne gegen die geistige Verschmutzung aus dem Westen, was konkret hieß, dass die *gonganju,* die **Sicherheitspolizei,** sich in sämtliche unserer Kontakte einmischte, Briefe kontrollierte, Chinesen Telefonate mit uns verbot und selbstverständlich auch den Besuch auf unseren Zimmern. Dieses Verbot wussten wir zu umgehen, denn auch unsere Aufpasser vom Treppenaufgang zum Ausländer-Stockwerk mussten mal auf die Toilette oder gingen essen. Ich hatte eine chinesische Freundin, die hervorragend deutsch sprach und mit der ich mich seltsamerweise auf Anhieb verstand. Sie war meine Insel.

Der Rest von China war mir **ziemlich unverständlich:** Die sprachlos machende Grobheit, mit der man hier in einen Bus einstieg, Gleichgültigkeit und Brutalität im Straßenleben, Hinrichtungen, von uns nur wahrgenommen als Zettel mit rot durchgestrichenen Namen an öffentlichen Anschlagtafeln, das ständige Begafftwerden, Propaganda aus Lautsprechern selbst in Ecken, die Stille verhießen, Menschenmengen ohne Ende, überall Spuckgeräusche und die Rufe: *waiguoren, waiguoren, waiguoren* (Ausländer)! „Shanghai", sagte eine Kommilitonin später, „war wie einen Hammer auf den Kopf kriegen."

Propagierte und tatsächliche Wirklichkeit klafften weit auseinander. Als ein großes **Kinderfest** stattfand, wurden wir Ausländer eingeladen und in die erste Reihe gesetzt. Es gab Theater und Tänze und Tricks, aber wir saßen in der ersten Reihe, und hinter unseren breiten Rücken langweilten sich die Kinder, weil sie nichts sahen. Ein Amerikaner namens *John* hielt es nicht mehr aus. Die Amerikaner hatten manchmal mehr Zivilcourage als wir, und sie hatten mehr Schwierigkeiten. *John* wandte sich an einen der Kader mit der Bitte, nach hinten gesetzt zu werden, damit die Kinder etwas sehen könnten. „Sie sehen alles", sagte der Kader. Wir drehten uns um. Die Kinder hatten längst aufgegeben, nach vorne zu schauen. Es folgte eine heftige Auseinandersetzung zwischen *John* und dem Kader, über das, was die Kinder sahen. Der Chinese gewann. Sie gewannen immer. *John* war zum ersten Mal wütend.

Das **materielle Leben** war nach unseren Maßstäben bescheiden, aber das machte wohl niemandem ernsthaft zu schaffen. Es gab anfangs, als wir ankamen, nur eine Sorte Limonade, die allerdings ein dutzend Sorten ersetzte. Jede Flasche schmeckte anders, Zucker-, Wasser- und Geschmacksstoffgehalt variierten ständig. Komischerweise gab es in den Metzgereien kein Fleisch, aber Entenleber und Gehacktes aus 100 % Fett. Irgendwann kam Joghurt nach Shanghai, dann Butter, eines der westlichsten Güter überhaupt! Danach gab es bald Honig zu kaufen. Und dann jeden Tag etwas mehr. Die Kampagne gegen die geistige Verschmutzung aus dem Westen war abgeblasen worden, aber die wirkliche **Erleichterung** waren nicht Joghurt und Honig, sondern dass Chinesen uns besuchen durften, wenn auch mit Anmeldung.

Für uns wurde im Winter sogar **geheizt.** Jeweils morgens früh und nachmittags um vier oder fünf ging die Heizung für eine Stunde an. Die Heizung weckte uns jede Nacht, weil es auf einmal sagenhaft stickig wurde. Unsere chinesischen Kommilitonen kamen niemals in diesen Genuss, weshalb sie auch im eiskalten Shanghaier Winter bei offenen Fenstern lebten. Die Sonnenwärme, die von draußen tagsüber hereinkam, war allemal besser als die Kälte, die geschlossene Fenster drinnen halten konnten. Für chinesische Verhältnisse lebten wir **im Paradies:** nur zu zweit auf einem Zimmer (Chinesen zu acht bis zwölf), mit einer eigenen Mensa, die viel besser war als das, was die chinesischen Studenten kaufen konnten. Hier hatten wir auf einmal etwas, was wir zu Hause nie gehabt hatten: Geld im Überfluss! Das war jedenfalls die chinesische Sicht. Auf dem Markt stiegen die Preise schlagartig, wenn wir nahten.

Was allen zu schaffen machte, waren die **Menschenmengen,** in denen der Wert des Individuums völlig unterging. „Wenn ich in China bin, fühle ich mich wie eine Ratte unter Millionen anderen Ratten", drückte es jemand aus, der immerhin seit ein paar Jahren im nicht gerade menschenleeren Taiwan lebte. An einem Sonntag in ein größeres Kaufhaus gespült zu werden, war wirklich nicht einfach. Alles drängte. Ein Kommilitone, der einmal dabei war, wurde plötzlich ganz weiß, ganz ernst ... und dann sagte er, dass er eine Pause bräuchte.

Eine Freundin wurde bei ihrer ersten Busfahrt in Peking ohnmächtig. Am brutalsten war das **Gedränge, wenn es galt, ein Fahrzeug zu besteigen,** etwa einen Zug.

Es war kurz vor chinesisch Neujahr und ich war mit ein paar Freunden in China unterwegs. Wir hatten eine chinesische Fahrkarte dritter Klasse, dass hieß zu Neujahr stundenlanges Stehen im **Zug,** wobei man sich nie festhalten musste. Das Gedränge war so dicht, dass man gar nicht fallen konnte. Es war ein Glück, mühelos atmen zu können, aber ein seltenes Glück. Noch war es aber nicht so weit. Wir warteten mit allen anderen im abgezäunten Bahnhofsbereich auf den Zug. Endlich öffneten sich die Bahnhofsgatter. Von hinten begann der Druck auf die Vorderen, ein enormer Druck. Unter diesem Druck ging neben mir ein alter Mann zu Boden. Ich schlug nach hinten, wurde vorwärts gedrückt und was aus dem Mann geworden ist, weiß ich nicht. Unter den Umständen konnte man schnell totgetrampelt werden.

Das nächste Erlebnis im Zug: Der von der Polizei begleitete Mann, der auf die Toilette musste. Er schien sehr dringend zu müssen, sonst hätte niemand diesen Kampf durch das Gedränge auf sich genommen. Seine

Hände waren auf dem Rücken gefesselt, die eine Hand kam über die Schulter, die andere Hand kam von der Taille her, beide waren jeweils an den Daumen mit einer rosaroten Plastikschnur aneinandergeschnürt. Er brauchte Minuten für die paar Meter zur Toilette, aber er schaffte es tatsächlich.

Gedränge in fast jedem **Bus,** am schlimmsten in Wuhan, als wir zurück zu unserem Dormitory wollten. Ich war ohne Stadtplan, ohne genaue Adresse, mit wenig Geld und drei Freunden unterwegs. Wir warteten lange auf den Bus, ein schlechtes Zeichen. Denn dann kamen noch mehr Leute zusammen als üblich und das hieß, dass das Einsteigen besonderen Kampfesmut erforderte. Als der Bus kam, rempelten sich unter Einsatz des Ellenbogens herein: die beiden Männer, von denen einer seine Freundin hereinzog. Ich war immer noch draußen, als der Bus Anstalten machte anzufahren. Mit mir zurückgeblieben: Zwei Schulkinder, die ich am Ende zu meinem eigenen Entsetzen abdrängte, um noch reinzukommen und die Gruppe nicht zu verlieren. Diese Fahrt über stand ich nur auf einem Bein. Es war einfach nicht möglich, einen Platz für den zweiten Fuß zu finden. Als wir ausstiegen, hing das wohlverschnürte Paket der deutschen Studentin in Fetzen.

Verstörend waren die **Katz-und Maus-Spielchen,** die offizielle Chinesen mit den westlichen Ausländern spielten. War es so lustig, uns zu ärgern? Als Weihnachten war, kamen die Briefe unserer Eltern und Freunde genau in der Reihenfolge an, in der die Leute auf Reisen gingen. Wenn A abgefahren war, lag am Nachmittag zuverlässig seine Postsammlung auf dem Tisch. Unser Hausmeister, der angeblich kein Englisch konnte, stand lauschend vor den Türen der Amerikaner; ein Amerikaner behauptete, das Wohnheim-Telefon würde abgehört, was er an bestimmten Geräuschen erkennen könnte, denn er habe in Florida bei einer Firma gearbeitet, die Abhörgeräte herstellte.

Jenen Amerikaner – er hieß *Todd* – ärgerten sie besonders. Man brauchte damals eine **Ausreisegenehmigung,** wenn man China verlassen wollte. Diese besorgte die Schule. Vorgewarnt von den Kommilitonen, die im Jahr zuvor schon auf die Auskunft der Schule reingefallen war, eine solche Genehmigung sei nicht nötig, erklärten wir den Amerikanern, dass sie auf dieser Genehmigung so lange bestehen müssten, bis sie sie bekämen. *Todd* insistierte nicht, er glaubte ihnen irgendwie trotzdem. Fuhr also von Shanghai nach Peking (höchstens 20 Stunden), kam auf dem Flughafen an und durfte nicht ausreisen. Fuhr zornbebend nach

„Was allen zu schaffen machte, waren die Menschenmengen."

Shanghai zurück, besorgte sich ein neues Ticket samt Genehmigung und verließ China mit dem Kommentar: „I am now going back to Florida and I will never go out of Florida again."

Auch ich war **froh, aus China rauszukommen.** In Peking stieg ich in den Zug. Fünf Tage menschenleere, eingeschneite sibirische Steppe. Himmlische Stille, Weite, Leere ... Unvergessliche Reiseeindrücke: Kamele, die durch die mongolische Schneewüste zogen, während am Horizont eine große rötliche Sonne aufging, die Pfütze, die auf einem sibirischen Bahnhof bei minus 40 Grad in Sekunden gefror. In Ulan Bator der Anblick eines großen, stolzen, lebenden Hundes. Der einzige Hund, den ich in China gesehen hatte, war gepökelt gewesen.

Erst in Deutschland wurde mir bewusst, dass ich viel mehr erlebt als verdaut hatte. China war ein Schock gewesen, aber auch viel mehr als das. Es hatte **Momente von unwiederholbarem Zauber** und Wärme gegeben. Allein die Reise durch Guilin mit Schiff und holprigem Überlandbus war ein Märchen gewesen. Suzhou bei frostklarem Himmel hatte damals noch etwas von seinem Charme als Venedig des Ostens. Selbst die menschliche Seite hatte ihre eigenen Wunder gehabt: Völlig unerwartet hatten sich normale Chinesen, die wir gar nicht kannten, für uns eingesetzt und dafür Streit mit der eigenen Obrigkeit riskiert. Mehrfach war uns **selbstlose Hilfsbereitschaft** begegnet. Immer wieder tauchten chinesische Szenen in meinem Gedächtnis auf. Mir wurde mit Wehmut klar, dass ich Dinge erlebt hatte, die ich in dieser grandiosen Schönheit niemals mehr in meinem kleinen, grauen, deutschen Alltag finden konnte.

Als die anderen zurückkamen, wurde offenbar, dass die Tatsache, dass der eine oder andere in China große Schwierigkeiten gehabt hatte, keinesfalls seine **Rückkehr nach Deutschland** erleichterte. Ein Freiburger Freund, der über die Chinesen wirklich grob geschimpft hatte, fand Deutschland danach völlig unerträglich und blieb nicht lange. Er ging nach Taiwan und schimpfte weiter.

Auch in meinem Leben machte sich großes Unbehagen breit. China hatte mich **verwirrt,** und es verwirrte mich noch mehr, dass ich niemandem verständlich machen konnte, warum. „Sinologen!", lachte mein Bruder, als ich einmal ansatzweise versuchte zu erklären, warum China so unter die Haut ging.

Die aus Shanghai **Heimgekehrten** konnten sich über ihr Erlebtes nur noch untereinander verständigen. Der erste von uns, der bald nach der Rückkehr sein Studium schmiss, war einer der besten im Studium gewesen. Es hieß, er sei bei einer trinkenden Verbindung mehr oder weniger versackt. Zwei waren mit chinesischen Partnern verheiratet wiedergekommen und blieben nicht lange verheiratet. Bis auf bei zweien waren in diesem Jahr oder kurz danach bei allen anderen die alten Partnerschaften zerbrochen, neun insgesamt. China hatte etwas mit uns gemacht, nur wie und was? „Sechs Jahre lang", so eine Freundin, „bin ich nach Shanghai wie betäubt durch mein Leben gelaufen."

Ich wollte **unbedingt zurück.** Irgendetwas (was nur?) ließ mich nicht los. Zweieinhalb schlechte und einsame Jahre später saß ich im Flugzeug nach Taipeh, diesmal alleine.

Taiwan: Krise und Kulturschock

Wer in den frühen achtziger Jahren in Shanghai gewesen war, für den war Taipeh Mitte der achtziger ein **Spaziergang.** Wie freundlich die Taipeher waren! Sie stiegen ganz normal in einen Bus ein. Sie riefen nicht ständig *waiguoren!* Sie gafften Ausländer nicht an. Die Straßen waren belebt, aber es gab nicht die riesigen, erdrückenden Menschenmassen Chinas. Man konnte allein sein, wenn man wollte. Das Essen war sehr gut. In den Geschäften gab es alles. Die Leute sprachen Mandarin und nicht den Shanghaier Dialekt. Das waren und sind alles ideale Voraussetzungen, die chinesische Kultur und Mentalität von ihrer besten Seite kennen zu lernen.

Trotzdem gelang es mir nicht – jedenfalls nicht im ersten Jahr. Im ersten Jahr in Taiwan versuchte ich, die **chinesische Kultur an sich verstehen zu lernen.** Ich versuchte, ihre Grundzüge zu erkennen und mit diesen grundsätzlichen Erkenntnissen das Verhalten der Leute einzuordnen. Gewissermassen nach dem Prinzip: Die Chinesen sind so und so und das, was der oder die jetzt tut, ist damit erklärt. Es ist ein Prinzip, das mit einer so fremden Kultur wie der chinesischen für Anfänger nicht funktionieren kann, weil schon ganz einfach die zum „so und so" dazugehörigen Adjektive in der westlichen und der chinesischen Kultur völlig verschiedene Inhalte haben können.

Ich war zum Beispiel der Ansicht gewesen, die Chinesen seien höflich. So stand es in allen China-Büchern und allen Reiseführern, die ich gelesen hatte. Es stand leider nicht dabei, das **chinesische Höflichkeit** etwas völlig anderes ist als die westliche und dass es gerade diese andere Höflichkeit ist, die manche Westler für Unhöflichkeit, Hinterlist oder gar Ausländerfeindlichkeit halten. So wurde ich öfters bei Verabredungen sitzen gelassen und fand das ziemlich unhöflich. Hätte man mir nicht sagen können, dass man nicht kommen wollte oder konnte? Ähnlich verärgert war ein deutscher Freund auf Zimmersuche, weil Besichtigungstermine platzten und er zum Beispiel eine lange heiße Busfahrt und viel Sucherei auf sich genommen hatte, um dann festzustellen, dass der Vermieter nicht bei der angebotenen Wohnung erschien.

Doch gerade hier waren wir chinesischer Höflichkeit begegnet, deren eherne Regel es ist, niemals jemandem offen brüskierende Dinge ins Gesicht zu sagen, wie etwa, dass man gar nicht kommen mag oder dass man an westliche Frauen, aber nicht an westliche Männer vermietet. Die Chinesen verlassen sich darauf, dass ihr Gegenüber Gedanken lesen kann, was auch meistens funktioniert. Die Westler kommen nicht mal auf die Idee, dass Gedankenlesen von ihnen erwartet wird.

So war mein erstes dreiviertel Jahr voll von **Erlebnissen, die ich nicht verstand.** Nichts passte zusammen, es sei denn, ich hakte es ab unter der Rubrik: Die spinnen hier.

Irgendwann war es zuviel. Irgendwann merkte ich, dass ich so nicht weiter machen konnte. Es war der Moment, in dem ich zusah, wie eine **alte Frau die Straße überquerte,** und ich mich ärgerte über die Art, wie sie ging. Sie ging, wie Chinesinnen, die geboren haben, oft gehen: sehr breitbeinig und maskulin. Wieso mich das auf einmal ärgerte, wusste ich selber nicht.

Ich hatte schon ein paar mal **durchdrehende Westler** erlebt und dabei gemerkt, wie völlig nichtig, lächerlich und unsinnig die Anlässe sein konnten. Durchdrehende Westler sind den anderen fürchterlich peinlich.

Ein italienischer Kommilitone hatte seinen chinesischen Vermieter im Beisein anderer ausgiebig angebrüllt. Eine Deutsche, die in Deutschland ein sehr sanftes Wesen in lila Latzhosen gewesen war, hatte eine chinesische Bedienung, die nicht sofort reagiert hatte, mit einer Schärfe und einem Kommandoton angefahren, den sie niemals zuvor gehabt hatte. Ein sehr china-offener und später mit einer Chinesin verheirateter Mitstudent hatte das Anhalten des irrsinnig vollen Busses in Shanghai und das Aussteigen einiger Fahrgäste sehr laut und sehr zornig mit den Worten bedacht: „Und jetzt raus mit dem Gerümpel!"

Nun war auch ich **an der Grenze zum Durchdrehen** angekommen. Nicht nur hatten mich Englischschüler und Deutschschüler versetzt, ohne das ich wusste, warum. Die Hitze ging auf die Nerven – das ewige Schwitzen. Das unauffällige Auffallen. Das auffällige Auffallen. Der versuchte Schuhkauf der vorigen Woche war vom Gelächter des ganzen Ladens begleitet gewesen – bitte, ich weiß, dass meine Füße hier als groß gelten, aber müssen sie so undezent herumkichern? Und wie die Chinesen mit Tieren umgingen! Da saß einmal vor unserer Schule ein Hund mit einem Loch, so groß wie ein Tischtennisball, in der Brust. Ich redete vorsichtig auf ihn ein und beugte mich herunter, um zu sehen, wie schlimm die Verletzung war. Es dauerte eine ganze Weile, bis ich begriff, was durch dieses Loch zu sehen war: die dahinter liegende Wand. Das Schlimmste war das Kätzchen gewesen, ein winziges, zitterndes Bündel mit abgehacktem Schwanz. An Katzen mit abgehacktem Schwanz war ich gewöhnt, doch als das zitternde Bündel schließlich unter dem Auto hervortaumelte, sah es aus leeren blutigen Augenhöhlen in die Welt. An dem Tag hasste ich die Chinesen alle wenigstens mit Grund. Aber nun sah ich eine alte Frau über die Straße gehen, eine Frau, die mir nichts getan hatte, und ich ärgerte mich.

Etwas musste sich ändern. **Diese Kultur war viele Nummern zu groß für mich.** Ich war guten Willens mich zu integrieren angekommen und hatte nach so vielen Monaten immer noch nicht heraus, wohinein eigentlich. Ich hatte mich für einen weltoffenen Menschen gehalten, aber erstens schien sich hier kein Mensch für meine Weltoffenheit zu interessieren und zweitens beschlichen mich langsam Zweifel ob dieses Selbstbildes. Mit meiner Fähigkeit, etwas zu verstehen, war es gar nicht so weit her. Und warum war, wenn ich an meine Lehrer zurückdachte, niemand in der Lage gewesen, uns ausreichend vorzubereiten?

War es für einen Westler überhaupt menschenmöglich, in diese Kultur hineinzufinden? Vielleicht könnte ich **Sinologin sein ohne echtes Verstehen?** Genau genommen waren die Chinesen es mir nicht schuldig, verständlich zu sein. Sie waren so, wie sie waren, und wenn ich damit nicht klar kam, war das meine Sache. Die ausländischen Fachleute, die der Zufall ins Land gebracht hatte, schienen mit ihrem Leben ganz offensichtlich zufriedener zu sein als die meisten Sinologen, die ich kannte. Sie lebten ihr Leben und kümmerten sich nicht um die Chinesen.

So würde ich es von nun an auch machen. **Mich nicht um die Chinesen kümmern** – vielleicht mit ein paar Ausnahmen. Was meine chinesischen Mitbewohnerinnen dachten, war mir nicht egal, denn wir lebten schließlich zusammen und ich mochte sie. Ich mochte auch meine chinesische Lehrerin und die meisten Taxifahrer. Es müsste leicht sein, hier zu leben, ohne „d i e chinesische Kultur" zu verstehen, zu der mir viel Lektüre sowie ein Studium keinen Zugang vermittelt hatten. Nicht dass sich Studium und Lektüre als völlig nutzlos erwiesen hätten; sie vervollständigten später das Mosaik, dass sich mühsam im gelebten Alltag ergab. Aber sie waren nicht der richtige Anfang. Der richtige Anfang war, mich an die Tagesordnung zu halten und zu versuchen, nur mit den paar Leuten, mit denen ich unmittelbar zu tun hatte, zurechtzukommen.

Integration zwischen Gelingen, Scheitern und freiwilligem Verzicht

Paradoxerweise **begann ich zu verstehen,** als ich aufgab, es zu wollen. Da mir nur noch wichtig war, was die Menschen in meinem kleinen Umfeld meinten, dachten und wie ich darauf reagieren konnte, hatte ich mir ohne es zu ahnen, einen elementaren Wesenszug der chinesischen Kultur zu eigen gemacht, in der jeder versucht zu **empfinden, was der andere meint.** Ich riet am Anfang ziemlich oft daneben, aber langsam wurde ich besser, sensibler für meine Mitmenschen und empfänglicher für ihre Signale. Dieser sehr persönliche Weg entpuppte sich als der gangbare. Nicht weil ich etwas über die chinesische Kultur gelesen hatte, verstand ich Fräulein *Wang* und Fräulein *Li,* sondern weil ich begann, mich auf Fräulein *Wang* und Fräulein *Li* zu konzentrieren, ihre Gedankenwelt kennen zu lernen und mich mit ihnen anzufreunden, dämmerte mir ganz langsam etwas über ihre Mentalität und Kultur.

Eine große Hilfe waren meine chinesischen Mitbewohnerinnen, die einerseits sehr chinesisch (ein Westler würde sagen „verschlungen") dachten, andererseits aber immer so verständnisvoll waren, mir meine Begriffsstutzigkeit nicht übel zu nehmen und sich viel Zeit nahmen, mir ihre **Gedankenwelt zu erklären.** So hatte eine der Mitbewohnerinnen Wochen vor meinem Deutschlandbesuch ein Gespräch mit dem Inhalt zu-

stande gebracht, dass europäisches Olivenöl ein Wunder für die Haut sei. Erstens glaubte ich das nicht, zweitens war mir nicht klar, dass dies eine eindeutige Bestellung war. Zurück aus Deutschland vergingen einige Monate. Irgendwann fasste sie sich ein Herz und fragte mich, wieso ich ihr kein Olivenöl mitgebracht habe.

Hunderte von großen und kleinen Missverständnissen brachten mir langsam bei, was diese Kultur war, was Kultur überhaupt ist. Sie ist genau das, was so selbstverständlich ist, dass man nicht auf die Idee kommt, es sei Kultur. Kunst, Architektur, Literatur sind Nebenprodukte der Kultur. Das Hauptprodukt erkennt man an den **Selbstverständlichkeiten, von denen man glaubt, sie bedürften keiner Erklärung.** Selbstverständlich ist es zum Beispiel auf Taiwan, dass die Gäste einer Familie, wenn sie diese zum Ahnenopfer begleiten, aus Respekt vor den Gastgebern deren Ahnen mitehren. Dazu nimmt man sich ein paar Räucherstäbchen und verneigt sich gemeinsam mit den Familienmitgliedern mehrfach vor dem Schrein. Das wusste ich nicht und hielt mich zurück, als ich erstmals mit meiner Schwiegerfamilie zum Opfern ging. Für mich handelte es sich um einen religiösen Akt, den ich gerade auch aus Respekt vor der Religion nicht durch leere Gesten entwerten wollte. Für meine Schwiegereltern war es ein Akt der geringsten Höflichkeit, den sie von mir erwarteten. Für meine Begriffe hatte ich zurückhaltend meinen Respekt gezeigt, für ihre Begriffe hatte ich auf unverständliche Weise die Gastfreundschaft verletzt. Die Irritation, die das auslöste, wäre vermeidbar gewesen, wenn man mich vorgewarnt hätte. Doch natürlich war niemand auch nur auf die Idee gekommen, mich davon in Kenntnis zu setzen. So war es mit vielem. Am Selbstverständlichen schieden sich die Geister, und oft gab es Diskrepanzen, nicht weil der Wille zum Guten unterschiedlich gewesen wäre, sondern weil Dinge für Westler und Chinesen in verschiedene Kategorien fielen.

Das Entdecken solcher **verschiedenen Kategorien** wird vermutlich nie aufhören. Es gibt immer Überraschungen, die einen gerade da erwischen, wo man es nicht für möglich gehalten hätte: Ich hatte z. B. immer angenommen, eine Hochzeitsfeier werde zu Ehren der Brautleute abgehalten, die an diesem Tag im Mittelpunkt stehen. Aber chinesische Hochzeiten sind etwas ganz anderes. Die allerletzten, die dabei eine wichtige Rolle spielen, sind die Heiratenden selber, für die ihr Bankett eine anstrengende dreistündige Arbeit ist. Ihre Rollen sind festgelegt, und sie haben keine Chance, irgendetwas mitzureden. Doch für ihre Eltern, die das Bankett organisieren, ist es ein großer Tag: Zu einem chinesischen Bankett bringt jeder der Eingeladenen Geld im roten Umschlag mit. Der genaue Betrag wird in ein Buch eingetragen, und wenn man umgekehrt auf ein Bankett des Schenkenden eingeladen wird, spendet man genau den gleichen Betrag wieder zurück. Wer jahrelang nahezu wöchentlich auf irgendeine Hochzeit eingeladen wurde, kann auf dem eigenen Bankett also eine große Summe erwarten, die Zahl der Gäste geht schließlich in die Hunderte (das unsrige, das nur einen mittleren Umfang hatte, kam auf siebenhundert Gäste). An solchen Banketten lässt sich stets ablesen, wie es um den gesellschaftlichen Status der Eltern steht: Eine Rolle spielen Anzahl und Wichtigkeit der Gäste sowie der Prunk des Bankettes, der Rückschlüsse auf die Menge des gespendeten Geldes erlaubt. Ich war – zu diesem Zeitpunkt immerhin seit zehn Jahren China-erfahren – zunächst geschockt, dass die kommerziellen Aspekte der Angelegenheit so ungeniert überwogen. Aber eine Hochzeit ist im chinesischen Kulturkreis eben nicht unter Romantik abzubuchen, sondern unter Beziehungspflege, Statusdemonstration und Geschäft, und für meinen Schwiegervater war es das Normalste auf der Welt, uns einen Tag später stolz vorzuzählen, dass er umgerechnet vierzigtausend Mark verdient hatte.

Nach einem Jahr in Taiwan, als ich endlich langsam begann mich zu assimilieren, hatte ich das große Glück, mit einer anderen Deutschen be-

„Eine große Hilfe waren meine chinesischen Mitbewohnerinnen.“

freundet zu sein, die mit dem Einleben etwa gleich weit gekommen war. *Judys* und mein gemeinsames intensives, tägliches und stundenlanges Nachdenken über die Chinesen, über uns und die Wechselwirkung half uns beiden sehr. Andere **Ausländer, die auch im chinesischen Kulturkreis leben,** sind die einzigen Menschen, die wissen, wovon man redet, und der Kontakt zu ihnen ist in den ersten Phasen lebenswichtig. Erstens, weil die Daheimgebliebenen, selbst wenn sie schreiben sollten, sich nicht im Geringsten vorstellen können, was an China anders ist. Es ist geradezu so, als wollte man einem Salzwasserwesen das Süßwasser erklären oder einem Blinden die Farbe weiß. Und zweitens auch deswegen, weil die Dimensionen des Neulernens gewaltig verunsichern. Diese Verunsicherung trägt schon die Züge einer handfesten Identitätskrise.

Uns erschien zum Beispiel die westliche **Art des Kommunizierens** im Lichte der chinesischen Art auf einmal barbarisch. „Lügen" waren tatsächlich Höflichkeit und Respekt, Ehrlichkeit eine Untugend, und scheinbar belanglose Bemerkungen erwiesen sich als Botschaften, die man herauszuhören hatte. Im zwischenmenschlichen Bereich gab es eine gewisse unpersönliche **Grundwärme,** die schwer zu beschreiben ist, vor allem für westliche Leser, da es sie in unseren Ländern entweder gar nicht oder kaum gibt. Diese Grundwärme nicht mit der scharfen, deutlichen, distanzierten westlichen Art zu zerstören, ist wichtig, wenn man zurechtkommen will. Wir lernten, behutsamer zu sein, schlechte Laune wegzustecken und zu lächeln, lernten, am feinen Netz einer alles abfedernden Freundlichkeit mitzuwirken. Wir lernten die Welt jenseits der Worte zu erfühlen, und das Seltsame war, dass wir bald unseren Empfindungen im Großen und Ganzen vertrauen konnten. Es ist gar nicht so unmöglich, Gedanken zu lesen, wenn man es erst einmal als normale Kommunikationsform akzeptiert hat. Wir begannen, die diesseitige Art chinesischen **Genießens** anzunehmen und begriffen, warum die besonders bei Deutschen beliebten tiefschürfenden Diskussionen beim Essen abstoßend für die Chinesen sind. Essen ist pures Genießen und verträgt sich nicht mit dem Lösen von Welträtseln.

Wir lebten uns ein und es wurde jeden Tag besser. Selbst ich war allerdings über das Ausmaß meiner **kulturellen Anpassung** verblüfft, als ich mich dabei ertappte, wie ich am Flughafen aus geringer Entfernung interessiert, aber völlig tatenlos zuschaute (man könnte auch „gaffte" sagen), wie eine zierliche junge Frau versuchte, zwei riesige Koffer vom Band zu hieven.

Es gab **Rückschläge,** sehr viele sogar, und sie kamen meistens dann, wenn ich dachte, es mit dem Einleben geschafft zu haben. Doch für mich öffneten sich auch neue Welten und das ermutigte.

Der taiwanesische **Umgang mit dem weiblichen Geschlecht** war zum Beispiel für meine Begriffe angenehmer als der westliche und zu meinem großen Erstaunen ließ er den Frauen eine Freiheit, die ich vorher nicht gekannt hatte. Junge taiwanesische Männer hörten ihren Freundinnen oft anders zu, als ich es gewohnt war, sie hörten sensibler und aufmerksamer zu, gingen mehr auf sie ein. Wahrscheinlich wäre es ausgeschlossen gewesen, mit einem jungen Taiwanesen in eine Situation zu kommen wie mit jenem deutschen Mitbewohner, der mir einmal einen langen, langen Vortrag über die positiven Seiten der Emanzipation der Frau gehalten hatte. Als es mir nach einer Stunde gelang, mich zu verabschieden, war ich zwei Mal zu Wort gekommen, beide Male, ohne den Satz zu Ende bringen zu können.

Nachdem ich **meinen Mann kennen gelernt** hatte, durfte ich zum ersten Mal in meinem Leben trotz männlicher Anwesenheit kochen, wie ich wollte. Meine deutschen Freunde waren emanzipiert gewesen und hatten selber am Herd gestanden. Ich schnitt Zwiebeln, lobte das Essen und spülte, aber selbst, wenn sie mich einmal kochen ließen, stand hinter mir stets jemand, der mich ja nicht kritisieren wollte, aber warum ich das denn soo mache? Auch das Kennenlernen funktionierte anders. Unter Chinesen geschah es viel langsamer und war bei weitem vollständiger, als ich das von Westlern meiner Generation her kannte, die innerhalb von wenigen Tagen ein Paar wurden und sich dann erst langsam in die Psyche des anderen vortasteten.

Durch meinen zukünftigen Mann machte der Prozess der kulturellen Anpassung noch einmal einen Quantensprung. In seinem Freundeskreis, der mich teils völlig akzeptierte, teils aus Loyalität zum Freund „nur" respektierte, merkte ich erst, wie viel Witz und Wärme in chinesischen Freundschaften lebt. **Chinesischer Humor** ist ein anderer als der westliche, hat nicht seinen Sarkasmus, seine Ironie, doch viel Sinn für die Grotesken des Daseins, was dem Ernst des Lebens einiges an Dramatik nehmen kann. Ein Freund schilderte uns, wie er leicht angetrunkenen seiner Angebeteten einmal eine ganze Stunde durch Taipeh mit dem Auto gefolgt war, bis sie ausstieg, ihn zur Rede stellte und sich jegliche weiteren Annäherungsversuche verbat. Es war eine auch im chinesischen Kulturkreis äußerst peinliche Geschichte. Er beendete sie mit den Worten: „Und wisst ihr, was das Schlimmste an der ganzen Sache war? Ich hatte drei Flaschen Bier getrunken und konnte keine Toilette finden." Je länger ich in Taiwan war, desto mehr gab es mit Chinesen zu lachen und desto leichter wurde es.

Mit dem Hineinfinden in eine andere Kultur ist es so wie mit dem Spracherwerb. Irgendwann kann man soviel, dass man ein neues Wort auch dann versteht, wenn man es nicht kennt. Irgendwann begreift man Zusammenhänge intuitiv, beginnt zu denken, wie die Einheimischen denken. Ich fühlte mich **nicht mehr fremd.** Wenn ich mich mit chinesischen Freunden in einem Kaufhaus zufällig im Spiegel sah, war ich wirklich bass erstaunt, dass ich so ganz anders aussah als sie.

Privaten Kontakt zu anderen Westlern hatte ich zu diesem Zeitpunkt fast nicht mehr. Es war kein Vorsatz, aber ich hatte so viele kommen und gehen sehen, dass ich die **Phasen ihres Kulturschocks** halbwegs abschätzen konnte. Die Neuankömmlinge waren zu erkennen an ihrem leuchtenden Blick und daran, dass sie andere Westler, die sie grüßten, ohne sie zu kennen, nicht zurück grüßten. Im Frühstadium der Begeisterung hatte ich mir diese plumpe Solidarität auch verboten. Die erste Verstörtheit zeichnete sich auf den Gesichtern nach ein paar Wochen oder Monaten ab. Dann überkam manche die Walkmanphase, in der sie grundsätzlich gesenkten Blickes Musik hörend von einer Englisch-Nachhilfestunde zur nächsten eilten, um das damit verdiente Geld am Wochenende in den stadtbekannten Treffpunkten der Ausländer wieder auszugeben. Und meistens war dann das Jahr schon herum und sie gingen wieder.

Auch *Judy* war früher **nach Deutschland zurückgekehrt** als ich. Nach zweieinhalb Jahren des „Hineinkriechens in chinesische Gehirnwindungen", wie sie es nannte, hatte sie auf einmal genug. Sie war sehr weit gekommen mit ihrer Assimilation, aber nun zog sie eine klare Linie, lieh sich Bücher über griechische Architektur aus und las in der Nibelungensaga. Sie ging ohne Groll und Ressentiments. Sie hatte ihren Platz im Universum der Kulturen gefunden, ziemlich genau in der Mitte zwischen dem Westen und dem Osten, dort wo man sehr allein ist, aber sie hat es verkraftet. Es hielt sie nur ein paar Jahre in Deutschland. Sie gehörte zu denen, die nie mehr richtig heimkommen und lebt inzwischen in den USA.

Mit so viel Eleganz verabschiedeten sich nicht viele Ausländer von Taiwan. Ich werde nie den Amerikaner aus dem Mittleren Westen der USA vergessen, den ich auf dem Flughafen traf und der, fassungslos um Worte ringend, versuchte, seine kurze Geschichte zu erzählen. Er habe für ein Jahr nach Taiwan gehen wollen, berichtete er, aber nach einer Woche habe er nicht mehr gekonnt. „I don't know ... it was too much, it was just too much, I couldn't ..." Wer hier über den provinziellen Amerikaner lächelt, lächelt zu früh. Dieser Student war ehrlich und klug genug gewesen, seine **Überforderung** richtig einzuschätzen. Eine Freundin aus Österreich musste nach drei Monaten Peking mehrere Monate lang in einer geschlossenen psychiatrischen Anstalt in Wien behandelt werden.

Sie war keinesfalls ein labiler Mensch und hatte gerade wegen ihres heiteren Selbstbewusstseins die günstigsten Prognosen für ihren China-Aufenthalt samt Stipendium bekommen.

Es sind oft diejenigen, denen Krisen und Schwierigkeiten im Heimatumfeld unbekannt sind, die der **Kulturschock am heftigsten trifft.** Niemand kann vorhersehen, wie er reagieren und ob er nicht selber zu denen gehören wird, die vorzeitig ihre Koffer packen. Vielleicht ist der abrupte Abbruch eines China-Aufenthaltes auf lange Sicht gesehen sogar allemal besser als das lange Leiden derer, die es unbedingt aushalten wollen, aber nicht können.

So erging es einer französischen Freundin namens *Carol.* Sie war eine **exzellente Sinologin.** Sie hatte angefangen, Chinesisch zu lernen, als sie zwölf war. Sie sprach mit das beste Chinesisch, das ich je von einem Ausländer gehört habe, konnte Klassisches Chinesisch genauso gut, und sie schrieb so hervorragend, dass man an ihren Schriftzeichen nicht erkennen konnte, dass sie keine Chinesin war, was für Westler äußerst selten ist. Außerdem studierte sie an der taiwanesischen Elite-Universität Taida mit anderen Taiwanesen, gab ihre Aufsätze in Konkurrenz zu den Chinesen auf Chinesisch ab, während wir anderen bloß an diversen Sprach-

schulen für Ausländer waren. Sie war – wie viele deutsche Sinologen auch – der extreme Gegenbeweis zu der verbreiteten Annahme, dass Spracherwerb und kulturelles Faktenwissen helfen, Menschen zu verstehen. Nichts hilft, **wenn man die Einheimischen nicht mag** und zum Ausgleich auch von ihnen nicht gemocht wird. Es war ein Teufelskreis. *Carol* sammelte schlechte Erfahrungen wie andere gute. Sie war kein Einzelfall. Es gab so manche, die sich in Taiwan nicht wohlfühlten und die „die" Chinesen durchtrieben, egoistisch und ausnutzend fanden und einem aus dem Stegreif ein Dutzend schlechte Erfahrungen mitteilen konnten. Kein Versuch, *Carol* zu erklären, warum sie mit ihrer Art gegen Wände lief, hätte etwas genützt. Es war ja nun einmal ihre Art. Man hätte ihr schlecht vorschlagen können, morgen mal jemand ganz anderes zu sein. Wie die meisten Erfahrungen ist auch die der kulturellen Anpassung kaum verbal übertragbar. Es ist jeder mit sich in der fremden Kultur allein, auch wenn es durchaus möglich ist, sich über dieses Alleinsein wohltuend auszutauschen.

Vielleicht war es das Schlimmste, dass niemand darauf vorbereitet war, auf Dauer nicht zurechtzukommen, gegen Wände zu rennen und daran zu verzweifeln. Keiner hatte sich vorstellen können, mit Gefühlen des Abscheus konfrontiert zu werden – obendrein noch mit den eigenen. Keiner hatte geahnt, was für ein Einschnitt dieses Erlebnis werden würde, wie es **Biographien verändern und Partnerschaften zerbrechen** würde. Schätzungsweise 80 Prozent aller Paare, die ich im Lauf von ca. 20 Jahren kannte, trennten sich während eines China-Aufenthaltes oder innerhalb eines Jahres danach.

Keinem war klar, dass er sich wirklich verändern würde. Es war völlig unvorhersehbar, wie sich die Menschen unter dem **Druck der fremden Kultur** verändern würden, doch es waren nicht unbedingt diejenigen, die besten Willens angekommen waren, denen es gelang, heil und ohne Hassgefühle aus dem Schock herauszukommen. Das ist ein Anfängerfehler, der besonders verheerende Folgen hat: zu versuchen, die Chinesen insgesamt und im Voraus alle nett zu finden. Das schafft man nun einmal nicht. Die, die das versuchten, endeten mit einer bösen Enttäuschung, mit der sie nicht umgehen konnten.

Es ist eine Standard-Empfehlung, dass **Sprachstudenten** sich für ein Jahr in das Ausland ihrer Sprachwahl begeben sollten. Doch wie viel kann man in einem Jahr verstehen? Vielleicht gibt es Genies, denen es leicht fällt, aber ich glaube, für die meisten ist ein Jahr viel zu kurz, um in der fremden Kultur anzukommen, aber zu lang, um in die eigene nahtlos wieder heimzufinden. Was bleibt, ist letztlich dann nur noch ein Beben, das keine Chance hatte, bewältigt zu werden.

Einen Mittelweg zwischen kultureller Assimilation mit Sympathie für die andere Kultur und Nicht-Assimilation mit heftigen Ressentiments gegen sie beschritt eine dritte und die mit Abstand größte Gruppe von Ausländern: Sie **passten sich überhaupt nicht an,** nahmen bestenfalls formal gewisse Rücksichten und fanden die Einheimischen und ihr Land trotzdem okay. Auch nach zwei Jahrzehnten waren ihre Mitmenschen für sie noch „die" Chinesen, die sie wahr-, aber nicht ganz für voll nahmen. Diese Ausländer funktionierten wie daheim. Sie verdienten ihren Lebensunterhalt und man war freundlich zu ihnen. Die meisten von ihnen waren Langzeit-Ausländer, der Anteil an Amerikanern war überproportional hoch.

Amerikaner in Taiwan waren sehr erstaunlich. Sie lernten Chinesisch entweder gar nicht, schlecht oder bestenfalls mittelschlecht oder aber – eine verschwindend kleine Minderheit von ihnen – unglaublich gut. Dazwischen gab es fast nichts. Die meisten von ihnen waren irgendwann nach Taiwan gekommen und hatten festgestellt, wie leicht man dort Geld mit Englisch-Unterrichten verdienen konnte. Dann blieben sie. Dann waren sie irgendwann zu gefragt, zu beschäftigt, zu alt, zu müde, um abends noch richtig Chinesisch zu lernen. Sie verstanden nicht viel von der chinesischen Mentalität und hatten wohl auch nicht das Bedürfnis. Sie gingen mit ihren Studenten essen, aber wenn ein echter geselliger Abend angesagt war, luden sie andere Amerikaner ein.

Der chinesische Umgang mit den Fremden

Den oben beschriebenen Westlern kam eine **besondere chinesische Toleranz** entgegen, die vom Ausländer Anpassung überhaupt nicht erwartet, sondern ganz im Gegenteil selbstverständlich davon ausgeht, dass der so anders aussehende Fremde auch anders ist und nie einer von ihnen sein kann. Der Fremde ist nicht etwa ein bisschen anders, er ist total anders, so total anders, dass es überhaupt überflüssig ist, von ihm Chinesischkenntnisse zu erwarten, weil Westler ja gar nicht Chinesisch können können! Sie verstehen die Chinesen nie, weil sie Westler sind. Chinesische Toleranz ist eine gefährliche Toleranz, denn sie betont angebliche Unterschiede, die gar nicht da sind. Es ist schwer, wenn nicht unmöglich, nicht darauf reinzufallen, wenn man zum ersten Mal mit Chinesen zu tun hat. Sie fremdeln stark. Kleinkinder fremdeln, indem sie den Fremden anstarren und sich am Bein der Mutter festklammern. Chinesen klammern sich auch fest: an der Vorstellung, niemand spreche ihre Sprache oder könne sie mentalitätsmäßig begreifen. Die Atmosphäre von

Fremdheit, die diese Einstellung verbreitet, ist katastrophal für jeden aufgeschlossenen Westler.

Nach meiner eigenen Erfahrung **fremdeln vor allem die Männer.** Chinesinnen brauchen zwei bis fünf Minuten, um zu begreifen, dass sowohl sie als auch ich besser Chinesisch als Englisch können, Männer brauchen Wochen, Monate ... Immer ist es dasselbe: Es beginnt mit einer herzlichen Unterhaltung am Telefon, bei der sie nicht einmal auf die Idee kommen, dass sie mit einer Ausländerin reden. Dann kommen die Schrecksekunden, wenn sie uns besuchen und ich ihnen die Tür öffne – die vermeintliche chinesische Frau ihres Freundes, die auf einmal eine „Ausländerin" ist. Dann beginnt das angespannte Radebrechen mit englischen Vokabeln, ich antworte auf Chinesisch, erleichtert fahren sie auf Chinesisch fort, bis sie in einer erneuten Schrecksekunde feststellen, dass es doch allzu komisch ist, sich mit einer Ausländerin ganz normal zu unterhalten, woraufhin sie dann wieder verkrampfen und nach englischen Wörtern suchen. Dann antworte ich wieder auf Chinesisch ... und so geht es weiter.

Chinesisches Fremdeln muss der Grund dafür sein, dass das **westliche Stereotyp vom Chinesen** so weitab von jeder Wirklichkeit ist. Chinesen gelten als reserviert, aber sie sind es nur, wenn sie auf einmal mit einer Langnase Ausländisch reden müssen. Der unverstellte chinesische Umgang miteinander ist herzlich, sehr humorvoll und natürlich. Chinesen seien überhaupt nicht spontan, brachte uns eine Universitätsdozentin der Sinologie bei. Mir ist es noch nie gelungen, mit chinesischen Freunden eine Unternehmung auch nur einen halben Tag im Voraus zu planen, weil sie spontan ständig alles ändern. Man solle den Asiaten Individualismus beibringen, ließ eine deutsche Politikerin verlauten. Doch wenn im Westen auf einmal chinesischer Individualismus ausbrechen würde, wären die Deutschen die ersten, die von unerträglich anarchischen Zuständen sprächen.

Resümee

Was bleibt übrig, wenn man sich mental auf etwas eingelassen hat, was der Durchquerung der Niagarafälle gleicht? Zum einen die Erkenntnis, dass am Ende Menschen aus so verschiedenen Kulturen wie der deutschen und der chinesischen sich innerlich viel ähnlicher sind, als sie sich gegenseitig glauben machen. Zum anderen ein eher persönlicher Eindruck, den auch andere beschrieben, die sich auf eine solche Reise begaben: das Gefühl, ein zweites Leben gehabt zu haben ...

Die Autorin

Hanne Chen, Jahrgang 1961, aus Duisburg, verbrachte insgesamt viereinhalb Jahre in Shanghai und Taipeh und war danach Assistentin am Kieler Seminar für Sinologie. Nach zwei Jahren in Kalifornien lebt sie mit Mann und zwei Kindern in England als freie Autorin.

Unter anderem sind bisher erschienen: „KulturSchock China" und „Daoismus erleben", beides Reise Know-How Verlag, Bielefeld. Ihr erstes Kinderbuch („Der Mondkönig", Verlag Jungbrunnen) ist in Planung.

Henrik Jäger

TAIWAN: VOM GLÜCK, MIT CHINESISCHEN AUGEN SEHEN ZU KÖNNEN

Die Vorgeschichte

Die ersten (mich im Alter von 12/13 Jahren prägenden) Eindrücke von chinesischer Kultur – Schriftzeichen, Romane, Gegenstände – weckten in mir die Überzeugung, dass China ein Land des Glücks sei und dass es folglich auch ein Glück sein musste, mit chinesischen Augen zu sehen. Das Gefühl verdichtete sich, als ich mit 17 Jahren das erste Mal in einem chinesischen Buchladen gewesen war: Immer wieder träumte ich davon, in chinesischen Büchern zu blättern; sie lesen zu können schien mir die größtmögliche Freude zu sein. (Im Chinesischen wird „sehen" auch in der Bedeutung „lesen" gebraucht: *kan shu* – Bücher „sehen".)

Also beschloss ich, **Chinesisch zu lernen.** Ich begann, wild durcheinander Romane, Gedichte, Philosophen zu lesen. Ich nahm mir eine Lehrerin, bei der ich viele klassische Bücher sah und Kalligrafie übte. Ich fand einen Brieffreund in Taiwan, dessen Briefe mit etwas unbeholfenen sauberen Schriftzeichen geschrieben waren. Ich hängte ein Porträt des Großen Vorsitzenden *Mao* an meine Wand und bestellte die Pekinger

Volkszeitung, die meine Großmutter jeden Morgen mit spitzen Fingern aus dem Briefkasten fischte. Insgesamt war ich überzeugt, dass die europäische Welt dem Vergleich mit der chinesischen nicht standhalten könne – dass in dieser ein Schlüssel zum Geheimnis des Lebens zu finden war, der in unserer modernen, von Pessimismus und Nihilismus durchsetzten Gegenwart längst verloren gegangen war.

20 Jahre später

Ich habe Philosophie, Sinologie und Japanologie studiert, mich im Orakelnehmen (I Ging) und Schattenboxen (Taijiquan) ausbilden lassen, habe bei einer japanischen Meisterin Kalligrafie geübt, Ostasien bereist, eine Doktorarbeit über Laozi geschrieben und anderes mehr ... Dem Stellenangebot als **Professor für deutsche Sprache und Literatur** an einer Uni unweit von Taipeh, am Meer gelegen, kam ich also gerne nach; diese Stelle würde mir die Möglichkeit geben, in einer chinesischen Umgebung zu leben und gleichzeitig für mich und die Studenten das Deutsche verständlich zu machen und darzustellen.

So stieg ich am 10. September 1999 voller Erwartung und Neugier am Tschiang-Kaischeck-Flughafen aus und in ein klimatisiertes Taxi ein, das mich nach Tamshui, meinem „kleinen Fischerdorf" unweit von Taipeh, bringen würde ...

Das Glück, ein chinesischer Professor zu sein

10. September 1999

Ich sitze im vollklimatisierten Taxi, nach fast 21 Stunden Reise voller Vorfreude auf eine Dusche, steige bei der mir von einem russischen Freund für drei Tage versprochenen Wohnung aus – und werde von der Hitze fast ohnmächtig ...

Die nächsten Stunden vergehen mit **chinesischer Bürokratie** – Personalbüro, Versicherungsbüro, viele Formulare, Fragen, Zettel, Unterschriften ... Insgesamt 16 Passbilder müssen gemacht werden – ich finde zum ersten Mal die deutsche Bürokratie harmlos ...

Einen Tag brauche ich, um überhaupt in die Wohnung zu kommen, und dann ist das Wasser abgestellt. Überhaupt, das Wohnen: Die Uni hatte mir erst ein Zimmer für die ersten vier Wochen zugesagt, dann aber wieder abgesagt. Begründung: Ich sei ja nun ein chinesischer Pro-

fessor, da müsste ich mir das Zimmer schon selbst suchen. Die Gäste-
wohnungen seien nur für ausländische Professoren bestimmt.

11. September

Am nächsten Morgen ist **Wohnungssuche** angesagt. Zwei Studenten
wollen helfen. Wir sehen einiges an, was als gemütlich und komfortabel
gepriesen wurde, und ich traue meinen Augen nicht. Eine der Wohnungen ist ca. 1,40 Meter hoch – ein Kaninchenstall. Nach dem fünften
Schock dieser Art beschließe ich, nach Taipeh zu fahren und mir dort etwas zu suchen, zumindest für ein paar Wochen.

Abends gehe ich völlig entnervt in ein Hotel, in der Hoffnung, endlich
„anzukommen". Aber was höre ich – vor meinem Fenster wird die
Straße aufgebaggert. In enormem Tempo wird ein großer Streifen aufgerissen und nach Mitternacht wieder geteert. Okay, sage ich mir, verschieben wir das Schlafen auf morgen Abend.

12. September

Abends rufe ich einen deutschen Bekannten an, der mir rät, mich nicht
über den Tisch ziehen zu lassen, wir verabreden uns für den nächsten
Tag zum Abendessen. Dann ein Telefonat mit der Institutsleiterin, Frau
Lai. Kein Wort der Begrüßung, nur: Wie steht es mit Ihrem Wohnungs-
problem? Ich sage, ich würde gerne morgen mit dem Dekan reden.

13. September

Zu allem Überfluss habe ich auch noch Geburtstag. In der Nacht haben
sie die Straße zum zweiten Mal aufgerissen, so dass ich wieder kaum zur
Ruhe gekommen bin. Aber das alles juckt mich kaum mehr. In der Uni
angekommen (eine Stunde U-Bahn-Fahrt), erfahre ich, dass ich in ein
Zimmer eines japanischen Wohnheims umziehen könne – bis zum
18. September. Ich wundere mich, welche Wirkung meine Ankündigung
hatte, mit dem Dekan sprechen zu wollen. Ihn selbst kann ich erst am
20. sprechen, er weilt in den USA.

18./19. September

Das Wochenende ist unerträglich heiß – halb liege ich schlapp im Bett,
halb schleppe ich mich in die Stadt, um Wohnungsgesuche auszuhän-
gen. Vielleicht führt mich das ja eher zum Ziel.

20. September

Das **Semester beginnt.** Es ist eigentümlich, nach so vielen Jahren Chinesisch-Studium in Deutschland nun in China Deutsch zu unterrichten. Es macht Spaß. Doch es ist auch recht mühselig, mit 27 Leuten Konversation zu machen, die noch dazu alle sehr verängstigt wirken und kaum den Mund aufbekommen.

Am Nachmittag folgt der vorläufige Höhepunkt meines Wegs durch das Labyrinth chinesischer akademischer Gastfreundschaft.

Der **Dekan** ist ein etwas schmächtiger Mittfünfziger, hat ein verkniffenes Gesicht und schaut mich beim Hereinkommen gar nicht an. Ob ich ein Problem hätte, fragt er, wobei er unentwegt auf den Bildschirm starrt. Ich sage, ich habe keins, ich wolle mich nur vorstellen und ihm von meiner Ankunft erzählen. Dass ich für die Arbeit an dieser Uni meine Familie verlassen habe, dass ich meinen Flug selber bezahlt habe – doch, doch, die Uni habe in keiner Weise für meine Ankunft gesorgt.

Daraufhin versucht er mir zu erklären, dass diese Uni sehr arm, sein Büro zu klein und sein Computer nicht sehr gut sei. Mit einem Wort, die Uni habe einfach keinen Raum für mich, das müsse ich verstehen. Im Übrigen sei dies alles mein Problem und nicht das der Universität. Darauf entgegne ich, man habe doch auch für Gastprofessoren leer stehende Apartments. Woher ich wisse, dass die leer stehen? Das wurde mir per E-Mail mitgeteilt. Das war ein Fehler, meinte er nur trocken.

Dann kommt er zur Sache. Am Morgen sei jemand bei ihm gewesen, der für das Studentenwohnheim zuständig ist und der sagte, ich müsse sofort ausziehen, weil es gegen die Regel sei, dass ich dort wohne. Außerdem benötige jemand morgen mein Zimmer. Ich sagte, die Dame am Empfang habe mir versichert, in den nächsten Wochen würde dort niemand einziehen. Ich könne also noch eine Woche bleiben, meinte der Dekan, müsse aber **folgenden Vertrag** unterzeichnen.

Schriftliche Garantie (zur Regelung) praktischer Verantwortlichkeit
(Qiejieshu – ein bürokratischer Begriff aus der Kaiserzeit, in kaum einem Wörterbuch zu finden)
Mir, Ye Gezheng (Henrik Jäger), wurde von der Abteilung für nationalen Austausch die Gnade gewährt, bis zum 18. September des Jahres 88 der Republik im Lize-Studentenwohnheim zu wohnen, dafür möchte ich meine höchste Dankbarkeit bezeugen. Obwohl ich auf verschiedene Weise gesucht habe, habe ich noch keine neue Wohngelegenheit gefunden, deswegen bitte ich ergebenst darum, dass mir die Gnade gewährt werde, meinen Aufenthalt im Studentenwohnheim allerhöchstens bis zum 3. Oktober

88 verlängert zu bekommen. Da ich das erste Mal in Taiwan bin und ich hier weder Freunde noch Verwandte habe, entspringt diese Bitte einer unausweichlichen Notlage. Ich gelobe aber feierlich, dass ich, ob ich nun einen Wohnraum finde oder nicht, auf jeden Fall vor dem 3. Oktober um 17 Uhr das mir leihweise zur Verfügung gestellte Zimmer räumen werde. Wenn ich innerhalb dieses Zeitraums mein Versprechen nicht einhalte, bin ich damit einverstanden, dass ich gewaltsam von den Ordnungshütern der Tamkang-Universität aus dem Zimmer entfernt werde und dass diese mein Gepäck entweder an einen anderen Ort bringen oder es wegwerfen. Hiergegen werde ich keinerlei Einwand erheben.

Dies garantiert
Henrik Jaeger
20. September im Jahr 88 der Republik

Vor Sprachlosigkeit weiß ich einen Moment nicht, was tun. Schreien? Lachen? Auf den Tisch hauen? Ich unterzeichne mit dem Gefühl, mir auf diese Weise Zeit zu verschaffen – zum Eklat kann ich es immer noch kommen lassen. Auf die ganz normale Reaktion, so einen Quatsch abzulehnen, einen Mietpreis und eine Frist zu vereinbahren, komme ich erst hinterher. Auf dem Rückweg komme ich, etwas niedergeschlagen, an einer Tür vorbei, über der steht: Institut für die Überwindung kultureller Unterschiede und für Globalisierung.

21. September

In der Nacht ist ein **starkes Erdbeben.** Ich habe etwas Angst, bin aber viel zu erschöpft, um lange wach zu liegen. Am Morgen in ganz Taiwan kein Strom. Welche Erholung: Keine Leuchtreklamen, Fernseher, Radios, einfach mal Stille.

Ich bin wie tot, ausgebrannt, müde, lustlos. Versuche zu verstehen, was ich hier soll. Weiter durch das Labyrinth irren? Einen Faden darin suchen? Zurückfliegen?

22. September

Jeden Mittwoch ist Lehrerkonferenz. Die Kollegen, die es gut meinen, fragen mich: Und, sind Sie geschockt von Taiwan? Ich antworte mit einem fragenden „Ja", wundere mich, woher sie wissen können, was mit dem Dekan passiert ist ...

Erst am Nachmittag begreife ich, dass sie das Erdbeben gemeint haben – dessen Ausmaß begriff ich erst mit zwei Tagen Verspätung.

23. September

Angesichts der Tragödie, die Taiwan erfasst hat, und deren Ausmaß ich erst heute aus der Zeitung erfahre, komme ich mir kleinlich und egoistisch vor, mit meinen Klagen über meine belanglosen Unannehmlichkeiten. 2000 Menschen liegen noch irgendwo unter Trümmern und warten darauf, ausgegraben zu werden. Und ich sitze lebendig und satt in meinem Wohnheim.

Doch was lese ich? Ein großer Teil der Katastrophe hätte verhindert werden können, wenn

1. Gebäude und Straßen erdbebensicherer gebaut worden wären, was in Japan und Kalifornien Standard ist, und

2. es ein Regierungsprogramm gäbe, wie man mit so einer Situation umgehen muss.

Noch zwei Tage später sind viele Opfer ohne Medikamente und Nahrung, ganz zu schweigen von den abgeschnittenen Dörfern in den Bergen von Taiwan. Im März, heißt es in der Zeitung, habe man schon ein starkes Erdbeben vorhergesagt. Nichts ist unternommen worden.

Vielleicht ist die **Gleichgültigkeit** der Schatten einer Kultur, in der die Schicksalsergebenheit höchstes Gesetz ist.

xxxkm Foto: mb

1. Dezember

Meine Geschichte findet tatsächlich eine Fortsetzung.

In guter Stimmung betrete ich zusammen mit Frau *Ke,* der guten Seele unseres Sekretariats, das Büro von Frau *Cheng,* der Vorsitzenden des Instituts für internationale Angelegenheiten. Eine etwas verhärmte, sehr kalt aussehende Frau in den Fünfzigern, fordert uns höflich auf, auf ihrem Sofa Platz zu nehmen. Auf ihre Frage, was uns zu ihr führt, erzählt Frau *Ke* die Geschichte meines Wohnungsproblems. Frau *Cheng* ist sofort im Bilde: *„Ach ja, der Mann, der ungesetzlich im japanischen Studentenwohnheim war. Und was wollen Sie von mir? Wir wollen anregen, dass in Zukunft ausländische Gäste anders empfangen werden. Sie sind aber kein Gast, Sie sind ein Professor unserer Uni. Gut, dann sollen eben Professoren, die an diese Uni kommen, anders empfangen werden. Das ist aber nicht mein Ressort, ich bin nur für internationale Kontakte zuständig."* „Meinen Sie denn nicht, dass dies auch eine internationale Frage ist?" „Ja, aber mit der habe ich nichts zu tun. Sie können dies nur auf dem Verwaltungsweg lösen. Ihre Institutsleitung muss einen Antrag stellen, in dem der Fall zur Sprache kommt. Den müssen Sie an den Dekan weiterleiten, der leitet ihn an den Generaldekan weiter. Dieser wiederum kann ihn an den Vizepräsident weiterleiten, er hat zusammen mit dem Generaldekan und den Dekanen ein- oder zweimal im Jahr eine Sitzung. Da könnte das besprochen werden. Mehr kann ich Ihnen nicht sagen. Im Übrigen weiß ich, dass es dieses Problem erst seit zwei Jahren gibt. Vorher gab es eine Abteilung, die sich mit den Angelegenheiten der neu ankommenden Lehrer befasste. Doch die ist von ganz oben abgeschafft worden."

Ich weiß mal wieder nicht, ob ich das Ganze zum Heulen oder zum Lachen finden soll. Immerhin, denke ich im Stillen, ist es beruhigend, dass es anstatt dieser Abteilung jetzt ein Institut für Globalisierung gibt. Nochmals betone ich, dass mir sehr daran liegt, dass meine Nachfolger etwas sanfter in Taiwan landen werden.

„O ja, ich verstehe Sie völlig! Und außerdem ist es äußerst sympathisch, dass Sie sich so viele Sorgen um unsere Uni machen! Aber leider habe ich damit gar nichts zu tun. Ich werde den Fall allerdings zur Sprache bringen, wenn sich eine Gelegenheit dazu bietet."

Nach diesen Worten verabschieden wir uns höflich. Wir wissen beide, dass diese 20 Minuten völlig umsonst waren.

„Meine Wohnung im 10. Stock hatte einen Balkon mit Meerblick."

Deutsch – eine Sprache der Außerirdischen

Nachdem die bürokratischen Hürden genommen waren und ich im 10. Stock eines Wolkenkratzers eine kleine Wohung mit Balkon gefunden hatte, konnte ich mich meiner eigentlichen Arbeit widmen: dem Unterricht.

Die **ersten Unterrichtsstunden** waren für mich ein Schock. Zwar nicht zu vergleichen mit den vorangegangenen Erlebnissen, doch die Aufgabe, eine solche Zahl von Studenten, deren größter Teil völlig desinteressiert zu sein schien, zu unterrichten, schien mir eine nicht zu bewältigende Aufgabe. So sammelte ich erst einmal Namen. Fast alle Studenten haben einen **deutschen Namen,** zu dem sie aber offenbar gar keinen Bezug haben – er ist einfach ein Teil der Schablone, in die man als Student gezwängt wird. Einen ausländischen Namen haben zu müssen, gerade wenn man eine Fremdsprache studiert, erleichtert natürlich den Kontakt mit Ausländern, besonders mit Lehrern, die kein Chinesisch sprechen. Umgekehrt bekommt auch jeder Ausländer, der in Taiwan (oder China) lebt, einen chinesischen Namen, was wiederum bei den endlosen bürokratischen Vorgängen sehr hilfreich ist. Doch das Merkwürdige an den Namen meiner Studenten ist, dass sie dermaßen altertümlich wirken, dass an ihnen deutlich wird, wie weit weg die deutsche Realität tatsächlich ist: Wer heißt heute noch in Deutschland Winfrieda, Phoebe, Victoria, Elfriede ...??? Viele Studenten tragen ihre Namen, wie man eine Schuluniform trägt, die zu eng ist – immer auf den Moment wartend, an dem man sie endlich ablegen kann.

Diese Unverbundenheit mit dem Namen sagt viel aus über die **Unverbundenheit mit dem Deutschstudium.** Doch auch hierbei gab es Ausnahmen: In einem Aufsatzkurs nannte plötzlich ein Mädchen ihren chinesischen Namen. Sie sagte, sie heiße *Yu Ling,* einen deutschen Namen brauche sie nicht, einer genüge ihr. Ich war ihr sehr dankbar. Endlich war jemand da, der er selber sein will. Darin war *Yu Ling* viel europäischer als ihre Kommilitonen. Ich fragte alle Studenten nach dem Grund, warum sie Deutsch studieren. Die meisten hatten sich nie für Deutsch interessiert, wollten eigentlich Englisch oder Japanisch studieren, konnten das aber aufgrund schlechter Noten nicht. Deutsch war also für viele ein fauler Kompromiss. Das kann ja heiter werden, dachte ich. ...

Das Schwierigste waren die **Aufsatzkurse.** Hier war der Adrenalinspiegel gleich null, nichts schien bei 32 Grad schwüler Hitze, bezaubernden

Essensdüften und träge vor sich hinsummenden Ventilatoren absurder zu sein, als deutsche Aufsätze zu üben. Trotzdem waren meine Versuche, durch Nacherzählung von Literatur etwas vom Deutschen zu vermitteln, manchmal sogar erfolgreich. Zum Beispiel kam eine Studentin mit dem deutschen Namen *Pauline* nach der zweiten Stunde Borchert-Lektüre zu mir. Sie hatte wenig verstanden, aber das Wenige hatte gereicht, dass sie tief berührt war. Sie fragte mich, ob sie die Nacherzählung auch auf Chinesisch schreiben könne. Ich sagte, sie dürfe es nur niemandem weitererzählen, und war gespannt auf ihre Hausaufgabe: Die zeigte mir, dass sie – ihr Deutsch reichte eigentlich dazu gar nicht aus – Borchert besser verstanden hatte als alle anderen, von denen einige dem jungen Mann in der „Küchenuhr", dessen Mutter mitsamt allem Hab und Gut unter den Trümmern des zerbombten Hauses begraben wurde, zum Trost den Spruch mit auf den Weg gaben: Auf Regen folgt Sonnenschein. *Pauline* dagegen hatte verstanden, was es heißt, gebrochen zu sein, einen Schmerz zu erleben, der einen fast zum Wahnsinn treibt.

Und dann gab es noch die ganz jungen Studenten, die gerade erst ein Jahr Deutsch gelernt haben. Vielleicht waren einige von ihnen so gut, weil sie erst verhältnismäßig wenig von der Uni demotiviert waren, vielleicht eine andere Generation, vielleicht ... Mit ihnen hatte ich **Konversa-**

tionsunterricht. Sie fragten mir ein Loch in den Bauch, jede Stunde war voller Spannung, voller Fragen über deutsches Leben, über Ehe, Scheidung, Erziehung, Schule, Ökologie, Lieder, Berufe, über den Lebenssinn, über Literatur – schlichtweg über alles. An Weihnachten sangen wir Weihnachtslieder, eine Strophe Deutsch, eine Chinesisch, im Märchen- und Bibelkurs diskutierten wie darüber, warum Dornröschen mit einem Kuss geweckt wurde und warum Gott die Schlange erschaffen hat.

Es war schon gegen Ende des Sommersemesters, als ich auf die Idee kam, die älteren Studenten zu fragen, was sie denn ihren Freunden von ihrem Studium erzählten und was ihre Familie (bei der die meisten noch lebten) über Deutschland dachte. Erst herrschte betretenes Schweigen im Raum, dann meldete sich eine besonders schüchterne, sehr zierliche Studentin und meinte mit leiser Stimme: *„Für meine Familie ist Deutsch wie eine Sprache von Außerirdischen, man kann sich gar nichts darunter vorstellen"* … Auf meine Rückfrage, ob ich dann auch ein Außerirdischer für sie sei, nickten alle etwas verhalten. Mir wurde noch einmal mehr klar, wie fremd ich und alles, was ich lehrte, für meine Studenten sein musste und wie wenig sich das überwinden ließ, nachdem für die meisten ein Urlaub in Deutschland finanziell unmöglich war, geschweige denn ein Studium.

Meistens versuchte ich, die Studenten ihre eigene Wirklichkeit auf Deutsch beschreiben zu lassen. Erziehung, Schule, Familie, Liebe, Berufspläne, Umweltschutz, Politik … Es war eine wunderbare **gegenseitige Bereicherung,** sie lernten Deutsch, und ich lernte, wie schwer es für junge

Taiwanesen heute ist, zwischen Tradition und Moderne, zwischen westlichen und chinesischen Werten eigene Werte zu finden. Zum Beispiel fanden es viele ganz normal, dass Kinder geschlagen werden, anderen kamen bei dem Thema die Tränen; alle fanden das Thema Scheidung interessant, aber die Frauen meinten, wenn man geschieden sei, dann würde nach dem Tod niemand für einen das Ahnenopfer vollziehen und der eigene Geist würde heimatlos umherirren. Und zum Thema Zukunft: Für Viele war klar, dass sie mit den Eltern leben wollten, doch war auch deutlich zu spüren, wie groß die Sehnsucht nach Selbstbestimmung ist ...

Hitler – „eine besondere Freude genießen"?

Es war an einem wunderschönen Sonntagnachmittag im Juni, ich trottete durch die malerischen Gassen von Damshui, meinem „Fischerdorf", in dem allerdings vor Wolkenkratzern kaum noch ein Dorf zu sehen war. Ich wollte einen neuen Weg zum Meer ausprobieren und ging einfach der Nase nach. Ich bog in eine belebte Einkaufsstraße ein, in der ich sogar einen Bioladen entdeckte – eine Sensation, denn sehr „bio" sind die Taiwanesen nicht. Und dann – noch eine Sensation: Ein paar hundert Meter weiter ein großes Ladenschild mit einem Hakenkreuz, darunter stand: **„Café Hitler",** chinesisch mit den Zeichen für *xitele* geschrieben, was bedeutet: „eine besondere Freude genießen". Ich stand wohl eine Viertelstunde konsterniert vor dem Café. Zufällig las ich gerade das Buch von *Sebastian Haffner* über *Hitler*. Seltsamerweise hatte das Thema Hitler auch im Dezember für Aufregung gesorgt: Elektroheizungen einer Münchner Firma wurden auf Plakaten angepriesen, auf denen der Führer ein Streichholz hielt und die Wärme aus Deutschland pries ...

Meine Studenten verstanden zuerst gar nicht, was ich gegen ein „Café Hitler" haben konnte. Er sei doch ein großer Deutscher gewesen, so wie *Tschiang Kaischeck* ein großer Chinese war. Nach einigen Stunden verstanden sie mich etwas, und wir überlegten, was zu tun sei. Das deutsche Wirtschaftsbüro einzuschalten, schien ihnen unangemessen, damit würde man nur den Cafébesitzer ruinieren. Mit dem Cafébesitzer zu reden, würde nichts bringen, er würde nicht verstehen, was an dem Namen auszusetzen sei. Also verständigten wir uns, dass zumindest im Jahrbuch der Deutschabteilung ein Artikel erscheinen müsse über das, was *Hitler* an Unglück über Deutschland und die Welt gebracht hatte.

„Der Besitzer würde nicht verstehen, was an dem Namen auszusetzen sei."

Bei all dem wurde mir einmal mehr bewusst, wie weit weg die deutsche Realität war. *Hitler* hatte den chinesischen Nationalisten für den Kampf gegen die Kommunisten Militärratgeber zur Verfügung gestellt, und somit war er zum großen Deutschen geworden. Über alles andere war wohl nie geschrieben worden, schließlich hatte Taiwan selbst bis in die achtziger Jahre eine ausgesprochen rechte Regierung. Und man habe früher, so meinten die Studenten, vor allem alte Wochenschauen gesehen – mit diesem Bild von Deutschland seien sie groß geworden.

Wie die Deutschen zu Menschen werden könnten

Über 20 Jahre hatte ich mich immer wieder mit der chinesischen „Kunst der Künste", der Kalligrafie, beschäftigt. Nun freute ich mich, bei einem guten **Kalligrafiemeister** weiterüben zu können. Bei Meister Ye – einem drahtigen, kleinen Mann um die 35 –, übte ich also jeden Sonntagmorgen zusammen mit einigen Kindern und einem sehr sympathischen kräftigen Herrn aus der Geschäftswelt. Alle mussten die Woche über üben, und jeder brachte zur Stunde einen Packen mit Blättern mit. Allein die Zeichen der Kinder zu sehen, erfüllte mich mit Neid und manchmal mit Resignation. Doch Meister *Ye* war freundlich und geduldig darum bemüht, mir den Strich für „Eins" beizubringen – ein einfacher, waagrechter Strich … Wenn er mir Zeichen vorschrieb, dann schien ich dem Glück, mit chinesischen Augen sehen zu können, wieder ganz nahe zu sein. Es war eine schwungvolle, elegante und frische Anmut in jedem Strich, es war alles so überaus einfach und so überaus gediegen.

Dieses Glück hielt von Oktober bis Dezember an, bis Meister *Ye* anfing, mich in die Geschichte der Kalligrafie einzuführen. Es begann eines Sonntags damit, dass er mit kleinen roten Zeichen alle bedeutenden Meister seit dem 7. Jahrhundert auf ein Blatt pinselte, mir ihre Bedeutung und ihre Stilrichtung erläuterte … Ganz selbstverständlich erschien er selbst am Ende dieser Reihe. Ich empfand das nicht einmal als überheblich, da ich wusste, wie wichtig die Legitimation durch die Tradition in den chinesischen Künsten ist – sei es eine Kampfkunst, die Malerei oder Kalligrafie.

Als sich jedoch derselbe Vortrag zwei, drei Mal wiederholte, wurde es mir zuviel: Ich dachte, ist ja schön und gut, aber ich will etwas lernen und nicht gleich in die Ahnenreihe eingereiht werden. Genau das schien jedoch Meiste Ye's Absicht zu sein: Wie sich im Weiteren herausstellte, setzte er große Hoffnungen auf mich.

So begann er mir am Ende einer Stunde Mitte Dezember feierlich mitzuteilen, dass er mich für fünf bis zehn Jahre in allen vier Stilen der Kalligrafie auszubilden gedenke, um mich anschließend als Lehrer nach Deutschland zu schicken. Ist ja nett, dachte ich, aber dazu gehören ja wohl zwei – er hatte mich nicht gefragt, es war fast ein Befehl. Es kam noch besser.

Im Westen wüsste man nicht, wie man den menschlichen Geist entwickeln kann, er sei nur materialistisch. Die Kalligrafie sei der beste Weg, den Geist zu entwickeln, Menschen **zu wirklichen Menschen zu machen** – dies war offenbar seine tiefste Überzeugung. Seine Ansprache endete so: Wenn ich Kalligrafiemeister in Deutschland sei, dann hätten die Deutschen endlich eine Chance, Menschen zu werden!

Darauf war ich nicht gefasst gewesen. Ich wusste nicht, was ich sagen sollte. Ich war ja ein bisschen gerührt, so eine wichtige missionarische Aufgabe anvertraut zu bekommen. Doch als mir nach einigen Wochen klar wurde, dass ich mit Meister *Ye* – so gut er als Kalligraf sein mochte – keine gemeinsame Basis finden würde, beendete ich den Unterricht. Ich habe das zwar später manchmal bereut; aber ich hätte ja nicht darüber diskutieren können, ob und wie die Deutschen Menschen werden.

Der Alltag

Nach einem halben Jahr hatte ich mich **eingelebt.** Ich hatte mich daran gewöhnt, abends aus den Riesenlautsprechern der Müllautos drei Stunden lang „Für Elise" trällern zu hören, ich hatte mich an die hungrigen Hundebanden gewöhnt, die sich in der Nacht lautstark bekämpften, an die Luftverschmutzung, an den Strand, der einer Müllhalde glich. Ich war nicht mehr verwundert, wenn ich wochenlang in meinem 10. Stock von leichten Beben etwas hin- und hergeschaukelt wurde; und ich begann sogar mit den Kakerlaken so etwas wie friedliche Koexistenz zu üben.

Ich genoss einfach den Alltag, genoss die vielen **schönen Momente,** die er mir bescherte: das morgendliche Gespräch mit dem Pförtner, das Einkaufen von frisch geschnittenem Obst bei einem Paar, das immer heiter und sehr lebendig wirkte; die Schiffe, die ich am Horizont vorbeifahren sah, das Abendessen, das ich mir bei einem Nudelverkäufer vor meinem Block kaufte, der strahlte wie Buddha selbst – und vor allem den Chinesischunterricht bei einem jungen Mann, der ein gepflegtes und elegantes Chinesisch sprach und schrieb.

Dabei verlernte ich nach und nach, die (auf den ersten Blick) krassen Widersprüche von alter und moderner Kultur, von „hoher" und Alltagskultur als Widersprüche zu sehen. Ich verstand, dass die **Ablehnung von**

Reflexion und sprachlicher Eindeutigkeit, wie sie vor allem in den daoistischen Klassikern zu finden ist, überall präsent ist. Ich sah natürlich auch die Nachteile bzw. ich wurde damit konfrontiert, dass ich aus einer „Reflexionskultur" komme, mit ihren eigenen Vor- und Nachteilen.

Oft sagten mir meine Studenten: Herr Jaeger, Sie denken einfach zu viel. Sie hatten nicht so unrecht. So hatten wir zum Beispiel mehrere nicht gerade ergebnisreiche Gespräche über die Motorräder und Autos, deren Besitzer bei glühender Hitze und permanenter Smoggefahr deren Motoren laufen ließen. Über diese Gedankenlosigkeit nachzudenken, war schon sehr komisch. Nicht, dass die Studenten nicht gedacht hätten. Für alle Wechselfälle des Lebens hatten sie einen Sinnspruch, ein klassisches Zitat, ein „Vollendetes Wort", wie man im Chinesischen sagt, parat. Damit war garantiert, dass sie bei einem Weisen der Vorzeit die richtige Einschätzung und Lösung der Situation gefunden hatten.

Es gelang mir auch nach vielen Monaten noch nicht, mit dem Wust von Papieren, mit den Verordnungen, Bestimmungen und Regelungen der **Unibürokratie** so leger umzugehen, wie es meine Kollegen konnten. Ich wusste, dass es manchmal wichtig war, sich Bestimmungen zu fügen, manchmal jedoch verkehrt. Ich fragte Frau *Ke,* die mir mit unermüdlicher Hilfsbereitschaft über alle Hürden des Uni-Alltags half, wie man denn herausfinden könne, wann man die Bestimmungen akzeptieren und wann man auf den Tisch hauen und sich wehren müsse. Verschmitzt lächelnd antwortete sie: „Übung macht den Meister!" (Sprich: Nachdenken völlig zwecklos!)

Auch wenn ich nicht damit verschmelzen konnte und der Betrachtende blieb und nicht aufhörte, darüber nachzudenken, wie der chinesische Alltag funktionierte, welche seiner Seiten ich einordnen konnte und welche mir verschlossen blieben – ich akzeptierte immer mehr, dass immer ein **Rest an Unerklärlichem** bleiben würde, dass dieses Leben (wie letztlich jedes Leben) nicht erklärbar ist, dass es immer einen Rest gibt, den man nicht auflösen, nicht denken kann. Und je mehr ich damit einverstanden war, desto besser ging es mir. In guten Momenten fühlte ich mich wie ein Fisch im Wasser und verstand nicht mehr, warum ich über weite Strecken so bierernst nach „Erklärungen" gesucht hatte. Vielleicht hatten meine Studenten recht, und ich dachte wirklich zu viel? War meine Prägung durch eine Kultur, in der alles entweder ein Problem ist oder zu einem solchen gemacht wird, eine falsche gewesen? Fragen, die ich nicht lösen konnte und die in der immer schwüler werdenden Luft des taiwanesischen Sommers immer weniger drängten – alle Lebensfunktionen verlangsamten sich, und sobald man vor einem guten Ventilator saß, war das wichtigste Problem erst mal gelöst ...

Über das Zurückkommen

Meine Rückkehr war mindestens genauso aufregend wie mein Weggehen im Jahr zuvor. Plötzlich stand ich am Frankfurter Flughafen und hatte das Gefühl, in einem **fremden Land** zu sein. Vor allem wusste ich nicht, was ich hier eigentlich zu tun hatte. Nicht, dass ich mir nicht vorstellen konnte, was ich arbeiten oder unternehmen würde – ich wusste nur nicht, wie das aus dem eben durchlebten Jahr hervorgehen sollte, aus dem Jahr, das mir das Leben von einer anderen, noch gar nicht verstandenen und vielleicht nie zu verstehenden Seite gezeigt hatte.

Zu Hause in Trier mit all meinem Gepäck, fing ich erst mal damit an, mich an der Luft und an der Stille zu erfreuen und zu schlafen. Nach ein bis zwei Wochen Schlaf kam ich so langsam zu der Erkenntnis, das ich wohl wieder in Deutschland sein müsse. Ich merkte es an der sehr zurückgezogenen **Art der Menschen,** an der kontrollierten und abgezirkelten Weise, alles zu planen. Ich merkte es am Busfahrer, der pünktlich abfuhr, ohne die hinter ihm dreinwinkende Oma auch nur eines Blickes zu würdigen. Ich merkte es an den verschiedenen Schlagzeilen des Jahres 2000. Ich fühlte mich weitgehend fremd im eigenen Land, sah alles neu und wusste nicht, wohin das führen würde.

Ich geriet in den merkwürdigen Zustand einer **Zwischenexistenz:** Wohin war mein Jahr entschwunden? War es am Ende gar nicht mehr wirklich, weil es für meine Umgebung nicht existierte? (In meiner Nachbarschaft gelang es mir – obwohl ich nicht gerade nuschle – weder vor noch nach diesem Jahr klarzumachen, dass ich in Taiwan und nicht in Thailand gewesen war: in einer Zeit, in der Taiwan politisch und wirtschaftlich nicht mehr wegzudenken ist ...). War ich aus einem Traum aufgewacht? Oder war das jetzt ein Traum und das so lebendige und für mein Leben so wichtige Jahr die Wirklichkeit? Und was mache ich jetzt mit dieser Wirklichkeit? Mich nach ihr zurücksehnen? Aber auch das reicht ja nicht, irgendwann möchte ich ja wissen, wo ich hingehöre.

Meine Rückkehr hat mich vor allem vor eine Frage gestellt: **was Deutschland eigentlich ist** bzw. was es für mich sein kann. Ich habe viel Gutes neu sehen gelernt: die Bemühung, in klaren Strukturen zu leben und zu arbeiten, übersichtlich zu sein, den (leider oft verkrampften) Fleiß, das hohe Verantwortungsgefühl vieler Menschen, den tätigen Versuch, etwas besser zu machen, besser zu verstehen, besser zu planen. All das sah ich zum ersten Mal auch als etwas Positives, ich spürte aber genauso schnell, wie oft mit diesen Tugenden ein eigentümlicher Hochmut verbunden ist: Das können eben nur wir Deutschen, wir können eben arbeiten, wir wissen eben, was es bedeutet, sich krumm zu machen ...

Vom Traum zur Wirklichkeit zum Traum ...
– die Frage nach der Identität

Einst träumte Zhuang Zhou, ein Schmetterling zu sein, quicklebendig, der beschwingt umherflatterte und freudig seinen Regungen folgte. Dabei wusste er nicht, dass er Zhuang Zhou war. Plötzlich wurde er wach; da war er Zhuang Zhou – ganz eindeutig nur dieser. Nun weiß man nicht, ob es Zhuang Zhou war, der geträumt hat, er sei ein Schmetterling, oder ob es ein Schmetterling war, der geträumt hat, er sei Zhuang. Es gibt aber gewiss zwischen Zhuang Zhou und einem Schmetterling einen Unterschied. Dies ist damit gemeint, wenn gesagt wird: „Die Wesen unterliegen dem Wandel."

Diese berühmte daoistische Geschichte aus dem „Buch vom südlichen Blütenland" des Philosophen *Zhuangzi* (3.-4. Jh. v. Chr.), den ich während meines Aufenthalts in Taiwan zu übersetzen anfing, scheint mir mehr und mehr auch eine Geschichte über die **verschiedenen Wirklichkeiten von Identität** zu sein. Dass es eine chinesische Parabel ist, ist für mich in diesem Zusammenhang nicht von primärer Bedeutung: Sie scheint mir in ihrer Bedeutsamkeit über den Kulturen zu stehen, ein Grundmodell, das für alle kulturübergreifenden Identitätsfragen eine eigene Gültigkeit hat. Es ist für mich ein guter Rahmen, innerhalb dessen die vielen Unsicherheiten und Realitätsverschiebungen, die man in einer fremden Kultur erlebt, geistig verarbeitet werden können: Erst das Bejahen der Unsicherheit, das Annehmen dessen, dass etwas anderes als das Vertraute ebenso wirklich sein kann, kann zu neuer Sicherheit und einer geweiteten Identität führen.

Der springende Punkt in dieser Geschichte ist das Eingeständnis, dass man „nicht wissen kann", ob Zhuang Zhou (Zhuangzi) träumt, ein Schmetterling zu sein, oder ob der Schmetterling träumt, Zhuangzi zu sein: Menschliche Selbst- und Fremdwahrnehmung „unterliegt dem Wandel". Alle Versuche, feste Schubladen zu finden für das Ich und die anderen, haben vielleicht in einem bestimmten Moment einen Sinn, doch im nächsten vielleicht schon nicht mehr. Es wird nicht behauptet, man könne auf die Identität verzichten, sich einfach nur eins fühlen und die Unterschiede vergessen: Nein, beide Pole sind gleichgewichtig, der Pol der Einheit und der der Unterschiedlichkeit.

Wenn es gelingt, Identität nicht als statischen Block zu sehen, sondern als fließende, in Resonanz zum sich verändernden Leben stehende Selbstwahrnehmung anzunehmen, dann wird auch klar, dass es keine

„objektive" Antwort darauf geben kann, welche Kultur die „bessere" ist, welche Werte, welche Vorstellungen von Rollen, von Lebenszielen, von Echtheit und Wahrheit die „richtigeren" sind. Es gibt keinen letzten Punkt der Erkenntnis und der Sicherheit, sondern nur das Vorläufige, das Ringen um eine Annäherung, um ein kleines Erwachen, das sich irgendwann als ein neuer Traum entpuppen wird ...

Diese Geschichte liefert ein Bild für eine **fließende Identität,** die sich ihrer Unterschiedlichkeit immer von neuem bewusst werden muss. Diese Vorstellung scheint mir sehr hilfreich zu sein, um einen Mittelweg zu finden zwischen totaler Abkapselung und weitgehender Assimilation. Sie ermöglicht, die Fixierung auf eine Rolle zu lösen und immer von neuem zu sehen, wo die Grenze zwischen Selbstbewahrung und Selbstaufgabe verläuft. Genau diese Frage stellte sich mir vor allem bei der Verarbeitung negativer Erfahrungen – sollte ich sie so einordnen, wie ich es gewohnt war, oder darauf vertrauen, dass ich sie irgendwann würde anders sehen können?

Alle meine **negativen Gefühle,** meine Wut über die Gleichgültigkeit und Apathie im öffentlichen Leben, meine Ablehnung der unendlichen Höflichkeitsbezeigungen, die ich nur hohl und verlogen fand, meine Ablehnung von Klischees und Verallgemeinerungen, meine Müdigkeit, weil ich entweder angehimmelt oder ausgegrenzt wurde – all dies stellte mich beständig vor die schwer zu lösende Frage, was Zeichen meiner Unreife („hat eben noch nicht den tieferen Sinn dieser Kultur verstanden") und was Zeichen einer persönlichen Wahrheit war, die ich nicht verraten durfte.

Doch bei mir war die Ablehnung nur die eine Seite der Medaille. Die andere Seite war mindestens ebenso gewichtig. Etwa das **Glücksgefühl,** in einem daoistischen Tempel zu sitzen, zuzusehen, wie die Menschen orakeln, wie der Tempeldiener vor sich hindöst, wie die Götter in erhabenem Schweigen ruhen ... Man kann viele kleine kostbare Augenblicke erleben, in denen die Chinesen einfach Menschen sind, sehr locker und heiter, besonders an arbeitsfreien Tagen. Bei der Arbeit – in Imbissstuben, Friseurläden und Obstgeschäften, Taxifahrer, Hauswächter und Cafébesitzer, Mitarbeiter in Computerfirmen und Buchhändler – haben sie oft eine schlichte Wärme, die in einem Bruchteil von Sekunden die mieseste Stimmung aufhellt.

In solchen Momenten der Begegnung war die Welt in Ordnung, alles war in Ordnung, und ich konnte gar nicht verstehen, warum ich mich noch eine Stunde zuvor so einsam gefühlt hatte.

Kaum etwas von dem, was ich mir von China erträumt hatte, war in Erfüllung gegangen. Aber etwas anderes war geschehen: Je mehr mich das chinesische Leben **ent-täuschte,** desto mehr begriff ich Einseitigkeiten und Scheuklappen meines Selbst- und Weltbildes, manchmal war ich erschüttert, wenn ich merkte, wie blind ich gewesen war. Gleichzeitig kam mir Europa immer unwirklicher, traumhafter vor. Ich konnte es natürlich noch in der Erinnerung zusammenfügen, aber diese Erinnerung hatte plötzlich Risse, oder besser: Sie war schillernd, durchsichtig geworden, sie stand nicht mehr für eine feste, sondern nur für eine mögliche, sehr begrenzte Form von Realität.

Es war gerade diese Distanz zu meiner **eigenen Herkunft,** die mir schließlich half, meine deutschen Wurzeln neu zu sehen und zu schätzen. Im Unterricht hatte ich dazu die besten Voraussetzungen: Immer wieder rückte der reine Sprachunterricht in den Hintergrund, und es kamen Fragen wie: Was machen deutsche Jugendliche, wenn sie Krach mit ihren Eltern haben? Wie funktioniert eine Bürgerinitiative? Wie hoch ist die Sozialhilfe? ... Hinter all den Fragen stand auch die Sehnsucht, Alternativen zur eigenen Lebenswirklichkeit denken und verstehen zu lernen. Wo solche Alternativen sichtbar wurden, waren auch die Dauerschläfer hellwach: Fast alle verstanden, dass sie über die Sprache einen Raum betraten, von wo sie wiederum das Chinesische in Frage stellen konnten.

Das Glück, mit chinesischen Augen sehen zu lernen, blieb ein Traum. Dafür wurde ich viel wacher dafür, mein Eigenes, meine Wurzeln, meine Herkunft, die Möglichkeiten und Schwierigkeiten, die mir durch meine Prägungen mitgegeben sind, sehen zu lernen. Wobei mir immer klarer wurde, dass es eigentlich das Eigene war, das ich in der Fremde gesucht hatte – es war „zu Hause" so vielen gesellschaftlichen Zwängen und kulturellen Verdrehungen unterworfen gewesen, dass ich es dort nicht mehr recht hatte sehen können.

Die Losgelöstheit in der Fremde half mir, **mit meinen Augen zu sehen.** Insofern hat sich das Glück erfüllt.

052ks Foto: hj

Der Autor

Henrik Jäger, geb. 1960, Promotion/Sinologie in München 1997. Seit 1991 längere Aufenthalte in Taiwan. Seit 2000 DFG-Projekt (DFG = Deutsche Forschungsgemeinschaft in Bonn, die wissenschaftliche Forschungen fördert und finanziell unterstützt) zur daoistischen Philosophie des *Zhuangzi* an der Universität Trier. 2002/03 erscheint das Zhuangzi-Lesebuch: „Mit passenden Schuhen vergisst man die Füße" (Herder Verlag), dem das Zitat im Abschnitt „Vom Traum zur Wirklichkeit zum Traum … – die Frage nach der Identität" entnommen ist.

Klaus Boll

MEXIKO:
BEOBACHTUNGEN UND ERLEBNISSE IN DER MEXIKANISCHEN ARBEITSWELT

Que viva Mexico – Es geht los

Auf nach Mexiko! Endlich ging es los. Auf dem Flug von Frankfurt nach Mexiko-Stadt mischten sich Vorfreude, Aufgeregtheit, gespanntes Interesse und ein leichtes Unbehagen ob der unbestimmten Lebensbedingungen in dieser Großstadt.

In Mexiko arbeitete ich in der Hauptstadt und in anderen größeren Städten des Landes jeweils mehrere Monate in **internationalen Projekten,** anschließend auch als Trainer und Moderator für internationale Unternehmen, deren Zentrale in Deutschland lag.

Die im folgenden beschriebenen Erfahrungen sammelte ich Anfang der 90er Jahre vorwiegend in der Hauptstadt des Landes, **Mexiko-Stadt** (von den Einheimischen meist D.F. genannt, die Abkürzung für Districto Federal, Bundesdistrikt).

Die ehemalige Hauptstadt des Aztekenreiches, heute mit ungefähr 25 Millionen Einwohnern die **bevölkerungsreichste Stadt der Welt,** erstreckt sich in einem von Vulkanen umgebenen Talkessel auf 1500 Quadratkilometer Fläche – ungefähr doppelt so groß wie Hamburg (2 Millionen Einwohner) und Berlin (4 Millionen Einwohner). Allein diese Bedingungen reichen anfangs schon für einen Kulturschock aus. Hinzu kommen gigantische Probleme der Stadt mit Verkehr, Abfall und Luftverschmutzung.

Eine weitere Besonderheit ist die Lage der Stadt 2200 Meter über dem Meeresspiegel. Ein Vorteil: Es wird trotz der Nähe zum Äquator selten heißer als 30 Grad Celsius. Ein Nachteil: Flachlandtiroler kommen zu Beginn ihres Aufenthaltes schnell mal aus der Puste, bis sie sich akklimatisiert haben. Ich selbst konnte bezüglich der **klimatischen Verhältnisse** jedoch nicht klagen. Ich landete im Frühjahr in Mexiko und traf auf sehr angenehme Bedingungen: grüne Natur, frische Luft, auch mal ein frischer Wind, nicht sehr heiß, meist sonnig. Dieser – nicht zu unterschätzende ! – Teil des Kulturschocks, den viele Mittel- und Nordeuropäer bei einem Umzug in tropische Regionen erleiden (vor allem Hitze, hohe Luftfeuchtigkeit, Stechmücken und ungebetene kleine Mitbewohner) blieb mir erspart.

Ein Blick auf die **wirtschaftliche Lage** Mexikos kann einem Europäer, der eine soziale Marktwirtschaft und ein enges, gut funktionierendes soziales Netz gewohnt ist, nachhaltig schocken: unzählige Arbeitslose in den Straßen, Tagelöhner am Zócalo, der größten Plaza der Stadt, und anderswo, hungernde und bettelnde Menschen an vielen Straßenkreuzungen, arbeitende (z. B. Autoscheiben waschende) Kinder vor vielen Ampeln sowie Auslandsschulden von weitaus mehr als 100 Milliarden US-Dollar – ein Betrag, so hoch wie das von den Reichen des Landes auf ausländischen Banken angelegte Vermögen.

All dies sind Beispiele für Gegebenheiten in Mexiko, die mir täglich ins Auge fielen oder zu Bewusstsein kamen und meinem **Sinn für soziale Gerechtigkeit** massiv widersprachen. Ich konnte und wollte sie nicht ausblenden, nicht wegschauen, und so beschäftigten sie mich ständig innerlich, beunruhigten mich und trübten somit zeitweise mein Wohlbefinden im Land.

Die ersten Wochen

Lange hatte ich mich schon auf einen längeren Arbeitsaufenthalt in Mexiko gefreut, einem Land, das ich durch verschiedene mehrmonatige Reisen schon recht gut kannte. **Reisen** auf der einen Seite sowie **Leben und Arbeiten** auf der anderen Seite können zwei verschiedene Paar Stiefel sein; dies war mir aus früheren Auslandsaufenthalten bekannt, darauf hatte ich mich eingestellt. Und genau so kam es dann auch: Hatte ich beim Reisen vorwiegend die heiteren, angenehmen und freundlichen

Seiten, Gesichter des Landes und der mexikanischen Kultur kennen gelernt, so sollte ich nun auch Bekanntschaft mit den ernsten, alltäglicheren Seiten des Lebens in Mexiko machen.

Erlebnisse im öffentlichen und privaten Bereich der mexikanischen Kultur konnten mich während dieses Arbeitsaufenthaltes nicht mehr regelrecht **„schocken"**, wohl aber im Arbeitsbereich. Daher konzentriere ich mich in der folgenden Beschreibung auf die mexikanische Arbeitswelt.

Die ersten Wochen erlebte ich als einen Mix von **Orientierungsarbeit und Kennenlernen** von Kolleginnen und Kollegen, Führungskräften, externen Partnern, Behördenvertretern, Wiedersehen von alten Bekannten und Freunden. Meinem Gefühl nach kam die eigentliche Arbeit an den Projekten zu kurz; ich hätte mich gern gleich in die Sacharbeit gestürzt.

Von einem auf den anderen Tag hatten sich zahlreiche **Variablen meines Systems „Leben"** geändert: der Wohnort, das Klima, vom Ländlichen in eines der größten urbanen Zentren der Welt, von Europa in die Neue Welt, das Essen, der Tagesablauf ... Dieser Wechsel vieler Elemente machte es mir dann zeitweise auch schwer, die Ursache für bestimmte Veränderungen zu erkennen: Es war sehr schwierig, die Wirkung einzelner Variablen zu isolieren – also herauszufinden, welche Ursache hinter einem bestimmten Effekt lag.

Während der mehrwöchigen **Einarbeitungszeit** schonten die Kolleginnen und Kollegen den Neuling im Team, auch sie tasteten sich an mich als neuen Mitarbeiter heran. Dabei ging es für mich darum, offizielle Spielregeln und ungeschriebene Gesetze kennen zu lernen; von Letzteren gab es offensichtlich sehr viele, zumindest bedeutend mehr als schriftlich festgelegte.

Eine meiner zentralen Aufgaben in den ersten Wochen war es, meine Kollegen und unsere externen Kooperationspartner kennen zu lernen und dabei gezielt und bewusst **Beziehungen aufzubauen,** ein Netzwerk zu bilden. Dabei habe ich ein hohes Maß an Freundlichkeit und Gastfreundschaft erfahren: Interesse an meiner Person, am Land Deutschland, an meinem kulturellen Hintergrund. Irritationen auf diesem Gebiet blieben also aus.

Gleichheit und Ungleichheit

Ein Unterschied fiel bereits nach wenigen Tagen ins Auge: die in den Sozial- und Verhaltenswissenschaften so genannte Unterscheidung zwischen Partikularismus (Bestrebung, die eigenen Interessen gegenüber dem Ganzen durchzusetzen) und Universalismus (Grundsatz: Das Ganze ist dem Einzelnen übergeordnet) in den Kulturen.

Diesem Erklärungsmodell entsprechend ist **Deutschland eine vorwiegend universalistische Kultur:** Dazu gehört z. B. das propagierte Ideal „Alle haben die gleichen Rechte" – auch wenn dies verständlicherweise nicht überall gelebt, realisiert wird. Egal, ob arm oder reich, mächtig oder „unbedeutend": Im gesellschaftlichen Leben, in der Politik und in der Arbeitswelt beruht Macht auf der Position, dem Fachwissen. Dieses Denken, diese Grundwerte hatte ich spätestens in den neun Jahren humanistischen Gymnasiums in einem Kloster verinnerlicht.

In Mexiko musste ich auf diesem Gebiet einen beträchtlichen Wertekonflikt erleben, da **Mexiko eine vorwiegend partikularistische Kultur** ist. Das zeigt sich u. a. im Auftreten der Mächtigen. Diese genießen offen ihre Privilegien. Sie verbergen ihre Macht, ihren Reichtum nicht, im Gegenteil: Sie demonstrieren ihre Macht in der Öffentlichkeit. Beispiel: Sie lassen ihre Untergebenen bei Terminen gern einmal warten, um ihre eigene Bedeutung und ihren Status zu unterstreichen; dies kann jemanden aus einer tendenziell egalitären Gesellschaft wie Deutschland schon beträchtlich ärgern.

In Mexiko gilt oftmals nicht die Gleichheit vor dem Gesetz oder den vereinbarten Regeln, sondern die Menschen werden je nach Herkunft und Beziehung ungleich behandelt; um z. B. Freunde oder Verwandte zu unterstützen, werden Ausnahmen gemacht und die geltenden Regeln und Gesetze auch einmal gebrochen.

Mexiko wird eher als Land des overstatements („Übertreibung") als understatements („Untertreibung") gesehen und erlebt; jeder versucht, auch trotz eines knappen Geldbeutels, seine **Würde** zu unterstreichen, die *dignidad del hombre* („Würde des Menschen") zu realisieren. Insbesondere wohlhabende und hochgestellte Personen betonen ihre gesellschaftliche Bedeutung durch ihr Auftreten, ihre Kleidung, auffälligen Schmuck. Auch die Zahl der Gefolgsleute ist wichtig; dies können Aktenkofferträger, stete Begleiter, Leibwächter, Chauffeure, Sekretärinnen, Berater sein. Im Arbeitskontext schließt dies ein großes Büro und mehrere Autos mit ein. Das „impression management", die **Selbstpräsentation** vor allem der Oberen, der Manager, der Wohlhabenden, spielt eine große Rolle.

Macht stützt sich auf Familie oder auf Freunde, auf Charisma, auf die Möglichkeit, Druckmittel einzusetzen, sowie auf Reichtum. Und in Mexiko lassen sich Fähigkeiten *(skills),* Wohlstand und Macht nicht voneinander trennen. Mexikanische **Führungskräfte** haben – wie Väter – auf alles eine Antwort und gestehen etwaige Unwissenheit nicht ein. Sie stützen sich vor allem auf ein aufwändig ausgebautes **Netzwerk,** ähnlich wie dies der aztekische *cacique* (Häuptling, Dorfvorsteher) tat. Diese Netze – in Deutschland oft negativ bewertet und als Seilschaften, „Beziehungen" und „Vitamin B" bezeichnet – leben vielfach davon, dass ein Mitglied dem anderen einen Gefallen erweist und dadurch das Recht hat, bei nächster Gelegenheit ebenfalls einen Gefallen erwiesen zu bekommen.

Priorität der Person gegenüber der Sache

In Mexiko sind – anders als in vielen Lebensbereichen in Deutschland – **Beziehungen wichtiger als Regeln.** Nicht nur im Privatleben, bezogen auf Familie und Freundeskreis, sondern auch im Arbeitskontext. In Deutschland genießt Vertrauen, wer das gegebene Wort oder den schriftlichen Vertrag langfristig akzeptiert und sich daran hält, ja sich an die Buchstaben des Textes klammert. In Mexiko ist es dagegen sehr wichtig, Veränderungen der ursprünglichen vertraglichen Einigung zu ak-

„Die Selbstpräsentation spielt eine große Rolle."

zeptieren – Modifikationen, die einem der Partner lebenswichtig sind. Hier zählt der „Geist" einer Vereinbarung mehr. Und eben die **Flexibilität.** Dazu passt auch die mexikanische „Erkenntnis", Beziehungen entwickelten sich ständig weiter.

Gesichtwahren hat nicht nur in asiatischen Ländern eine hohe Priorität, sondern auch in Mexiko. Hilfreich zur Vermeidung unbeabsichtigter Gesichtsverletzungen ist eine bewusst erarbeitete Vertrauenswürdigkeit – Vertrauen muss aufgebaut sein, bevor man als Mexikaner beruflich oder geschäftlich eng mit anderen zusammen arbeiten kann. Für viele Deutsche bedeutet diese Denk- und Herangehensweise mindestens eine große Umstellung, wenn nicht gar einen Schock durch Missverständnisse, da Mexikaner sich zuweilen – bewusst – viel Zeit nehmen, um **Vertrauen aufzubauen,** bevor sie auf den Punkt, das eigentliche Geschäft, den Kern kommen. Ausnahme hier: das „vorsorgliche Übervorteilen" (wie es der mexikanische Schriftsteller und Nobelpreisträger *Octavio Paz* formulierte) des Gesprächspartners, bevor dieser einen selbst übervorteilt (… und viele Mexikaner gehen laut *Paz* davon aus, dass das Gegenüber dies sicher tun wird …).

Dies korreliert auch mit der in Mexiko weit verbreiteten Meinung, es gebe verschiedene Sichtweisen der Realität. In bestimmten Fällen kann die Antwort **Ja und Nein gleichzeitig** sein; mehrere Personen mit unterschiedlichen Meinungen können Recht haben. Dies widersprach meinem in Deutschland erlernten Drang nach der Suche der Wahrheit und dem Bedürfnis nach Klarheit.

Hier kommen **indianische und spanische Einflüsse** zusammen; die spanischen Elemente waren zur Zeit der Conquista (Eroberung durch den Spanier *Hernan Cortes* zu Beginn des 16. Jahrhunderts) zudem noch mit islamischen Einflüssen durchmischt.

In meiner beruflichen Tätigkeit in Deutschland hatte ich mich in erster Linie auf technische und logistische Aspekte meiner Arbeit konzentriert. In Mexiko beobachtete ich, dass die Prioritäten meiner Kollegen und Vorgesetzten auf ihrer Beziehung zu ihren Arbeitskollegen, Partnern oder Kunden lag. **Persönliche Treueverhältnisse und Loyalität** waren oftmals wichtiger als die Erledigung von fachlichen Aufgaben, als objektive Daten, als Termine.

In Deutschland war ich es gewohnt, in kritischen Fällen „Zuständige" (letztendlich „Funktionen") anzusprechen; in Mexiko beobachtete und lernte ich, **Vertraute zu kontaktieren:** meinen Mentor, gute Bekannte, erfahrene Verbindungspersonen. Auch dieser Unterschied steht stellvertretend für die unterschiedliche Priorität von Sache und Person in Deutschland und Mexiko.

Dies zeigt sich auch an der Reihenfolge bei **Geschäftsanbahnungen** – der Mensch kommt hier vor dem geschäftlichen Punkt: Als mexikanischer Kundenbetreuer oder offizieller Vertreter des Unternehmens gegenüber Partnern, Wettbewerbern und Behörden möchte ich mein Gegenüber gut kennen lernen. Beziehungen außerhalb der Verwandtschaft werden langsam, behutsam und ganz bewusst aufgebaut; Risiken werden vermieden.

Ein weiterer Aspekt des Unterschieds zwischen Sach- und Personenfokus lässt sich an der Arbeitsweise festmachen: Anders als vielfach in Deutschland arbeiten Mexikaner gerne **in Gruppen;** Einzelkämpfer sind seltener als in Deutschland. Dies führt zwar nicht unbedingt zu einem regelrechten Kulturschock, kann jedoch irritieren und verunsichern.

Insgesamt gesehen hielt sich – bezogen auf die ersten Wochen – die **Intensität der Umstellung** in Grenzen. Die für den Kulturschock typischen Phasen der Überanstrengung und Überforderung gestalteten sich eher kurz, der psychische und körperliche Stress hielt sich in erträglichen Grenzen, das Gefühl des Verlustes von Freunden, Besitz und sozialer Bedeutung kam nur an einzelnen Abenden oder am Wochenende auf. Massivere negative Gefühle, wie sie einige meiner Bekannten schilderten, wie Empörung, Angst, Widerstand nach dem Bewusstwerden gravierender kultureller Unterschiede oder das Gefühl der Ohnmacht (zum Beispiel gegenüber Mächtigen und gut funktionierenden „Seilschaften", d. h. Netzwerken) blieben mir somit weitgehend erspart. Die intensive wissenschaftliche Beschäftigung mit der mexikanischen Kultur sowie meine Erfahrungen auf früheren Reisen durch Mexiko hatten mich weitgehend auf diese Phänomene vorbereitet.

Einarbeitungszeit und Schonfrist sind vorbei

Nach einigen Wochen fühlte ich mich eingearbeitet, die Schonfrist war abgelaufen. Es wurde Zeit für weitere tiefgreifende Erfahrungen **kultureller Unterschiede im Arbeitsleben.** Einer dieser Unterschiede bezog sich auf das kulturelle Konzept, das Menschen von Vergangenheit, Gegenwart und Zukunft haben.

Umgang mit Zeit

Große Kulturunterschiede existieren zwischen Deutschen und Mexikanern im Umgang mit der Zeit: Ein Element, das mexikanische **„Mañana-**

Syndrom", ist im Band „KulturSchock Mexiko" ausführlich beschrieben worden. Zusammengefasst bedeutet das „Mañana-Syndrom": Vielen Mexikanern ist der Augenblick wichtiger als die ursprüngliche Planung und die Einhaltung von Terminen; daher vertrösten sie sich selbst und andere gern mit dem Wort *mañana* („morgen"). Wenn's heute nicht mehr reicht, schaffe ich es vielleicht morgen. Daneben gibt es jedoch weitere Unterschiede, die Ausländern insbesondere in der mexikanischen Arbeitswelt „das Leben schwer machen" können – etwa die sehr hohe Bedeutung der Gegenwart und der heute unter dem Begriff „multi-tasking" bekannte Arbeitsstil – das gleichzeitige Erledigen mehrerer Dinge.

Wenn man nicht weiß, was die Zukunft bringt, sollte man sich auf die **Gegenwart** konzentrieren und sie – soweit möglich – genießen, so denken viele Mexikaner. Die mexikanische Geschichte war oft durch unangenehme Überraschungen geprägt, argumentieren sie. Dieses Denken führt dazu, dass der **Planungshorizont für Geschäfte** eher kurzfristig ist – für Beziehungen dagegen langfristig. Ersteres war für mich besonders dann frustrierend, wenn es sich um Aufträge, Vorhaben, Projekte handelte, die einen Planungshorizont von mehreren Monaten oder gar Jahren erforderten. Häufig konnten Termine beim Endkunden nicht eingehalten werden, mussten die Projektmeilensteine geändert werden.

Die deutschen Mitarbeiter nahmen Zeitvorgaben ernst; der Ruf der **deutschen Pünktlichkeit** eilte uns schon voraus, unsere mexikanischen Kollegen waren wohl vorgewarnt worden. Deutsche waren hier als gewissenhafte und aufwändige Planer bekannt, die sich oft selbst nach Monaten und Jahren an diese Pläne „klammern" und auf ihnen beharren.

In Mexiko dagegen betrachten viele Menschen Pläne und Termine, im Arbeitskontext vor allem Deadlines und Zeitvorgaben als Ziel, das es anzustreben und – wenn möglich – zu erfüllen gilt. Aber eben nur wenn möglich. Wenn etwas dazwischenkommt oder länger dauert, haben sie wenig Probleme damit, mit anderen vereinbarte **Pläne zu ändern** und zugesagte Termine zu verschieben.

Im Zusammenhang damit steht die weit verbreitete mexikanische Kunst, **mehrere Dinge gleichzeitig zu erledigen.** Eine Begleiterscheinung: Mexikanische Kollegen im Büro waren schnell abzulenken und ließen sich leicht unterbrechen. Hintergrund: Menschen, zu denen man eine enge Beziehung hat (Familie, Freunde, enge Geschäftspartner), sind wichtiger als die eigene individuelle Privatsphäre und auch wichtiger als das konsequente Abarbeiten von Aufgaben oder das Beharren auf der

„Feiern gelten als wichtig für den Zusammenhalt der existierenden Netzwerke."

Agenda eines Meetings. Ausnahme hier: die gebildete Mittel- und Ober-
schicht, die sich mehr an der eher zukunftsorientierten US-amerikani-
schen Zeitphilosophie orientiert.

Anders viele **deutsche Mitarbeiter.** Sie befassten sich nur mit einer Sache gleichzeitig, arbeiten vorwiegend eins nach dem anderen ab. Sie
konzentrierten sich meiner Erinnerung nach vorwiegend auf ihre Arbeit,
mochten gerade im Tagesgeschäft ihre Kollegen nicht stören und respek-
tierten deren Privatsphäre. So wurden sie von ihren Gastgebern als **kühl,
zu sachorientiert und inflexibel** wahrgenommen. Hier – wie auch auf
zahlreichen anderen Gebieten – erfolgte die Irritation auf beiden Seiten.

Freizeitaktivitäten mit Arbeitskollegen

Gemeinschaftsbildende Maßnahmen wie **Feste, Jubiläen, formelle und
informelle Meetings** während und außerhalb der Arbeitszeit werden in
Mexiko als sehr wichtig für den Zusammenhalt der Abteilung, für die
existierenden Netzwerke wahrgenommen und legen eine gute Grundlage für bessere Kommunikation auch im Büro – weit mehr als in Deutschland, wo vor allem gute Leistungen, Erfolge, Qualität, Pünktlichkeit usw.
Basis für gute Zusammenarbeit sind.

Im **privaten Bereich** habe ich meine mexikanischen Kollegen als sehr
kontaktfreudig und sehr offen erlebt: Sie luden mich zum Beispiel mehr-

fach zum gemeinsamen Picknick etwa im Chapultepec-Park ein. Darüber hinaus habe ich es in Mexiko selten erlebt, dass wir ausschließlich im Kollegenkreis nach der Arbeit ausgingen, trinken oder essen gingen. Viel häufiger erhielt ich als Einzelner Einladungen zu **„Familienveranstaltungen"** meiner Kolleginnen und Kollegen. Der britische Journalist und Essayist *Alan Riding* hat einmal geschrieben, Mexikaner benötigten nur wenige Freunde, sie hätten ja reichlich Verwandte. Diese Beobachtung spiegelte sich in der Freizeitgestaltung meiner Kollegen wider: Arbeitskollegen waren dort eine große Seltenheit.

Viele Deutsche und noch mehr die nördlichen Nachbarn Mexikos, die US-Amerikaner, sind an kurzfristige Beziehungen gewöhnt; die mehrfachen Umzüge im Leben und häufigen Arbeitsplatzwechsel lassen ihnen kaum eine andere Wahl. Anders in Mexiko: Hier neigen die Menschen stark dazu, **lebenslange Beziehungen** aufzubauen – abgesehen von den Verwandtschaftsbeziehungen, die ohnehin „lebenslänglich" angelegt sind. Der Begriff „lebenslänglich" passt in diesem Zusammenhang gut, da längst nicht alle Verwandtschaftsbeziehungen auf Freiwilligkeit beruhen; innerhalb der Großfamilie wird oft auch ein großer Erwartungsdruck auf einzelne Mitglieder erzeugt.

Konflikte in der Arbeitswelt

In **Deutschland** hatte ich auch im Arbeitsbereich zahlreiche Konflikte, Streitgespräche und ähnliches beobachtet und miterlebt. Mit Hilfe von Sachargumenten, logischer Analyse, unter Beachtung der existierenden Verträge und Gesetze einigte man sich in den meisten Fällen auf sachliche Kompromisse. Die Idee dahinter: Unterschiedliche Meinungen und Interessen sollten möglichst offen besprochen, Konflikte offen, aber fair ausgetragen werden; so kommt das Team zur besten Lösung.

Ganz **anders in Mexiko:** Offene Konflikte waren hier eine Seltenheit. Einen nennenswerten Streit habe ich in meiner Zeit in Mexiko im Arbeitskontext weder selbst erlebt noch beobachtet. Einen Interessenkonflikt oder den Kampf um ein knappes Gut durch ein offenes (auch emotionales) Konfliktgespräch zu bearbeiten und zu lösen – das ist eine in Mexiko selten angewandte Methode. Denn: Solange es nicht sichtbar kracht, existiert kein Konflikt. Aus deutscher Sicht wird in Mexiko zunächst alles Konfliktträchtige **„unter den Teppich gekehrt",** und meist ist diese Strategie auch erfolgreich: Die Konflikte lösen sich irgendwann in Luft auf.

Doch manche Konflikte auch nicht: Dann steht am Ende der große Knall, die Eruption des Vulkans. Je nach Stärke der **Explosion** wird dem

Kollegen dieser Ausbruch verziehen oder nicht. Wenn seine Reaktion zu heftig war und er dabei das Gesicht (eines) seiner Kollegen oder der Firma zu massiv verletzt hat, kann er zukünftig kaum mehr mit den anderen zusammenarbeiten, und ihm bleibt meist nur übrig, die Gruppe, die Abteilung oder das Unternehmen zu verlassen. Der Vulkaneruptionseffekt führt auch dazu, dass es mitunter zu handgreiflichen Auseinandersetzungen, selbst zu Mord und Totschlag, kommt.

Viel wichtiger als die beste Lösung durch offen verhandelte Konflikte ist in Mexiko das **Wahren des Gesichts und der Harmonie in den Beziehungen** zu Kollegen, Vorgesetzten, Mitarbeitern und Kunden. In Konflikten in der mexikanischen Arbeitswelt helfen Treuebeweise, einflussreiche und erfahrene Freunde und Autoritäten, manchmal schlichtweg auch neue Formulierungen. Hier hat der informelle Bereich (mündliche Absprachen bei einer Tasse Kaffee oder einem Tequila; Pausengespräche) einen sehr hohen Stellenwert, inklusive Solidarität. Mögliche Erklärung: Formale Strukturen in Mexiko sind oft unbeständig und schwer kalkulierbar; daher verlässt man sich lieber auf informelle Netzwerke.

Freundlichkeit und Höflichkeit

Viele Mexikaner werden, nach dem Weg gefragt, einem Ausländer eher einen falschen Weg sagen, als gar keine **Auskunft zu geben.** In Deutschland ist man das vielfach anders gewohnt: Ehrlichkeit, Authentizität, Wahrheit sind wichtige Ideale. Das berühmte mexikanische *„una cuadra mas"* („einen Block weiter") als Auskunft auf die Frage nach einer Straße, die der Antwortende selbst auch nicht kennt, kann hier als gutes Beispiel dienen. Das weit verbreitete **Lächeln** beim Sprechen und der freundliche Gesichtsausdruck vieler Mexikaner in der Öffentlichkeit wirken sehr ansteckend und wohltuend.

Was ich immer wieder als sehr positiv erlebte, war die **Offenheit** und das **Interesse am Anderen:** Mexikaner waren meiner Erfahrung nach in aller Regel sehr entgegenkommend bezüglich der sprachlichen Fähigkeiten des Ausländers. Sie wollten mich verstehen. Erleichternd kommt hinzu, dass sie ein klares Spanisch sprechen, nicht zu schnell, meist ohne komplizierte Syntax. Hilfreich zur guten **Verständigung** war der direkte Augenkontakt und ihre unterstützende Gestik in Gesprächen.

Einen „positiven Kulturschock" erlebte ich auch in bezug auf **Höflichkeit:** Während in Deutschland viele Menschen (auffällige) Höflichkeit mit Unehrlichkeit, Farce, Unwahrhaftigkeit assoziieren (*Goethe* soll einmal gesagt haben, im Deutschen lüge man, wenn man höflich sei), gehört höfliches Benehmen in Mexiko in den Bereich von Gesichtwahren,

Harmonieerhalten, Konfliktevermeiden hinein. In Deutschland verbindet man Höflichkeit mit der mittelalterlichen höfischen Scheinwelt, dem Affektiert-sein, dem Theater-Spielen, dem Vorgaukeln – in Mexiko gehört sie dagegen meist zur Strategie, Beziehungen und Netzwerke aufzubauen, ist also selten zweckfrei.

Kriminalität

Die in manchen Stadtteilen fast allgegenwärtige Kriminalität versetzte mir zwar keinen Schreck, war jedoch ständig präsent. Ich brauchte lange, um mich daran zu gewöhnen. Mit der Zeit lernte ich, **unsicheres Terrain** zu bestimmten Tages- oder Nachtzeiten zu meiden und an besonders neuralgischen Punkten (Märkte, Metro, überfüllte Kirchen, Prozessionen etc). besonders gut aufzupassen. Ich wurde mehrmals von mexikanischen Kollegen sehr besorgt auf die lauernden Gefahren hingewiesen, meist entschuldigend, es war ihnen eher peinlich.

Führungsstil

Die Anpassung an die in Mexiko stark verbreitete Führungskultur in Organisationen erforderte von mir einiges an Umstellung und Gewöhnung. Da ich jedoch nicht als „gewöhnlicher" Mitarbeiter in Mexiko arbeitete, sondern in einer Sonderrolle, war ich mehr **Beobachter** und weniger Opfer von Irritationen, Missverständnissen und Konflikten. Dennoch halte ich es für wichtig, dieses Konfliktfeld hier kurz zu beschreiben.

Eltern erziehen in Mexiko ihre Kinder viel eher zu **Gehorsam** als in Deutschland, wo auf eigenständiges Denken, selbstverantwortliches Handeln und freie Meinungsäußerung mehr Wert gelegt wird.

Der in Mexiko noch in vielen Firmen vorherrschende **paternalistische Führungsstil,** nach welchem der Chef seinen Mitarbeitern gegenüber als fürsorgender Vater mit allen Rechten und Pflichten auftritt, widerspricht dem in modernen deutschen Unternehmen propagierten partizipativen Stil in vielerlei Hinsicht. In Mexiko beobachtete ich bei den meisten Mitarbeitern einen starken Wunsch nach klaren Aufgaben, nach detaillierten Zielen, der ein „abstraktes" Führen durch Ziele, ein „Management by objectives" nicht erlaubte. Gemeinsam (theoretisch) vereinbarte oder gar schriftlich festgelegte Ziele verlieren in Mexiko in der Praxis stark oder vollständig an Bedeutung, sobald der entsprechende Vorgesetzte eine entgegengesetzte Meinung vertritt oder andere Interessen verfolgt. Im Zweifelsfall geht **Macht vor Recht.** Auch die „gefühlte" und offensichtliche Entfernung zwischen *patrón* (Chef) und seinen Mitarbeitern habe ich in Mexiko in den meisten Bereichen als größer erlebt als in Deutschland, wo Vorgesetzte heute in modern strukturierten Unternehmen oft als „primus inter pares" („der Erste unter Gleichen") wahrgenommen und definiert werden.

Diese Verhaltensregeln entspringen zum Teil Prinzipien der mexikanischen indigenen Ethnien sowie der lokalen Ausprägung des katholischen Glaubens – und werden heute weiterhin von beiden Quellen unterstützt, genährt und gefestigt. Als schwierig erlebten **deutsche Mitarbeiter** in Mexiko hierbei vor allem die enge Führung, die häufigere Kontrolle, den geringeren Verantwortungsrahmen und die besondere Fürsorglichkeit des Chefs.

Männer und Frauen am Arbeitsplatz

Die klassischen Rollen von Männern und Frauen in Mexiko werden mit den Begriffen Machismo und Marianismo charakterisiert, die im Band „KulturSchock Mexiko" ausführlich beschrieben sind. In wenigen Worten zusammengefasst, ist **Machismo** das übertriebene Betonen so genannter männlicher Attribute wie Stärke, Härte, Autonomie, Beschützung der „schwächeren" Frauen. Dagegen wird unter **Marianismo** das Streben der Frauen nach dem Ideal der Jungfrau Maria verstanden: Reinheit, Edelmut, Dulden und Dienen sind Teil dieses Idealbilds.

In der **Arbeitswelt** ist das Verhältnis zwischen Mann und Frau förmlicher, vorsichtiger und distanzierter als in anderen Bereichen der mexikanischen Gesellschaft – sicherlich zu einem großen Teil aus dem Wunsch nach Selbstschutz heraus. Engere, informelle Kontakte zwischen Kollegen und Kolleginnen sind meist schlicht zu „gefährlich".

Patriotismus

Die Einstellung vieler Mexikaner zum Thema Patriotismus und die – nach außen hin – weitgehend kritiklose Einstellung zum eigenen „Vaterland" hatten mich auf früheren Reisen durch Mexiko schon mehrfach erschreckt. In der Arbeitswelt setzten sich diese „Schocks" dann vereinzelt fort ... Als Deutscher ist man so viel **Begeisterung für das eigene Land,** soviel unkritische Parteinahme – aus verständlichen historischen Gründen – nicht gewohnt. In Mexiko hat der – etwa bei Wahlkämpfen von fast allen Parteien gezielt bemühte – Patriotismus meist nichts mit aggressivem Nationalismus zu tun; in Einzelfällen – meist in konfliktträchtigen Themen mit den Vereinigten Staaten von Amerika – überschreiten aber manche Mexikaner die Grenze zum Nationalismus.

Fremde in der mexikanischen Arbeitswelt

Nicht alle Mexikaner unterscheiden zwischen den „eigentlichen, ursprünglichen" **Gringos,** den US-Amerikanern, auf der einen Seite und Ausländern aus anderen Staaten auf der anderen Seite. Dennoch erlebte ich oft, wie das Gesicht meines mexikanischen Gesprächspartners deutlich freundlicher wurde, als er erfuhr, dass ich nicht aus den Vereinigten Staaten von Amerika stamme.

Insbesondere **Deutsche** haben in Mexiko ein hohes Ansehen, werden als gute Techniker und Ingenieure geschätzt, stehen für Qualität und Zuverlässigkeit. Hier musste ich somit keine Ressentiments erleben, im Gegenteil: Ich konnte in vielen Fällen von Vorschusslorbeeren profitieren.

Dennoch sollte man als „Nicht-Gringo" in Mexiko nicht den Fehler machen, verächtlich über die USA zu sprechen – so, wie das manche mexikanischen Gesprächspartner vielleicht tun –, etwa, um Pluspunkte bei den Gastgebern zu sammeln oder sich anzubiedern. **Kritik** am nördlichen Nachbarn, an der Politik anderer Länder (auch des eigenen!) oder gar an der Mexikos gehört nur in Gespräche mit guten Freunden. Prinzipiell gilt: Man sollte nur **Positives** über das eigene Land äußern, und, wenn möglich und aufrichtig, Anerkennendes, Wertschätzendes über Mexiko erwähnen.

Ich habe jedoch auch einige generell zu Ausländern **kritisch eingestellte Mexikaner** kennen gelernt. Hintergrund dafür sind nicht nur die zahlreichen ausländischen Interventionen in Mexiko seit 1519, sondern auch die gegenwärtige wirtschaftliche Situation im Zuge der Globalisierung: Große Teile der mexikanischen Industrie gehören ausländischen Firmen, auch mexikanische Niederlassungen großer internationaler Unternehmen wie Volkswagen, BASF, Schwarzkopf usw. Viele Mexikaner fühlen sich daher fremdbestimmt, verstärkt durch die häufigen, die mexikanische Wirtschaft betreffenden Interventionen der Weltbank. Von diesen Mexikanern werden Ausländer eher als harte Verhandlungspartner wahrgenommen, in diplomatischer Form zwar mit Freundlichkeiten überhäuft, auf der Arbeitsebene jedoch eher „hart" behandelt.

Umgang mit dem Kulturschock

Zum Ende meines Vertrages hin beobachtete ich immer stärker, dass Expatriates mancher Unternehmen in Mexiko ganz unter sich blieben. Amerikaner erlebte ich zum Teil als sehr abwertend der mexikanischen Kultur gegenüber, viele von ihnen hatten beträchtliche Schwierigkeiten mit der **Anpassung an die lokalen Gegebenheiten.** Ich selbst fühlte mich eher unwohl, wenn ich viel Zeit mit meinen Landsleuten verbrachte. Manchmal musste ich mich nach einem akuten Kulturschock zwar ein wenig selbst überwinden, um nicht in dieses Muster des „Wehklagens" vor Landsleuten hineinzufallen. Wenn ich jedoch den ersten Schock überwunden hatte und wieder Kontakt mit den betreffenden Mexikanern aufgenommen hatte, verblasste die Irritation sehr schnell.

Manchen Kollegen erging es wie auf einer Achterbahn: up and down. In der Vorbereitungsphase wurde ihre Stimmung von Tag zu Tag besser, die Vorfreude überwog die Befürchtungen und Ängste. Den Gipfel des **Hochgefühls** erlebten sie einige Wochen nach der Ankunft in Mexiko. Nach mehreren irritierenden Erlebnissen innerhalb der ersten drei Monate kam dann ein jäher Absturz in **Frustration,** Resignation oder gar Depression – die Phase des klassischen Kulturschocks, in der viele Menschen die eigene kulturelle Identität und die eigenen Werte in Frage stellen. Die meisten erholten sich davon, bauten sich langsam selbst wieder

---

Junge Mexikanerinnen orientieren sich in puncto Kleidung, Essen und Musik stark an den US-Amerikanern, auch wenn die „Gringos" nicht beliebt sind.

auf. Andere Kollegen kamen nicht mehr **aus der Talsohle heraus,** flüchteten sich in Zynismus oder verließen das Land.

Eltern mit Kindern waren meinem Eindruck nach am erfolgreichsten, was Verarbeitung der neuen kulturellen Regeln, Anpassung an neue kulturelle Bedingungen und Arbeitsleistung betraf. Vielleicht lag es daran, dass sie in ihrer Elternrolle das Leben in verschiedenen Welten (Kinder- und Erwachsenenwelt) mit unterschiedlichen Regeln besonders gut kannten und durch ihre Kinder an viele Aspekte wie Multi-tasking, Zeitknappheit, Stress, Für-andere-mitdenken und Sich-in andere-hineinversetzen gewöhnt waren.

Andere beschrieben ihre Gefühlslage als ein ständiges Hoch und Runter innerhalb jeden Tages. „Man weiß nie, was der nächste Tag bringen wird", sagte mir eine Kollegin, „und das macht es so schwer hier." Mit dieser Wahrnehmung stand die Kollegin zwar nicht allein, doch vertrat sie auch längst nicht alle Ausländer in Mexiko damit. Menschen mit einer mittleren oder gar hohen **Flexibilität** hatten in dieser Beziehung wenige oder keine Anpassungsschwierigkeiten.

Anforderungen an Auslandsentsandte von Organisationen

Internationale Unternehmen, politische und kirchliche Institutionen sowie andere Arten von Organisationen haben in den vergangenen Jahrzehnten vielfältige Erfahrungen hinsichtlich internationaler Versetzungen gesammelt. Ein Schwerpunkt ihrer Arbeit liegt dabei auf der Auswahl der „richtigen" Mitarbeiter für das jeweilige Land.

Die Frage lautet: Welche Persönlichkeitseigenschaften benötigt ein Mitarbeiter **für einen erfolgreichen (Arbeits-)Aufenthalt im Ausland?** Hierzu möchte ich abschließend einige Aspekte nennen, die sich nicht auf ein bestimmtes Land beziehen, sondern sich generell in anderen Kulturen als erfolgversprechend herauskristallisiert haben.

Belastbarkeit

Mitarbeiter sollten in der Lage sein, in anstrengenden Situationen **Hilfe zu erbitten** (etwa von einheimischen Kollegen, Vorgesetzten oder Mentoren) und zu einem gewissen Teil auch von vornherein extrem stressige Situationen zu vermeiden. Interesse der Organisationen ist es hierbei, dass die Mitarbeiter auch in sehr anspruchsvollen und belastenden Kontexten **stabile Leistung** bringen können.

Ausgeglichenheit und Geduld

Schafft es der Mitarbeiter, in sehr kritischen Situationen auch einmal Druck abzulassen und dafür zu sorgen, dass sich **Probleme** nicht endlos aufstauen? Kann er auch dann noch Initiative zeigen und auf eine schnelle Lösung drängen? Und kann er, wenn nötig und sinnvoll, **besonnen** erst einmal über eine belastende Situation, einen Konflikt, einen emotionalen Streit nachdenken, bevor er darauf reagiert?

Flexibilität

Auslandsentsandte sollten fähig sein, schnell und mit unterschiedlichen Herangehensweisen Probleme anzupacken und dabei **unterschiedliche Problemlösestrategien** einzusetzen. „Mit dem Kopf durch die Wand gehen" wollen ist in vielen Kulturen noch ungünstiger als in Deutschland.

Ambiguitätstoleranz

Kann der Mitarbeiter auch mal fünf gerade sein lassen? Kann er unterschiedliche Wahrheiten bzw. ein Ja und Nein oder ein Jein akzeptieren? Kann er **Mehrdeutigkeit (Ambiguität)** aushalten; kann er Dinge stehen lassen, ohne sofort eine endgültige Klärung oder Interpretation parat zu haben?

Offenheit und Aufgeschlossenheit gegenüber der anderen Kultur

Ein weiterer kritischer Erfolgsfaktor ist die – in sinnvollen Grenzen – Anpassungsfähigkeit und die **Wertschätzung der fremden Kultur.** Dies heißt jedoch nicht, dass ich mich in Mexiko plötzlich in einen Mexikaner verwandle. Die klare **Beibehaltung der eigenen Werte** (der Werte des Stammlandes) erhöht die Glaubwürdigkeit in der anderen Kultur.

Integrität

Da die Menschen vieler Kulturen den „guten" Charakter anderer Menschen zur Voraussetzung für eine zukünftige Zusammenarbeit machen (und nicht nur auf Leistung, Preis, Qualität etc. achten), sind die **Ehrlichkeit und Vertrauenswürdigkeit** von Auslandsentsandten ebenfalls wichtig für eine erfolgreiche Arbeit im Gastland.

Pragmatismus

Viele Deutsche neigen zum Perfektionismus, der in anderen Kulturen sehr kontraproduktiv wirken kann. Wichtig ist, dass der Auslandsentsandte einen **realistischen Blick für das Machbare,** für das pragmatisch Sinnvolle in der jeweiligen Situation entwickeln und die Erledigung der Arbeitsaufgaben darauf abstimmen kann. Und dies mag in manchen Fällen ein nicht hundertprozentig optimales Ergebnis bedeuten.

Empathie (Einfühlungsvermögen)

Auch die Fähigkeit, sich in andere Menschen (deren Gefühle, Werthaltungen) hinein zu versetzen und sie zu verstehen, ist von großem Wert in internationalen Versetzungen. Zu wissen, **welche Interessen mein Geschäftspartner,** mein Kollege, mein Vorgesetzter, mein Kunde verfolgt, ist ein unschätzbarer Vorteil. Das heißt gleichzeitig, dass ich nicht unbedingt in jeder Situation meine eigene Meinung ausdrücken muss oder sie gar stets vor dem Gesprächspartner äußern muss. Diese Fähigkeit zur **Zurückhaltung** (zur Geduld und dazu, dem Anderen den Vortritt zu lassen) ist – meinen Beobachtungen zufolge – bei vielen Landsleuten etwa im Vergleich zu Menschen aus Asien nur gering ausgeprägt.

Resümee

Generell habe ich selbst die Erfahrung (und die häufige Beobachtung) machen können, dass – etwa zu Beginn eines längeren Auslandsaufenthaltes) – ein **Kulturschock sehr hilfreich** sein kann. Er kann z. B. die Augen öffnen, sensibilisieren, aufrütteln, Unterschiede bewusst werden lassen, die Frage nach den wichtigsten Zielen im Privatleben und im Arbeitsalltag neu stellen. Er kann auch – in einzelnen Fällen – Menschen zeigen, dass sie von ihrer Charakterstruktur oder Arbeitsweise nicht für einen längeren Aufenthalt in einer bestimmten Kultur geeignet sind und daher besser diesen Aufenthalt vorzeitig beenden sollten. Insofern sollten die Lektüre von Büchern zur Kultur des Gastlandes sowie interkulturelle Vorbereitungsseminare und ähnliches nicht das vorrangige Ziel verfolgen, einem späteren Kulturschock im Gastland vorzubeugen, sondern die Menschen vor allem **für kulturelle Unterschiede sensibilisieren.**

Der Autor

Klaus Boll, geboren 1959 nahe Köln/Bonn, lebt mit längeren Unterbrechungen seit 1981 in Baden-Württemberg (Schwaben; Tübingen und Stuttgart). Promotion in Empirischer Kulturwissenschaft zu Akkulturationsprozessen (Kulturwandel). Er war rund zehn Jahre als Berater, Prozessbegleiter, Teamentwickler und Seminartrainer in der internationalen Entwicklungszusammenarbeit tätig (v. a. in Südostasien; Ost- und Südafrika; Mexiko und Südamerika). Heute arbeitet er in der Zentrale eines großen internationalen Unternehmens als interner Berater zur Unterstützung der internationalen (interkulturellen) Zusammenarbeit der Fach- und Führungskräfte. Er hat zwei Kinder.

Hanne Chen

KALIFORNIEN:
IM UNSICHTBAREN KÄFIG DES BÄREN

Der Aufbruch

Wir kamen nach Kalifornien genauso, wie vor uns Millionen Menschen nach Kalifornien gekommen sind. Nicht der Sonne wegen und nicht seiner Kultur wegen – das sind luxuriöse Motive, die sich die meisten Migranten dieser Welt nicht leisten können –, sondern mit der **Hoffnung, etwas Besseres zu finden** als das, was hinter uns lag. Nicht, dass unsere Geschichte ungewöhnlich gewesen wäre. Wir haben in Kalifornien mit einer ernüchternden Häufigkeit ähnliche Geschichten von anderen nicht-westlichen Migranten gehört, die auch versucht hatten, in diversen Ländern Europas zu leben.

Da war der Iraner, der aus England berichtete, er sei in Geschäften nicht bedient, sondern observiert worden. Da war der Kalifornier mexikanischer Abstammung, der lachend schilderte, wie er in Deutschland als Türke beinahe aus einer Kneipe gepöbelt worden wäre, in Frankreich als Marrokaner Schwierigkeiten hatte, aber in Sizilien wunderbar zurecht gekommen sei: Dort habe er endlich wie die Einheimischen ausgesehen. Da war die junge deutsche Iranerin, die sich nach Deutschland zurücksehnte, weil sie dort „immer mit anderen Ausländern zusammengewesen" war. Und da war die Chinesin, die ein Jahr in Österreich verbracht hatte und seither (jetzt lebt sie in Kalifornien) überzeugt war, dass die Europäer darauf spezialisiert seien, Asiaten zu ärgern: „In unserem Kindergarten ist eine ganz komische Mutter, die nie zurück grüßt. Kommt die aus Europa?" Der Ruf, den europäische Länder bei diesen Migranten genießen, ist wenig schmeichelhaft.

Unsere Begegnung mit europäischem Rassismus hatte in **Norddeutschland** stattgefunden. Mit uns waren Anfang der neunziger Jahre ca. zwei Millionen Asylsuchende in Deutschland angekommen. Wir machten den großen Fehler, nach Schleswig-Holstein zu ziehen und den noch größeren Fehler, dort auf dem platten Land zu wohnen. Die achtköpfige Skinheadbande vom benachbarten Dörfchen, die vielen bekennenden Nazis in der Gemeinde, die alltäglichen Hakenkreuze an den Bushaltestellen oder die beiden zusammengeschlagenen Afrikaner vom nahen Asylbewerberheim – das hätten wir wie die meisten Deutschen wohl als „Ausnahmen" ausblenden können. Nicht auszublenden waren die eisig musternden Blicke auf der Straße, schroffe Behandlung in Geschäften, verbale Feindseligkeiten und Sabotage am Auto. Hier und in anderen Gegenden und Städten Schleswig-Holsteins gilt schon eine Frankfurterin über Jahre hinaus als Fremde. Der Chinese mit der deutschen Frau überforderte den Horizont vieler Norddeutscher vom Land, aber auch aus der Landeshauptstadt Kiel völlig. Es war die Zeit der „Scheinasylanten", in der quasi über Nacht jeder ausländische Mann zum potenziellen Parasiten geworden war. Auch uns wurde gesagt, mein Mann sei nur des Bafögs wegen gekommen oder weil er reichlich Arbeitslosengeld und Sozialhilfe bekäme. Dass kein ausländischer Student Anrecht auf Bafög, Sozial- oder Arbeitslosenhilfe hat, wussten die meisten nicht, weder hier noch sonstwo in Deutschland.

Der Umzug von einem Dorf in der Nähe Kiels nach Göttingen erlöste uns vom schleswig-holsteinischen Nachstarren. Nur kamen am Wochenende Thüringer zum Einkaufen herüber. Viele **Ostdeutsche** erkannten wir sofort an der besonders aggressiv-bedrohlichen Art, mit der sie „den Vietnamesen" ins Visier nahmen – sie war uns noch von drei Ausflügen nach Mecklenburg-Vorpommern her vertraut; der letzte endete unsererseits in Panik. Wie damals die Stimmung in den kleinen Orten in der Ex-DDR war, in denen wieder und wieder Asylbewerberheime angezündet wurden, hätte jeder Politiker wissen können, wenn er nur für zehn Minuten an einem belebten Platz an der Seite eines Ausländers aus dem Auto gestiegen wäre. Was hat sich seither geändert? Im Frühling 2002 wurde in Exeter tatsächlich eine Bürgerinitiative tätig, die Unterschriften sammelte gegen die „Deportation" eines Afghanen zurück in das Land, in dem Leib und Leben des Mannes bedroht worden waren: Afghanistan? Nein, East-Germany.

In **Westdeutschland** ist offene Fremdenfeindlichkeit immerhin weithin verpönt. Es fehlt nicht an gutem Willen oder Herzlichkeit auf deutscher Seite, aber sehr wohl an Kommunikation. Es fehlt an Wahrnehmung der Fremden. Achtzig bis neunzig Prozent der Leute, die irgendetwas mit uns zu bereden hatten, wandten sich automatisch an mich, als sei mein Mann Luft. Es war keine böse Absicht. Es passierte teilweise sogar mit meinen Freunden: Nach geselligen Runden, bei der sie seine Versuche, am Gespräch teilzuhaben, nahezu ignoriert hatten, versicherten sie, wie nett sie ihn aber fanden.

Es fehlt an Normalität im **Umgang mit den Fremden.** Und weil es daran fehlt, verläuft in diesem Land zwischen seinen nicht-westlichen Ausländern und den Einheimischen ein tiefer Schnitt. Diesen Schnitt zu kennen, ist nicht schwer, wenn man von Ausländern zu den ihren gezählt wird. „Intern" hören sich deren Deutschlandansichten völlig anders an als das, was Deutsche zu hören bekommen, wenn sie die Fremden fragen, wie Deutschland ihnen gefällt. Viele Fremde igeln sich ein mit ihren Schmerzen und glauben, dass die Deutschen sie ja doch nicht nachfühlen können. Wenn sich hier etwas ändern soll, muss sich viel ändern.

Silicon Valley, Kalifornien

„Aber das Herz spricht hier nicht. Und wenn es spricht, dann in einer anderen Sprache."

(Kurt Tucholsky)

Der erste Eindruck von Silicon Valley: trockene Hitze, breite menschenleere Straßen, viel Platz, unglaublich übergewichtige, in sich gekehrte Menschen und eine gewisse Einförmigkeit. Es gibt zwar **viele Kulturen** in Kalifornien, doch im Gesamtbild gehen sie schnell unter und hinterlassen nur wenige Spuren. In der dritten und vierten Generation der Migranten ist die Welt der Vorfahren völlig vergessen. Schon die zweite Generation spricht heute oft nicht mehr die **Sprache** der ersten, versteht sie nicht, bekam sie auch nie beigebracht. Noch vor dreißig Jahren legten offensichtlich viele Einwanderer der ersten Generation den größten Wert darauf, dass ihre Kinder Englisch und nur Englisch lernten wie richtige Amerikaner. Heute bemühen sich einwandernde Eltern darum, dass ihre Kinder die Muttersprache beibehalten, doch das ist ohne die entsprechende Sprachumgebung draußen nicht einfach.

Kalifornien ist kein Schmelztiegel der Kulturen. **Migranten** der ersten Generation bleiben unter sich: Die Koreaner gehen in den koreanischen Supermarkt, die Chinesen in den chinesischen, die Mexikaner in den mexikanischen, die gebürtigen Kalifornier in den lokalen amerikanischen und alle treffen sich bei Cosco, einer Art Mischung aus Metro und Aldi, weil es dort billig ist. **Geld** ist der eine gemeinsame Nenner zwischen den verschiedenen Bevölkerungsgruppen.

Der zweite gemeinsame Nenner, auf den sich alle geeinigt haben, heißt **Freundlichkeit.** Sie ist geradezu Kaliforniens Markenzeichen. Sie wurzelt nicht wie bei den Ostasiaten in einer komplexen und hochkomplizierten Kunst des Miteinanderumgehens und sie kommt auch nicht aus einem entspannten Leben: Das Arbeitspensum, das hinter einem kalifornischen Lächeln steht, würde sämtliche europäischen Gewerkschaften auf die Straße treiben.

Die Wurzeln dieser Freundlichkeit könnten in der Geschichte und in den Geschichten Kaliforniens liegen, welches erst in der zweiten Hälfte des 19. Jahrhunderts langsam besser erschlossen wurde. Dass dies so spät geschah, ist kein Zufall: Kalifornien ist **nicht von Natur aus fruchtbar.** Landwirtschaftliche Nutzung ist nur mit ausgiebiger künstlicher Bewässerung möglich, weshalb Obst und Gemüse im Schnitt fast doppelt so teuer sind wie in Deutschland. Im Sommer fällt monatelang kein Tropfen Regen, und nach wenigen Wochen wird alles braun. Jedes Jahr bringt die extreme Trockenheit gewaltige Waldbrände mit sich. Große Teile Kaliforniens sind praktisch Wüste oder aber felsige Berge, die nur touristische Einnahmen versprechen.

Die **ersten Siedler,** die hierher kamen, leisteten mit wenigen Mitteln Übermenschliches. Ein eindrucksvolles Freilicht-Museum ist ihnen in Yosemite errichtet worden, wo die originalen frühen Häuser und Möbel ausgestellt sind, datiert etwa auf 1920. Ästhetische Gesichtspunkte spielten sichtlich keine Rolle. Als Tisch hatte ein Baumstumpf als Untersatz für die Querschnittplatte eines größeren Baumstumpfes gedient, ungeschliffen und unlackiert. Man braucht nicht viel Phantasie, um sich vorzustellen, wie hier Menschen mit nicht viel mehr als einer Axt, einer Säge und einem Hammer verzweifelt versucht haben, ein Heim aufzubauen. So ähnlich wird es vermutlich auch gewesen sein: knochenhart, voller Entbehrungen inmitten einer feindlichen Wildnis – nicht nur in Kalifornien, sondern überall im Westen Amerikas.

Von hierher kommen die weichsten, tröstlichsten, sanftesten Cowboy-Lieder der USA, von denen das nachfolgende geradezu zum **musikalischen Symbol des Westens und des Pionierlebens** wurde:

„Oh give me a home,
where the buffalos roam,
where the deer and the antelopes play,
where seldom is heard
a discouraging word
and the skies are not cloudy all day.“
(Kansas, 1870)

Vielleicht sind in dieser Pionierzeit die Wurzeln der westamerikanischen Freundlichkeit zu suchen. Vielleicht wurden in einer so harten Umgebung, unter so schwierigen Lebensbedingungen negatives entmutigendes Denken oder offen geäußerte Zweifel zum Tabu. „It is so g o o d to see you!", sagt selbst der nicht sehr nahe kalifornische Bekannte emphatisch bei einer trivialen Gelegenheit, als treffe er nach Jahren der Einsamkeit auf einen guten Freund. Das verbale Streicheln der Seele, Abwiegeln und Weichspülen sind weit verbreitet. Sich gegenseitig Mut zu machen und zu versichern, dass **„everything o.k."** ist, selbst wenn es das ganz offensichtlich nicht ist, gehört zum guten Ton. Eine Mutter, die jeden Morgen ihr Kind zehn Minuten zu spät zur Schule brachte, bekam keinen Anpfiff, sondern ein freundliches Lächeln: „You know, she is ... sort of late."

Was sich mit Sicherheit aus Pionierzeiten erhalten hat, ist die **Arbeitsmoral.** Ein Zwölf-Stunden-Tag ist eigentlich ziemlich normal, zumal in Silicon Valley, wo Computersucht und Arbeit eine unheilige Allianz eingehen und die wenigsten **Männer** jemals zum Abendessen zu Hause sind.

Die **Frauen** sind rund um die Uhr mit ihren Kindern zusammen, denen sie den Vater und das gesamte Familienleben ersetzen. Manchmal liest man in deutschen Zeitungen von den Millionären und Milliardären des Silicon Valley, und es schwingt oft so etwas wie Neid darin. Ich kannte eine ganze Reihe von ihnen, besonders Frauen. Viele sind abgearbeitet, überanstrengt und sehen früh alt aus. Weiblichkeit hat in ihrem Leben nicht mehr viel Platz, was nicht weiter auffällt, wenn der Mann sowieso kaum zu Hause ist. Weit verbreitet ist jener Frauentyp, der viel Übergewicht mit dem Mut zur unvorteilhaften Kleidung verbindet, gewöhnlich ungebügelte Shorts und verknitterte T-Shirts.

Die ganze Ostküste mag dressed up sein, die Westküste ist **„dressed down".** Es gibt Millionärinnen aus der teuersten Villengegend, denen es kein Bedürfnis ist, gekämmt aus dem Haus zu gehen. Und auch das kann passieren, dass der Typ, der auf der Nobel-Party in löchrigen Socken herumschlurft, der milliardenschwere Gastgeber ist.

Kalifornien ist diesbezüglich sogar für Amerikanerinnen von der Ostküste gewöhnungsbedürftig, die hier **„Kultur" vermissen.** Woran es fehlt, sind nicht die Dinge, die man für viel Geld kaufen kann, sondern die tausend Kleinigkeiten des savoir-vivre und die Menschen, die sich damit auskennen.

Die einzige Ausnahme ist das **Essen.** Der Witz, das man einen typischen Bewohner des Silicon Valley daran erkennt, dass er Sushi oder Tofu für amerikanische Küche hält, ist eigentlich kein Witz. Doch auch im Valley ist wie überall das Fastfood weit verbreitet. Anfangs verstand ich nicht, wieso die monströs dicken Menschen, die ich tagsüber essen sah, anscheinend nur Salat zu sich nahmen. Eine Kalifornierin erklärte es mir so: Sie essen abends. Sie beginnen mit einem großen Steak nach der Arbeit und essen weiter, bis sie ins Bett gehen, ununterbrochen und vor allem Fastfood vor dem Fernseher. Nein, der durchschnittliche Kalifornier ist weder sportlich, noch schlank, noch braun gebrannt, noch hat er Zeit, am Strand zu liegen. Er lebt in einer schlicht dekorierten Wohnung und verbringt seine Zeit mit Arbeiten, Essen, Fernsehen und Auto fahren. Dafür dass Lebenskultur in Kalifornien so unterentwickelt ist, sind ihm manche Einwanderer übrigens dankbar. „Hier ist Kultur so dünn", formulierte es eine chinesische Freundin, „hier geht alles."

Sie hatte recht. Kalifornien zieht **Einwanderer aus aller Welt** an, obwohl man nicht behaupten kann, dass die Einwanderungsbehörden für ihren gepflegten Umgangston mit ihnen bekannt sind. Kalifornien hat ein Gold, das nicht mit Geld zu bezahlen ist: seine **Offenheit,** mit der es Menschen aller Rassen, Schichten, Religionen und Sprachen aufnimmt. Kaliforniens Offenheit hat nichts Gewolltes an sich. Es gibt keine „Ausländer" in Kalifornien. Wir haben in zwei Jahren dort nicht einmal dieses Wort gehört. Zwar besteht die Hälfte der Bevölkerung aus Migranten der ersten und zweiten Generation, aber keiner nennt sie „strangers" oder „foreigners". Es interessiert schlicht und einfach nicht, woher man kommt, welche Sprache man spricht, an welche Götter man glaubt und vielen Kaliforniern ist es sogar egal, ob jemand schwarz oder weiß ist.

Jetzt, da man hier ist, **gehört man dazu** und taugt zum Nachbarn wie jeder andere Kalifornier auch. Der Neuankömmling ist nicht „auch" ein Mensch, er ist nicht „aber" nett, er ist wie das neue Kind auf dem Spiel-

Straßenszene in San Francisco – Kalifornien zieht Einwanderer aus aller Welt an

platz, das nach kurzer Zeit mit den anderen im Sandkasten sitzt und, seine kleine Sandburg bauend, vergessen hat, dass es jemals Angst vor den anderen hatte. Genauso wenig wie es Kinder interessiert, ob das neue einen Pass, eine Greencard, ein Arbeitsvisum oder bloß eine Aufenthaltserlaubnis hat, genauso wenig interessiert es die kalifornischen Nachbarn. Bestenfalls betrachtet man des anderen Herkunft mit kulinarischem Interesse. Er könnte für den nächsten Kindergarten-Potluck oder das nächste jährliche Straßenfest vielleicht eine Bereicherung sein. Es ist dieser **entspannte Umgang mit Andersartigkeit,** den alle Migranten an Kalifornien so schätzen, die – unentwegt arbeitend – gar keine Zeit dazu haben, sich kulturell anzupassen.

Der menschliche Umgang miteinander steht in einem scharfen Gegensatz zum **kapitalistischen System,** dass jeden an ein leidlich haltbares soziales Netz gewöhnten Europäer schockiert. Die Mieten unterliegen keiner erkennenswerten Kontrolle und sie drängen jene, die sie trotz einer Siebzig-Stunden-Woche nicht mehr aufbringen können, gnadenlos ins Abseits. Sie drängen auch diejenigen ins Abseits, die sie selbst mit einer Hundert-Stunden-Woche nicht mehr bezahlen können. Sie pressen das letztmögliche an Kraft aus den Illegalen, die auch in der Computerindustrie arbeiten und um drei Uhr nachts nach Hause kommen, um um acht Uhr morgens wieder zur Arbeit zu gehen. Diese haben es gut im Vergleich zu den ungebildeten illegalen Mexikanern, die nach offizieller Sprachregelung ein Problem in Kalifornien sind. Inoffiziell bauen sie dort die Häuser, tragen die Möbel rein, machen die Knochenarbeit in den Gärten und hüten die Kinder der Reichen. Immer wieder fliegen selbst hochrangige Politiker auf, weil sie Illegale im Haushalt beschäftigen. So billig, so verschreckt, so erpressbar wie diese ist eben keiner. Sie verdienen nicht viel, viele leben zu mehreren auf einem Zimmer, teilen sich die einzige Couch darin abwechselnd zum Schlafen. Man könnte sie zweifellos leicht loswerden, wenn man wollte. Aber sie werden natürlich nicht kontrolliert und ausgewiesen, denn genau solche Leute braucht der amerikanische Kapitalismus.

„Krankenunversicherungen" braucht er auch. Ihre berüchtigtsten Varianten sind die HMOs, jene Billigkrankenversicherungen, wegen derer es im reichsten Land der Welt eine **medizinische Unterversorgung** gibt, die mit den Worten einer nicht verwöhnten chinesischen Freundin etwa der eines fortschrittlicheren schwarzafrikanischen Landes gleicht. Niemals sollte ein Fremder irgendetwas von sich geben, was Amerikaner als Kritik an Amerika auffassen könnten. Die Überzeugung, das beste Land der Welt zu sein, ist Nationalheiligtum. Die einzige Ausnahme von dieser Regel ist Kritik am medizinischen System, über das – nachgefragt – fast jeder eine haarsträubende Geschichte erzählen kann. Die Freundin einer Arbeitskollegin wartete mit gebrochenem Bein eine ganze Woche lang auf den ersten Arzt-Termin. Der Mann einer Bekannten schlotterte mit akutem Nierenversagen stundenlang in der Notaufnahme im Wartezimmer unversorgt, „ein Schrank von einem Mann, völlig in sich zusammengesunken und zitternd". Ein alter Mann wurde nach mehreren Schlaganfällen mit heftigen Nebenwirkungen der häuslichen Pflege seiner 78-jährigen Frau zurückgegeben, die ihn nicht mal mehr aus dem Rollstuhl heben konnte. Unsere Kindergärtnerin musste ihren Job aufgeben, weil ihre schwerstens an Parkinson erkrankte Mutter für die Versicherungen keinen Pflegefall darstellte.

Mit dem Erlebnis des desolaten amerikanischen Krankensystems erreichte **mein Kulturschock seinen Höhepunkt.** Ich gehöre sowieso zu den Europäern, die ziemlich schlecht mit amerikanischer Lebensart kompatibel sind. Mir ging so manche amerikanische Besonderheit auf die Nerven, das hohe Gezwitscher bei den Begrüßungen, die maßlosen Übertreibungen, jener Zwang, grundsätzlich alles toll, alles „fun" zu finden. Ich wurde nie den Eindruck los, dass der vorgebliche „fun" nicht etwa Ausdruck von Höflichkeit war, sondern den Anspruch hatte, echt zu sein und von innen zu kommen. Es war mir bis zum Schluss ein Rätsel, wie ich das hinbekommen sollte. Ich beherrschte viele solcher wichtigen kalifornischen Verhaltensweisen nicht. Ich konnte schon gar nicht den amerikanischen Patriotismus nachvollziehen. Überall hingen Flaggen.

Wer fast vierzig ist, bringt nicht mehr die Anpassungsfähigkeit mit, die die zwanzigjährigen Migranten haben. Mein Mann hatte seine Arbeit und nette Kollegen, die Kinder und ich dagegen hatten fast keine Freunde, keinen Sport und keine rhythmische Früherziehung mehr, also nicht mehr das vorher übliche Tages- und Wochenprogramm, es gab nur noch den großen ewigblauen Himmel, das stille Palo Alto mit den menschenleeren Straßen, den überall heruntergelassenen Jalousien und immer wieder die Frage, warum es denn so hat kommen müssen. Ich vermisste dieses und jenes und versuchte, unser Leben irgendwie **nach dem alten Muster** wieder zusammenzusetzen, aber besonders erfolgreich war der Versuch nicht.

Es war schließlich ein Zoo-Besuch, der mir ziemlich drastisch vor Augen führte, warum dieser Versuch zum Scheitern verurteilt war. In jenem Zoo hatten sie vor einer Weile ein Bärengehege neu gebaut, schön, großzügig und artgerecht. Die Bären fühlten sich augenscheinlich alle sehr wohl, alle bis auf den einen. Er war ein bemitleidenswerter Anblick: Er lief drei Schritte nach links, schlug mit seinem Kopf gegen eine unsichtbare Wand, lief drei Schritte nach rechts, schlug mit seinem Kopf gegen eine unsichtbare Wand, lief drei Schritte nach links ... Wie lange er das schon machte, monate- oder jahrelang, wer weiß? Er war ein **Musterbeispiel für unangepasstes Verhalten.** Vielleicht verhalten sich Menschen, die auf einmal in eine andere Kultur verpflanzt werden, genauso? Vermissen ihre gewohnten Gitter- und Maßstäbe und stoßen sich buchstäblich an denen, die nicht mehr da sind? War es nicht völlig unmöglich, aus neuen Gegebenheiten das alte Leben wieder herzustellen? Eine kalifornische Jüdin hatte von ihrer Schwester erzählt, die mit einem Deutschen verheiratet in Trier lebte und schulpflichtige Kinder hatte. Sie wohnte seit vielen Jahren dort, aber sie sei unvermindert kreuzunglücklich, käme mit den Einheimischen nicht zurecht und riefe immer wieder weinend an. Sie versuche ihr Heimweh zu stillen, indem sie so viel kalifornische Sitten wie möglich dort nachzuleben versuche. Sie feiere Halloween mit den Kindern und habe sie aus dem katholischen Religionsunterricht herausgenommen, um ihnen jüdischen Unterricht zu geben. Nichts Außergewöhnliches in Kalifornien, aber in Trier? In Trier stehen Kinder mit Halloween und jüdischem Religionsunterricht auf einsamen Posten. Mir wurde am Beispiel des Bären klar, was eigentlich kinderleicht zu verstehen ist und was ich trotzdem nicht wirklich gewusst hatte: dass die alten Verhaltensmuster das frühere Leben nicht reproduzieren konnten und obendrein einem neuen Leben im Weg standen.

Sobald ich anfing, bewusst auf die Dinge zu achten, die im Alltag zu haben waren, anstatt nach denen zu suchen, die ich gehabt hatte, wurde es besser. Das neue Leben hatte durchaus seine **schönen Seiten:** Da war die überall spürbare Atmosphäre, dass ein Mensch ein Mensch ist und nicht ein Ausländer. Da war das Angelächeltwerden von Fremden auf der Straße, sofern man denn mal jemanden traf. Sogar eine halbverschleierte Muslimin hatte mich einmal angelächelt. Ihr Lächeln war so voller Würde, Schönheit und Freundlichkeit, dass es mir vorkam wie ein Geschenk. Auch das war schön: die vielen selbstbewussten „Ausländer". Die praktische Erleichterung, dass die Kalifornier sich selbstverständlich an meinen Mann wandten, wenn sie etwas zu bereden hatten. Es spielte nicht die geringste Rolle, dass er Chinese war. Es war einfach nicht in den Köpfen dieser Menschen, andere nach ihrer ethnischen Herkunft im Voraus zu beurteilen. Die Kalifornier nahmen ihn für voll und es wäre ihnen gar nicht in den Sinn gekommen, es nicht zu tun. Bei einem geselligen Abend brauchte ich nie mehr zu versuchen, ihn ins Gespräch mit einzubeziehen, er war längst drin.

Was mir ebenfalls enorm half, unser Leben wieder zusammenzusetzen, waren auch jene Kalifornier, die mein Anderssein vielleicht irritierte, denen es aber ein offensichtliches Anliegen war, auch mich Fremde fühlen zu lassen, dass ich hier bei ihnen **willkommen** war. Das war das Erstaunliche: Sie fanden immer eine Gelegenheit, etwas Nettes zu sagen, eine Kleinigkeit zu loben und sich für irgendetwas zu bedanken ungeachtet meines schlechten Englischs, meiner steifen europäischen Art und meines völligen Mangels an Smalltalk-Charme. Auch Verabredungen kamen zustande.

Was mich besonders umwarf, war die Tatsache, dass die Redewendung *„he had hurt my feelings"* keine Redewendung war. Die **Gefühle eines anderen verletzt** zu haben, ist eine ernste und böse Sache in Kalifornien, und die Gefühle der Ausländer zählen genauso wie die der Amerikaner. Eine Peruanerin stand einmal zehn Minuten weinend in der Kindergartenküche, weil ihr ein Vater auf unwirsche Weise gesagt hatte, sein Sohn solle von ihrer Tochter keinen zweiten Keks bekommen. Sie war umringt von drei mitfühlend tröstenden Kalifornierinnen.

Langsam sah ich mich in der kalifornischen Freundlichkeit um und merkte, wie viele Schwächen und Unmenschlichkeiten des amerikanischen Systems mit **persönlichen Stärken und individueller Menschlichkeit** wettgemacht wurden. Wie viel Geld zusammenkommen konnte, wenn sich eine Kindergarten-Gemeinschaft wie die unsere an die Selbstfinanzierung machte! Spenden, Handgearbeitetes, ein Festival – das waren die Hauptquellen, mit denen auch den Kindern von Armen ein kostenloser Kindergarten-Besuch gemeinsam mit den Kindern von Millionären ermöglicht wurde. Es war ein besonderer Kindergarten, in vieler Hinsicht kalifornisches Urgestein. Er wurde mit Hilfe der Eltern betrieben und war vor mehr als fünfzig Jahren im Rahmen nachbarschaftlicher Selbsthilfe (Hewlett von Hewlett Packard gehörte zu den Sponsoren) begründet worden. Die Eltern waren es, die ihn instand hielten – auch dies waren Arbeitsstunden, die niemand weiterdelegieren konnte und in denen auch die Millionäre und Milliardäre unter den Eltern Tische strichen, Bäume zersägten und Legos sortierten. Geleitet wurde der Kindergarten von einer 78-jährigen Amerikanerin schwedischer Abstammung, Grandma Virginia, die offiziell längst ausgeschieden war. Sie war Kalifornierin der dritten Generation und für viele die heimliche Heilige von Palo Alto. Ihr Lebenswerk war dieser Kindergarten, der sozial und ethnisch durchmischteste in der ganzen Region, der preiswerteste und großzügigste zugleich. Viele verzweifelte und einsame fremde Frauen haben hier mit ihren Kindern einen allerersten Halt gefunden, und Grandma wusste es. Einer von ihren Glaubensätzen war, dass ein einzelner einen großen Unterschied machen kann, ein typisch kalifornisches Credo. Sie verband es mit einer Weisheit, die den meisten Amerikanern allerdings abgeht: Sie wusste, dass Menschen nicht nur bekommen möchten, sondern auch das Gefühl haben wollen, etwas geben zu können. In diesem Kindergarten durften sie es haben: Wer hier war, wurde zum Arbeiten verpflichtetet und gebraucht. Grandma war es egal, ob die Mütter Chinesinnen, Mexikanerinnen, Kalifornierinnen oder sonst wer waren. Sie gehörten alle in ihre „Familie". Die „Familie" ihrerseits war keinesfalls übertrieben harmonisch, genau genommen dominierten die weißen Amerikanerinnen, die nicht merkten, wie wir Fremde, geplättet von ihrem amerikanischen Selbstbewusstsein, bei aller Freundlichkeit im Gespräch oft außen vor blieben.

In diesem Kindergarten also knüpfte ich die **ersten Kontakte mit der neuen Kultur.** Diese Kultur war nicht Liebe auf den ersten Blick und auch nicht auf den zweiten oder dritten. Es war und blieb eine ambivalente Bekanntschaft, und ich war auch nach zwei Jahren fast so fremd wie zuvor. Aber ich hatte mich daran gewöhnt und war wenigstens in meinem eigenen Leben wieder zu Hause.

Manchmal fragte ich mich, ob dies wohl das **typische Ausländerdasein in einem westlichen Land** ist: kulturell nicht angepasst, dennoch im All-

061ks Foto: rc

tag in einem gewissen Trott verankert, umgeben von Einheimischen, die sich mehrheitlich für keine andere Kultur wirklich interessieren.

Dass es **anstrengend ist, fremd zu sein,** hatte ich in Taiwan gemerkt und wieder vergessen, als sich die Fremdheit legte. Als Dauerzustand in Kalifornien entpuppte es sich als sehr anstrengend, und viele Migranten-frauen, die als Erwachsene ins Land gekommen waren, waren müde, fühlten sich gestresst und unter einem seltsamen Druck, den sie nicht er-klären konnten. Da war z. B. *Christina* mit Heimweh nach Schweden, de-ren Sohn über Monate hinweg morgens Schwierigkeiten in der Schule und nachmittags niemanden zum Spielen hatte. Da war *Angela* aus Peru, die schon seit acht Jahren auf ihre Greencard wartete und das Land des-wegen nicht verlassen durfte. Unterdessen war ihr Vater in Peru gestor-ben. Ihr Mann machte jahrelang zwei Jobs, sie hatte ihn selten gesehen. Da war *Mei* aus Shanghai, die nach mehr als fünfzehn Jahren USA noch so schüchtern gegenüber Amerikanern war, dass ihr Sohn erst in der

Ein kalifornischer Kindergarten: Kinder mit phillipinischer, mexikanischer, chinesischer, japanischer, iranischer, peruanischer, marokkanischer und – eine Minderheit – europäischer Abstammung

Grundschule mühsam lernte, Englisch zu sprechen. Wir waren alle fremd in diesem Land und blieben es. Jede von uns kämpfte auf ihre Weise gegen das unterschwellige Gefühl an, fehl am Platze zu sein. Wir alle ahnten, dass wir bestenfalls unseren Kindern die Tür in ein Land aufhalten konnten, in dem wir selber nicht mehr Fuß fassen würden. Dieses Gefühl brachte uns, die wir aus den verschiedensten Ländern stammten, einander näher, als das unter normalen Umständen der Fall gewesen wäre.

Gerade in diese Zeit, als ich dabei war, meine eigene Nicht-Integration als Lebensform zu akzeptieren, fiel die **deutsche Diskussion um die Integration der Ausländer,** die ich natürlich aus vielen Gründen mitverfolgte. Es kamen Integrationskurse ins Gespräch, die den Ausländern helfen sollten, deutscher zu werden. Man wollte sie ja schließlich erst nach fünf Jahren wieder zurückschicken. Solche Kurse werden zur Zeit auch in Großbritannien diskutiert. Nun, was würde es mir als Ausländerin in England bringen, wenn ich auf die Königin schwören würde etc.? Jene britischen Mütter, die aufhörten zu grüßen, nachdem sie an meinem Akzent gemerkt haben, dass ich zu den Ausländern gehöre, würden weiterhin entschlossen durch mich hindurch sehen. Die anderen reden auch so mit uns. Wohinein soll ich mich also eigentlich integrieren? Wäre es nicht sinnvoller, wenn auch die **Einheimischen** an Integrationsprojekten teilnehmen würden? Denn die Einheimischen wird man zu diesem Vorhaben brauchen, schließlich können die Ausländer sich nicht in die Luft integrieren. Ich habe immer wieder gestaunt über die Naivität, die die europäische Diskussion über die Fremden begleitet, gestaunt auch darüber, dass Integration offensichtlich zunehmend als eine Einbahnstraße begriffen wird, in der die einen den anderen Marschroute und Rhythmus vorgeben. Dass man anscheinend erwartet, trotz solcher öffentlichen Debatten hochqualifizierte Fachleute zu bekommen, die sich zu all den Schwierigkeiten des Fremdseins auch noch mit massiven Vorbehalten konfrontiert sehen, ist ausgesprochen weltfremd – und die bisherige Entwicklung um die deutsche Greencard bestätigt das.

In Kalifornien ist immerhin atmosphärisch ein gewisses **Bewusstsein um die Mühsal des Fremdseins** vorhanden. Wenn auch die Kultur der eingewanderten Vorfahren längst vergessen ist, ist doch zum Teil immer noch eine Erinnerung an deren Anstrengung, in diesem fremden Land zurechtzukommen, vorhanden. Allein das Leben in einer nicht muttersprachlichen Umgebung behindert den Alltag erwachsener Migranten. Es fördert niemandes Selbstbewusstsein, beinahe zwangsläufig einen leicht minderbemittelten Eindruck zu machen, wenn er oder sie die Sprache, die ja sogar die einheimischen Vierjährigen schon fast perfekt können, nicht sicher beherrscht. Nicht einmal richtig schimpfen können die

Fremden, weil ihnen in der Wut die Vokabeln fehlen. Wo sie hinkommen, sind sie diejenigen, die etwas zu lernen haben. Fremde, die sich noch nie für dumm gehalten haben, erleben sich im fremden Umfeld in einer **Hilflosigkeit,** die erwachsene Menschen nicht glücklich macht. Zudem hat die neue Kultur Werte, Tabus und Gesetze, die ihnen absurd erscheinen mögen und die sie trotzdem draußen beachten müssen. Eine verständliche Reaktion auf diesen Druck ist der **Rückzug in die eigenen vier Wände.** „Kalifornien ist schüchtern", formulierte es – bezogen auf die neuen Einwanderer – ein Kolumnist der „San Jose Mercury News".

Doch mögen diese sich auch in Kalifornien abschotten, ihre **Kinder** tun es nicht mehr. Sie dürfen nicht nur dazugehören, sie wollen es auch. Kinder wollen nicht damit angeben, dass sie Spanisch oder Chinesisch können, sondern mit ihren Freunden kalifornisches Englisch reden und dasselbe machen, was alle anderen kalifornischen Kinder machen. Alle Ausländerkinder, die ich kannte, sprachen lieber Englisch als die Muttersprache, liebten McDonalds und Walt Disney und waren nicht von kalifornischen Kindern zu unterscheiden. Kinder können sich leichterhand kulturell integrieren. Aber: Man muss es schon zulassen, und selbst Kinder bringen keine Integration zuwege, wenn sie ständig ausgegrenzt werden oder von verletzten und frustrierten Eltern an einer Annäherung an den einheimischen „Feind" gehindert werden.

So etwas muss in San Franciscos **China Town** vor noch dreißig Jahren stattgefunden haben, als das Verhältnis zwischen einwandernden Chinesen und Amerikanern noch ein spannungsreicheres war und die Chinesen sich diskriminiert fühlten. Eine kalifornische Mutter, die als eine der wenigen Weißen in dem Viertel aufwuchs, erzählte, dass in der gesamten Nachbarschaft nur ein einziges Kind mit ihr habe spielen dürfen. Immer noch ist China Town ein authentisches Stück China mitten in Amerika, authentischer und fossiler als manche Ecken Shanghais oder Taipehs. Aber die Zeiten haben sich gewandelt, und heute ist man stolz auf diese Sehenswürdigkeit. Die chinesischen Kinder von heute werden China Town nicht mehr brauchen. Ohne neue chinesische Einwanderer, die ein Bedürfnis nach der eigenen kulturellen Identität mitbringen, würden solche Zentren wohl langsam aussterben.

Es sind die Migranten der ersten Generation, die den **Preis des Einwanderns** zahlen: Sie sind fremd, heimatlos, fangen von unten an, arbeiten wie verrückt und sehen der rasanten kulturellen Entfremdung von den eigenen Kindern zu. Es ist ein sehr, sehr hoher Preis, eine Lebensleistung, die allen Respekt verdient. Migranten sind die Menschen, deren Wanderungen und Erfahrungen von jeher Länder und Kulturen verbunden haben, die neue Impulse mitbringen, Menschheits-Fortschritte anstoßen und die zu ihren Lebzeiten oft genug von den Sesshaften Ignoranz und Ablehnung erfahren. Was ihnen bleibt, ist ihre **Hoffnung für die Kinder** – eine in Deutschland drei türkische Generationen lang betrogene Hoffnung. In Kalifornien wissen die Einwanderer, dass sie und nur sie bezahlen: Ihre Kinder werden Amerikaner sein, nicht nur der Staatsangehörigkeit nach, sondern auch in der Gesellschaft und das ist ein happy end.

Es hat mitunter die Tragik, dass die **Kinder sich ihrer Eltern schämen** und sie für die letzten Provinzler halten, ohne zu ahnen, dass sie selber genauso provinziell sind. Ein prominentes Beispiel dafür ist *Sandra Tsing Loh,* Tochter einer deutschen Mutter und eines chinesischen Vaters, die mit „Aliens in America" einen Bestseller über ihre Eltern schrieb. Es sind amüsante, sprudelnde und die Hauptpersonen sicherlich (unabsichtlich) tief verletzende Texte, in denen sich viele Kalifornier bzw. Migrantenkinder wiederzufinden scheinen. Sie sind lesenswert, weil sie zeigen, welche kulturelle Selbstsicherheit die Einheimischen den Migranten voraus haben: Die eigene Mentalität wird grundsätzlich nicht als eine Mentalität unter vielen anderen verstanden, sondern ist schlichtweg normal – und alles, was von ihr abweicht, ist irgendwie seltsam. Ihre Eltern erscheinen der Autorin wie Wesen von einem anderen Stern *„beamed down from another Planet",* über den sie sich lustig macht, aber auf den sie nicht im Geringsten neugierig ist. Dass die Ehe ihrer Eltern drei Kulturen, Kriegserinnerungen und viel Heimatlosigkeit ausgehalten hat, ist ihr nie bewusst geworden.

Ich habe ein paar simple Dinge in Kalifornien gelernt. Es ist schön, sesshaft zu sein. Für die, die es nicht mehr sind, ist das kleine Wort **„Willkommen"** Balsam für die Seele. Fremde haben viel hinter sich gelassen, sie sind keine einfachen Gäste. Sie reden und denken anders und werden sich vielleicht nie in ihrer neuen „Heimat" zu Hause fühlen oder wenigstens so tun als ob. Trotzdem brauchen sie das Lächeln ihrer Nachbarn wie jeder andere auch. Denn Integration ist ein Kinderspiel. Lasst unsere Kinder Freunde werden und nehmt die erwachsenen Migranten ganz einfach so, wie ein jeder selber in einer fremden Kultur genommen werden möchte: mit **Freundlichkeit und Respekt.**

Noch wissen wir nicht, ob England, in dem wir jetzt leben, den innigsten Wunsch unserer und anderer Ausländerkinder erfüllen wird: dazuzugehören, Wurzeln zu schlagen und genauso zu sein wie die hiesigen Kinder auch. Möge sich dieses Land nicht verweigern! Eine Kindheit ohne Heimat ist keine.

(Über die Autorin siehe Seite 201.)

Henrik Jäger

NACHWORT

„KulturSchock – Mit anderen Augen sehen", unter diesem Motto haben sich in diesem Band **Autoren** mit sehr unterschiedlichen Biographien zusammengefunden, um ihre Erfahrungen mit fremden Kulturen zu beschreiben. Zuerst sei ihnen allen ganz herzlich gedankt – es war sicher für die meisten ein mühsamer Weg, einen eher schwierigen Teil ihres Lebens noch einmal geistig zu durchleben und das Erlebte dann auch noch zu Papier zu bringen.

In allen Beiträgen ist die Erfahrung des Fremdseins, der Auseinandersetzung mit dem ganz Anderen einer anderen Kultur das durchgehende Thema, der rote Faden: Doch diese **Erfahrungen** sind voneinander so verschieden, dass es schwer fällt, aus ihnen eine grundlegende Formel für den Umgang mit dem Fremdsein zu gewinnen. Wenn dies hier doch versucht wird, so mit einer sich durch das Thema ergebenden Behutsamkeit: Kann man noch sichere Schlüsse ziehen, wo es um Erfahrungen der Verunsicherung durch das Fremde geht? Erlebt es nicht jeder anders? Bewegt man sich dabei nicht in einem sehr persönlichen Bereich, in dem kaum noch allgemeine Regeln gelten? Hier fängt der Zweifel schon an: Erleben alle die Fremde als verunsichernd? Die Unterschiede, die durch Dauer, Ziel, Aufenthalt, Charakter, Vorbildung und viele andere Faktoren bestimmt werden, können sehr groß sein.

Beginnen wir mit dem Thema der **Dauer.** Wenn der Aufenthalt in einer fremden Kultur zeitlich begrenzt ist, vielleicht beruflich fruchtbar gemacht werden kann, ist dies eine sehr viel einfachere und mildere Variante der Fremdheitserfahrung, als wenn man als Gastarbeiter, Ehepartner oder Asybewerber in ein anderes Land kommt und darum ringen muss, dort Wurzeln zu schlagen. Zwischen diesen beiden Extremen gibt es viele Mischformen, die alle eine eigene Färbung haben und schwer an einem Maß gemessen werden können.

Wenn wir von Kulturschock reden und dabei nicht nur den akuten, krank machenden Schock meinen, sondern die vielen Zwischentöne von leicht zu verarbeitenden bis schweren, traumatisierenden Fremdheitserfahrungen beschreiben wollen, ist wohl nahe liegend, in allen Fällen von **Verunsicherung** zu reden: von Verunsicherung über die eigene Identität, die eigene Werteskala, den eigenen Lebensentwurf. All diese Grundelemente unseres Daseins werden stark durch unsere Umwelt geprägt – sie stehen in Frage, sobald wir in eine andere „Welt" wechseln.

Verunsicherung kommt in der Regel gar nicht erst auf, wenn man die eigene Welt – sei es im Urlaub, oder in einer privilegierten, abgeschotteten Ausländerkolonie – einfach an einen anderen Ort verlegt. Man kann jedoch schnell verunsichert werden, wenn man in einem Land wirklich ankommen will, seine Menschen und seine Kultur in Tuchfühlung erfahren will oder muss, weil man nicht privilegiert ist und es sich nicht leisten kann, in einem anderen Land und zugleich doch nicht in ihm zu leben.

Verunsicherung kann viele Formen, viele verschiedene Aspekte, viele negative und langfristig auch positive Konsequenzen haben. Je tiefer sie geht, desto mehr führt sie zu einer **Infragestellung der Identität:** Wer bin ich in der neuen Umgebung, wer kann ich, will ich werden, wie werde ich wahrgenommen, wie reagiere ich, kann ich mich in dieser Wirklichkeit wiederfinden, wenn der Reiz des Neuen verflogen ist?

All dies sind Fragen, auf die es oft keine schnelle, manchmal auch keine langsame Antwort gibt. Fragen, die viel Geduld erfordern, ohne dass man sicher sein kann, überhaupt eine Antwort zu finden. Verunsicherung bedeutet **Risiko.** Aber wenn ich das Risiko eingehe und die Unsicherheit aushalte – ist das nicht eine große **Chance?** Kann ich daraus nicht etwas ganz Einmaliges lernen?

Es mag hilfreich sein, die Verunsicherung als eine Krise zu sehen, als eine von vielen, die das Leben zu bieten hat. Eine Krise, in der der Mensch reifen, weiter werden, aber auch scheitern kann. Während es in den meisten Gesellschaften einen Konsens darüber gibt, wie schwer es ist, den Tod eines Angehörigen, eine Trennung oder einen schweren Unfall zu verarbeiten, gibt es wohl kaum ein öffentliches Bewusstsein für die **„Kulturschock-Krise".** Wo gibt es denn in der Welt eine Wertschätzung für den schweren inneren Weg, den Flüchtlinge, Gastarbeiter, Immigranten und Studenten gehen müssen, um ihre vergangene Identität und ihre neu zu erarbeitende Lebensgestalt zu einer zusammenfügen zu können? In der Regel wird dieses Thema von Menschen, die selbst nie in der Rolle des Fremden oder des Außenseiters waren, bagatellisiert. Auch wenn ein

Inländer diesem nichts abzunehmen vermag, so kann doch jede kleine Geste der Achtung und des Bemühens um Verstehen dem Fremden helfen, durch die vielleicht schwerste Krise seines Lebens zu finden.

Ein Kulturschock rührt an eine Urangst des Menschen: die **Angst vor dem Neuen, dem Unbekannten,** die Angst um die eigene Identität, die durch das Unbekannte in Frage gestellt wird. Man möchte dieser Frage gern ausweichen, da sie in eine Krise führen kann, in der alle Selbstverständlichkeiten ihre scheinbare Stabilität verlieren. Das Unbekannte kann vielerlei Gestalt haben: der Tod eines nahe stehenden Menschen, eine Krankheit oder auch eine unerwartete neue Liebe kann die Identität bis in die Tiefe erschüttern. Wenn man aber darauf vertraut, dass das Unbekannte **Aufruf zum Wandel** sein kann, wenn man eine Chance zur Erweiterung des Ichs darin sehen kann, dann ist es möglich, aus einer solchen Krise gestärkt und geweitet hervorzugehen. Jemand, der erfahren hat, dass seine Identität nicht an feste Formen und Vorstellungen von „Richtig" und „Falsch" gebunden ist, hat eine neue Sicherheit gefunden und ahnt vielleicht, wie reich das Leben in seinen Entfaltungsmöglichkeiten ist – wie bereichernd es ist, sich dem Fremden, Unbekannten auszusetzen, sich von ihm hinterfragen und wandeln zu lassen.

Das **Bedürfnis nach Sicherheit,** nach festen Zuordnungen, nach einem klaren „Richtig" und „Falsch" hat eine tiefe Bedeutung – es ist in keinem Fall ratsam, dies zu leugnen. Jeder Mensch braucht einen Rahmen, eine Klarheit darüber, wer er ist und was für ihn Gültigkeit hat. Ich denke nicht, dass alle Menschen Universalisten, die überall zu Hause sind, werden sollten. Wenn *Hanne Chen* fragt, wie viele Kulturen ein Leben verkraften könne, dann ist damit auch angedeutet, dass der Mensch nicht unendlich viel Neues und Fremdes verkraften kann, dass er ein Bedürfnis nach Sicherheit und Überschaubarkeit hat, das nicht gering geschätzt werden darf. Auch wenn es auf die Frage von Frau *Chen* keine Antwort gibt: Es wäre vielen Menschen, die sich freiwillig oder unfreiwillig in einer fremden Kultur bewegen, geholfen, wenn es einen breiten Konsens darüber gäbe, dass es schwer ist, in einem anderen Land anzukommen und in ihm eine wirkliche neue Heimat zu finden.

Ausländer aufzunehmen kann auch schwer sein: Allein durch ihre Erscheinung stellen sie manchmal das gewohnte Weltbild in Frage, und es bedarf einiger **Anstrengung,** sich Vorurteile und innere Abwehrmechanismen bewusst zu machen. Vielleicht können die offenherzigen und ehrlichen Berichte dieses Buches spürbar werden lassen, dass hinter dieser Anstrengung sich auch ein großer **seelischer Reichtum** erschließen kann: die Fähigkeit, sich und die Umwelt mit anderen Augen sehen zu können, die eigene Wirklichkeit durch die fremde Brille neu zu verstehen und sich durch die Begegnung mit dem Neuen wandeln zu lassen.

Sich wandeln zu lassen, ist ein sehr persönlicher Prozess. Obwohl das bekannt ist, tendieren doch viele dazu, das eigene Erleben auf eine Formel zu bringen, es zu **verallgemeinern.** Dies ist in allen Beiträgen dieses Bandes zu beobachten, und ich sehe darin auch etwas Gutes; der Hang zur Verallgemeinerung hat den Autoren offenbar geholfen, die eigenen Erfahrungen einzuordnen und zu verarbeiten. Schwierig fände ich diese Tendenz dann, wenn sie dogmatisch würde, wenn ein Autor postulieren würde, dass seine Verallgemeinerung für alle zu gelten hat. Nicht, dass Verallgemeinerungen für viele (die in das gleiche Land reisen wollen) nicht eine Orientierung und einen ersten Richtungsweiser sein können. Doch wird jeder letztlich dasselbe Land **anders erleben.** Ein Professor, der für ein Jahr nach Südasien geht, erlebt etwas anderes als ein Globetrotter; ein chinesischer Geschäftsmann, der für sechs Jahre nach Düsseldorf kommt, macht andere Erfahrungen als ein chinesischer Asylbewerber. Die verschiedenen Stimmen, die in diesem Buch versammelt sind, zeugen von den unterschiedlichen Charakteren und Anliegen der Autoren – was sie verbindet, ist die Mitteilung aus dem eigenen Leben, nicht die Verallgemeinerung. Durch die Mitteilung kann ein Gespräch zu Stande kommen, dessen innerster Sinn vielleicht in der Frage besteht: „Wie hast du es vermocht, durch so viel Infragegestelltsein hindurchzufinden? Wie bist du in deine neue innere Sicherheit hineingewachsen?"

Besonders nachdenklich stimmen mich als deutschen Leser diejenigen Beiträge, in denen **Deutschland** mit anderen Augen gesehen wird. Die größtenteils negativen Wahrnehmungen deuten nur einen Teil der Ausländerfeindlichkeit in unserem Land an. Und doch ist es sicher problematisch, Deutschland als ausländerfeindlich zu bezeichnen – genauso schwierig wäre es, dieses Land ausländerfreundlich zu nennen. Deutschland ist beides in vielen Schattierungen. Es hängt viel davon ab, wo man in Deutschland ist, welchen Status man hat, auf welche Menschen man trifft und vor allem: was man erwartet hat. Deutschland ist nicht das Land der spontanen Herzenswärme, aber es ist ein Land, in dem viel diskutiert wird, in dem demonstriert wird für Minderheiten und verfolgte Völker; ein Land, in dem es Lichterketten gab, als nazistische Ausschreitungen zu Beginn der 90er Jahre immer mehr zunahmen. Jede Verallgemeinerung ist fehl am Platze. Sehr wichtig ist dagegen der persönliche Bericht von missachtendem und entwürdigendem Verhalten, das einen Ausländer oder einen heimgekehrten Deutschen tief verletzen kann.

Ausländerfeindlichkeit mag viele Gründe haben, doch liegt ihr nicht letztlich die Angst um die eigene Sicherheit, um die eigene gewohnte Welt zu Grunde? Symptomatisch sind Aussagen wie: „Die leben ja nur von unserem Geld!" „Die nehmen uns die Arbeitsplätze weg!" Wo die eigene Existenz durch Umbruch (z. B. nach der Wende) gefährdet ist, sinken **Toleranz und Bereitschaft, das Fremde zu achten** und ihm einen Raum zu lassen, in dem es sich entfalten kann. Wenn in einer solchen Situation noch laut nach einer „Leitkultur" gerufen wird, so kann dies schnell dazu führen, dass schon vorhandene Tendenzen zur Intoleranz verstärkt werden. Vielleicht wäre es in einer Zeit der Internationalisierung und Globalisierung wichtiger, sich zu fragen, wie ein kulturelles Selbstverständnis wachsen kann, in dem menschliche Begegnung und vorurteilslose Offenheit grundlegende Werte sind. Denn es reicht nicht aus, wenn im Grundgesetz die menschliche Würde als „unantastbare" verteidigt wird: Es braucht viele einzelne Menschen, die sie erfahrbar werden lassen.

Die viel gerühmte und umstrittene „multikulturelle Gesellschaft" kann nur Wirklichkeit werden, wenn kulturelle **Unterschiede Raum haben** – und das gilt nicht nur für kulturelle, es gilt für alle Unterschiede. Ich habe oft erlebt, dass Menschen ausgegrenzt, angepöbelt, missachtet wurden, weil sie nicht in ein bestimmtes Bild davon passten, wie „man zu sein hat". Ich habe von (deutschen!) Künstlern, Außenseitern und Abenteurern erzählen gehört, wie schnell die Toleranzbereitschaft sinkt, wenn man nicht in ein bestimmtes Bild passt. Es ist ein allgemein menschliches Problem, das zu der Frage führt: Kann ich mich lösen von Rollen, von Zuordnungen zu Nationalität, Beruf, Stand, Geschlecht? Kann ich unabhängig werden von Vorstellungen über „richtige" und „falsche" Lebensformen, dabei mein Eigenes entdecken und die anderen sein lassen, wie sie sind?

In den Beiträgen zu diesem Band ist etwas von dieser Unabhängigkeit zu spüren, in allen wird Lebensmut und kreative Neugier bezeugt. Liest man sie im Zusammenhang, so ergeben sie ein buntes Kaleidoskop, das den Leser zum wiederholten „Drehen" – zum mehrfachen Lesen und Vergleichen – einlädt. Es ist zu wünschen, dass er entdecken kann, wie schön es ist, **mit anderen Augen sehen** zu lernen. Denn wessen Blickwinkel geweitet ist, der sieht mehr, der wird in der Begegnung mit fremden oder einfach nur andersartigen Menschen und Situationen behutsamer, geduldiger und achtsamer. Wenn dem Leser in diesem Sinne Anregungen für den eigenen Umgang mit Fremdem gegeben werden können, dann ist das Anliegen dieses Buches erfüllt.